城市规模变动：衡量、成因及其影响

杨孟禹 著

科学出版社
北 京

内 容 简 介

城市规模的扩张或收缩是新型城镇化建设中出现的两个截然相反的空间问题，其是否得到有效治理对区域协调发展战略的实施有着重要影响。在此背景下，本书基于全球夜间灯光数据（DMSP/OLS）构造了衡量城市规模变动的指标，并结合城市统计数据，分析了城市规模变动的内在行为和空间驱动的机制，探讨了城市规模问题产生的原因与空间态势，提出了促进区域协调发展的战略举措。

本书可供区域经济、城市经济和空间经济等领域的政府决策者、科研人员及研究生等参考。

图书在版编目(CIP)数据

城市规模变动：衡量、成因及其影响 / 杨孟禹著. —北京：科学出版社，2022.10

ISBN 978-7-03-062458-1

Ⅰ.①城… Ⅱ.①杨… Ⅲ.①城市建设-研究-中国 Ⅳ.①F299.2

中国版本图书馆 CIP 数据核字（2019）第 213750 号

责任编辑：陈 杰 / 责任校对：彭 映
责任印制：罗 科 / 封面设计：墨创文化

科学出版社出版

北京东黄城根北街16号
邮政编码：100717
http://www.sciencep.com

成都锦瑞印刷有限责任公司印刷

科学出版社发行 各地新华书店经销

*

2022年10月第 一 版 开本：787×1092 1/16
2022年10月第一次印刷 印张：13 3/4
字数：324 000

定价：129.00 元

（如有印装质量问题，我社负责调换）

前　　言

学界对城市化问题的研究由来已久，作为区域经济学专业的晚辈后生，我自然也难逃这种时代大潮的影响。记得我在西南大学读硕士研究生的时候，我和导师杨刚教授合作完成的第一个课题就是有关重庆城市化问题的研究，直到读博乃至现在，我的研究方向也从未改变，似乎被“路径依赖”般锁定着。2014 年 12 月，我在中国人民大学跟随张可云教授，攻读区域经济学博士学位期间，有幸在其指导下，读了 Christophe 等 2006 年发表的 *Mapping Regional Economic Activity From Night-time Light Satellite Imagery*、Elvidge 等 2009 年发表的 *A Global Poverty Map Derived from Satellite Data*、*Henderson* 等 2012 年发表的 *Measuring Economic Growth from Outer Space*，以及 Hodler 和 Raschky 2014 年发表的 *Regional Favoritism* 等文章，首次系统了解到夜间灯光数据与经济活动如此相关，而城市化或城市发展问题归根结底也是经济活动的空间问题。

由于当时灯光数据在国内经济学领域还未兴起，在确定数据处理没太大困难的情况下，2015 年在博士论文选题中，我选择了这项具有挑战但极具魅力的研究课题。在研究过程中，还学习了徐康宁教授等发表的《中国经济增长的真实性：基于全球夜间灯光数据的检验》一文，深受鼓舞。传统基于人口或土地的城市规模测度方法，只是“量”的概念，并不能反映城市规模的空间特性。城市规模既然作为一种经济活动空间反映，其内涵不但应包括总的“量”，也应包括空间的“形”。夜间灯光数据很好地贴合了城市规模的这种特征，其一，夜间灯光的光斑比人口或土地规模更能反映空间的“形”；其二，光斑平均亮度能反映经济活动密度；其三，城市内部的灯光梯度变化，较容易展开城市规模结构的研究。此外，本书还使用了国内研究中较少使用的，一定程度上可处理空间异质性的两区制空间杜宾模型。

感谢中国人民大学 2015 年度拔尖创新人才培育资助计划项目的资助；感谢云南大学区域合作理论创新高地项目的出版资助。值得一提的是，2019 年国家发展改革委发布的《2019 年新型城镇化建设重点任务》文件，首次提出要治理“城市收缩”问题，本书中恰有一些分析。由于水平所限，本书可能还有许多不足之处，请各位读者批评指正。

目　　录

第1章　绪论 …… 1
1.1　研究背景和意义 …… 1
1.1.1　研究背景 …… 1
1.1.2　研究意义 …… 3
1.2　文献梳理和述评 …… 4
1.2.1　有关概念辨析比较 …… 4
1.2.2　夜间灯光数据在经济学中的使用 …… 6
1.2.3　城市人口规模方面 …… 7
1.2.4　城市土地规模方面 …… 12
1.2.5　城市人地关系方面 …… 17
1.2.6　文献的总结性述评 …… 21
1.3　研究框架与内容 …… 23
1.3.1　研究框架 …… 23
1.3.2　研究内容 …… 23
1.4　难点和可能的创新 …… 25
第2章　城市规模变动的分析框架 …… 26
2.1　城市规模变动的内涵 …… 26
2.1.1　城市规模变动的概念 …… 26
2.1.2　城市规模变动的性质 …… 26
2.2　研究框架构建的理论依据 …… 27
2.2.1　城市经济社会属性方面 …… 27
2.2.2　财政、土地、晋升制度方面 …… 30
2.2.3　城市规模空间关系方面 …… 32
2.3　城市规模变动：行为驱动 …… 34
2.3.1　人口流动行为特征 …… 34
2.3.2　地方政府行为特征 …… 35
2.3.3　城市企业行为特征 …… 38
2.4　城市规模变动：空间驱动 …… 39
2.4.1　区域尺度 …… 39
2.4.2　城市尺度 …… 42
2.5　研究框架构建 …… 47
2.6　本章小结 …… 49

第 3 章　城市规模变动的历程和基本现状……51
3.1　城市发展战略回顾……51
3.1.1　城市发展战略的阶段划分……52
3.1.2　城市规模控制政策开始实施……53
3.2　土地视角下的城市规模变动现状……54
3.2.1　不同行政等级的城市土地规模变动……54
3.2.2　“四大板块”的城市土地规模变动……56
3.3　人口视角下的城市规模变动现状……60
3.3.1　不同行政等级的城市人口规模变动……60
3.3.2　“四大板块”的城市人口规模变动……62
3.4　土地与人口视角下城市规模变动综合考察……66
3.4.1　不同行政等级城市规模变动比较……66
3.4.2　“四大板块”的城市规模变动比较……68
3.5　本章小结……71
第 4 章　夜间灯光衡量城市规模变动的原理及特征……73
4.1　人口总量衡量的城市规模变动空间特征……73
4.1.1　城市人口规模的空间分布……73
4.1.2　城市人口规模的空间相关性……74
4.2　建成区面积衡量的城市规模变动空间特征……76
4.2.1　城市土地规模的空间分布……76
4.2.2　城市土地规模的空间相关性……77
4.3　夜间灯光衡量城市规模变动的原理及特征……77
4.3.1　全球卫星夜间灯光数据及其优点……78
4.3.2　衡量城市规模变动的基本原理……78
4.3.3　新度量法下城市规模变动的空间特征……80
4.4　夜间灯光衡量的城市规模变动与人口、土地变动的关系……82
4.4.1　估计方法和数据来源……82
4.4.2　估计结果及其比较……83
4.4.3　稳健性检验……85
4.5　本章小结……87
第 5 章　城市规模变动的行为驱动经验分析……88
5.1　中央政府行为对城市规模变动的影响……88
5.1.1　区域发展战略的阶段划分……88
5.1.2　区域发展战略对城市规模变动的影响……89
5.2　地方政府行为对城市规模变动的影响……90
5.2.1　地方政府行为产生机理……90
5.2.2　对城市规模变动的影响……92
5.3　企业、劳动力行为对城市规模变动的影响……93

5.3.1 经济地理属性 …………………………………………………………93
5.3.2 企业经济和人力资本溢出 ……………………………………………95
5.3.3 政策溢出 ………………………………………………………………96
5.4 总体视角下城市规模变动的影响因素 ……………………………………97
5.4.1 城市规模体系的衡量及其特征 ………………………………………97
5.4.2 城市规模体系变动的计量模型 ………………………………………99
5.4.3 城市规模体系变动的计量分析 ………………………………………101
5.5 个体视角下城市规模变动的影响因素 ……………………………………103
5.5.1 城市规模变动的计量模型及数据 ……………………………………104
5.5.2 城市规模变动的计量结果的分析 ……………………………………105
5.5.3 不同规模城市间的变动影响因素 ……………………………………108
5.6 本章小结……………………………………………………………………112
第6章 城市规模变动的空间驱动经验分析 ……………………………………113
6.1 城市规模变动与地方政府竞争的关系 ……………………………………113
6.1.1 城市规模是地方政府竞争的结果 ……………………………………113
6.1.2 城市规模变动空间竞争基本形态 ……………………………………114
6.2 空间竞争识别的基本方程与竞争形态 ……………………………………115
6.2.1 空间竞争识别的基本方程 ……………………………………………115
6.2.2 数据来源与变量说明 …………………………………………………117
6.2.3 城市规模空间竞争的基本形态 ………………………………………117
6.3 城市规模空间竞争来源的计量识别…………………………………………119
6.3.1 水平方向空间竞争识别的基本命题 …………………………………119
6.3.2 水平方向空间竞争来源识别及结果 …………………………………120
6.3.3 垂直方向空间竞争识别的基本命题 …………………………………123
6.3.4 垂直方向空间竞争来源识别及结果 …………………………………125
6.4 城市尺度下城市规模空间竞争非对称效应 ………………………………127
6.4.1 空间竞争非对称效应识别模型 ………………………………………127
6.4.2 城市规模变动的非对称空间竞争形态 ………………………………128
6.4.3 城市群内外的非对称空间竞争形态 …………………………………130
6.4.4 行政等级高低的非对称空间竞争形态 ………………………………132
6.5 区域尺度下城市规模变动的空间态势 ……………………………………133
6.5.1 城市规模变动类型识别 ………………………………………………133
6.5.2 城市规模变动演化态势 ………………………………………………136
6.5.3 外部引力和内部推力 …………………………………………………138
6.5.4 本地区和跨地区虹吸 …………………………………………………140
6.6 本章小结……………………………………………………………………142
第7章 城市规模变动对城市效率的影响 ………………………………………144
7.1 城市效率的测算与区域比较…………………………………………………144

7.1.1 测算方法选择 …… 144
7.1.2 测算指标设计 …… 145
7.1.3 “四大板块”比较 …… 146
7.2 城市规模变动与城市效率的关系 …… 152
7.2.1 城市集聚效应的产生机制 …… 152
7.2.2 模型选择与变量说明 …… 153
7.2.3 总样本回归结果 …… 156
7.2.4 不同规模的比较 …… 159
7.3 基于效率的最优城市规模 …… 160
7.3.1 最优城市规模争论与本质 …… 160
7.3.2 基于效率的最优城市规模分析 …… 162
7.3.3 对最优城市规模的进一步分析 …… 165
7.4 本章小结 …… 167
第 8 章 结论与展望 …… 169
8.1 主要结论 …… 169
8.2 未来展望 …… 173
参考文献 …… 178
附录一 中国与主要国家城市化率比较(1960～2014 年) …… 187
附录二 基于夜间灯光的城市规模变动指数(2013 年) …… 189
附录三 城市编号与城市名称对应关系表 …… 192
附录四 两区制的空间杜宾模型 MATLAB 计算代码 …… 197

第1章 绪　论

改革开放以来，中国城市经济取得的成绩有目共睹，其为中国经济腾飞奠定了基础。在这过程中虽然出现了一系列问题，但在政府治理下，诸多问题都迎刃而解，城市化进程呈现出不断加快的空间态势。进入21世纪以来，随着城市规模体系不断完善和城市空间布局日趋合理，城市规模扩张的趋势愈发凸显。在粗放型的城市经济发展模式下，城市间规模差距愈来愈大，少数大城市掌握着多数的空间要素资源，多数中小城市和小城镇在发展中面临愈来愈严峻的要素约束，中国城市规模发展在空间上存在着激烈的要素竞争，由于城市发展的要素竞争中有成就必有败，城市规模变动是当前中国以粗放为特征的城市化进程中必然出现的现象。城市规模变动是一个以空间为载体的有机系统，研究该系统的发生机理、成因和演化趋势有着重要现实意义。具体来说，本书研究的主要问题是：城市规模变动的成因是什么呢？城市之间的规模变动关系又如何？着力分析城市规模变动的影响因素与一般规律，为治理城市规模问题提供政策思路。本章作为开篇，旨在交代选题背景和意义，分析已有研究的缺陷和本研究开展的逻辑基础，进而提出研究思路、方法和主要内容，最后指出难点和可能的创新点。以此鸟瞰全文，统领各章节，为后文展开分析奠定学理基础。

1.1 研究背景和意义

本节第一部分阐述城市化对城市地理的塑造作用，总结中国城市化历程及其普遍性和特殊性；第二部分则从当代中国城市发展面临的问题和中央政府的城市战略两个方面着手，阐述本研究的政策意义。

1.1.1 研究背景

城市化是由于城市经济体在发展过程中，引起的农村劳动力、资本、技术以及其他资源源源不断地向城市经济体聚集，并在一定条件下，倒逼城市经济结构和空间结构发生改变或转换的过程(张敦富等，2005)①。从历史发展的角度看，它是社会经济发展到一定阶段的必然产物。在7000多年前，随着农业经济的增长，城市就开始出现，若以英国工业革命为城市化的发端，至今也已有数百年的历史。以英国、美国、德国为首的西方发达国家，在1960年城市化率就已超过了60%，分别达到78.44%、70.00%、71.38%，经过了50多年的发展，2014年它们的城市化率已经分别达到了82.35%、81.45%、

① “城镇化”和“城市化”是对同一现象的不同描述，本书对二者不作区分，统称为“城市化”；类似地也将“城市化水平”和“城市化率”统称为“城市化率”。

75.10%，城市化发展趋于成熟[①]。而对于后进发达国家韩国和日本，快速的城市化阶段较老牌发达国家晚，发生于1950年到1970年间，2014年其城市化率分别已达到82.36%、83.45%(附录一)。高城市化率意味着城市规模的快速扩张，西方的城市化经验表明，城市的快速发展和人类活动的高度集聚会引起一系列问题，主要表现在就业、住房、交通、环境、健康、公共服务和基础设施等方面。面对城市过度扩张带来的各种“城市病”，许多国家制定规划、方案，采取了种种对策。例如，为了应对城市过度扩张引起的内城地区经济萧条问题，1976～1998年，美国政府曾经在城市芝加哥大力推进实施“戈特罗”(Gautreaux)项目；在该项目实施期间，美国政府为了扩大政策效果，于1994～1999年，再次在芝加哥、洛杉矶、波士顿和纽约等多个城市同时推进实施“向就业机会区移民”(Moving to Opportunity)项目。这些政策虽然取得了一些效果，但也引发了一些新的治理难题，如城市内部更严峻的萧条、种族隔离和高收入-低收入群体间的阶级分化。城市问题的治理是世界难题，因为各国城市问题的产生机制既有相似又有不同，但在事前都无法得知二者的分界点具体在哪里。就这个层面而言，城市发展从来不以人的意志为转移，但其却无时无刻不在塑造着城市地理。城市规模变动是城市空间结构变化的主要标志。

中国是城市起源最早的国家之一，然而在近代世界城市化过程中，中国落后于英国、美国、德国等老牌发达国家近60年[②]。1960年，中国的城市化率为16.20%，仅为美国、英国和德国的1/4左右。此后的几十年，特别是1978年的改革开放以来，中国的城市化进程不断加快，如1960～1970年，城市化率增幅约为1.20%，1970～1980年增幅约为2.00%，1980～1990年的增幅约为7.00%，1990～2000年增幅约为9.44%，2000～2010年增幅约为13.35%，2010～2014年的增幅约为5.18%[③]。根据中共中央、国务院于2014年3月16日印发的《国家新型城镇化规划(2014—2020年)》第一篇“规划背景”下的第二章“发展现状”下的表1“城市(镇)数量和规模变化情况”显示：截至2010年(以2010年人口普查数据为依据)，中国的城市总数量增至658个(自1978年以来)，建制镇总数量增至19410个，1000万以上人口的城市增至6个，500～1000万人口的城市增至10个，100～500万人的城市个数增至124个。城市化作为伴随人类社会经济发展而出现的现象，中国的城市化过程与发达国家的一样，都有相似的规律可循。按照城市化“S”形曲线(United Nations，1974)和城市化阶段划分(Northam，1979)，中国的城市化正处于“S”形曲线中上升最快的阶段，即快速发展阶段，2011年，中国的城市化率达到了50.57%[④]。根据西方国家的经验，城市化率在超过50%之后将由量变转换为质变的过程，经济增长由产业发展带动转为空间资源配置带动，并推动技术进步、知识溢出和经济结构快速调整(张自然等，2014)。在当前中国城市发展条件下，必然引起非平衡的城市规模变动。

---

① 原始数据来源于世界银行数据库“World Development Indicators”(WDI)，最近的更新时间为2015年7月28日，文中为四舍五入后的数据。关于城市化“S”形曲线的推导论述，可参看文献 United Nations. 1974. Methods for projections of virban and rural population. Population Studies, (55)：20. 关于城市化“S”形的阶段划分，可参见Northam(1979)的研究。

② 这里只是粗略估计，是达到相近城市化率时的年份之差。

③ 为了与国外的城市化率对应，这里采用的是世界银行数据库中的数据。

④ 世界银行的数据与国家统计局的数据有差异，前者为50.57%，后者为51.27%。为保持与前文的一致性，以前者为准。

中国城市化的独特之处主要体现在以下三点。第一，中国的城市化历程是独特的。丁守海(2008)将其划分为三个阶段，即改革开放前、改革开放后到 20 世纪 90 年代、21 世纪初至今。改革前的城市化是“逆人口迁移规律、逆工业化规模、逆市场化规模”的模式，这引起了严重的“反城市化”后果。而改革开放后到 20 世纪 90 年代，主要是以小城镇为主体的城市化模式(叶克林，1986)。自 21 世纪初以来，中国的城市化模式则更加多元、更加协调。中国城市化的独特历程，决定了其动力机制必然与西方发达国家实践经验存在差异。第二，中国的城市化动力机制是独特的。英国和美国等西方国家的城市化主要是在人口流动推力和工业化或者产业集聚拉力的双重作用下飞速发展的，而中国的城市化不但具有与西方国家类似的特点，更有深层的制度诱因。例如，1978 年以来中央政府逐渐实施的户籍制度、城市土地制度、财政分权制度和农业税收制度等一系列改革说明中国的城市化过程除了人口推力和工业拉力之外，还有制度变迁冲击。第三，西方国家的工业化和信息化是两个阶段，工业化是信息化的基础，信息化是工业化的高级阶段，但中国城市化过程是将二者同步发展的。因此，西方城市化理论在解释中国城市化现象、预测中国城市化未来走向方面必然存在缺陷，但运用人类共同已知的规律解释中国的现实问题，则更有利于丰富并发展这些规律，为解决中国问题提出对策。故而西方城市化理论对研究中国的城市化问题，特别是城市规模变动问题，有一定借鉴意义。

1.1.2　研究意义

过去几年，中国政府的制度改革已逐渐触及深水区，每一项改革都充满困难险阻。同时，随着中国经济增长步入新常态，中国城市经济增长也正面临着严峻的可持续增长问题。中国越想获得持续的经济增长，对城市规模问题治理的需求就越急切，对深化改革的呼唤就越强。对此，中国政府从战略上对城市化模式进行了引导，力推城市化，并将其作为实现现代化的重大战略选择，实现“中国梦”的必经之路。当前，中国城市化问题集中体现在城市内部空间错配问题(张可云和杨孟禹，2015)，以及城市规模扩张带来城市间发展失衡(魏后凯，2014b)，已注意到，在东北地区多数地级城市和中西部地区部分地级城市，已经出现城市规模收缩现象(杨孟禹和张可云，2016)。城市规模变动是城市经济发展差异的典型特征。

针对这些问题，中国共产党第十八届全国代表大会提出，未来要努力提高城市化质量，坚持并发展中国特色的新型城镇化道路，促进工业化与城镇化良性互动，信息化与农业现代化协调发展，实现四个现代化的同步发展；在城市空间发展层面，强调“城市群布局的科学规划，加强中小城市和小城镇产业发展，公共服务，吸引就业，人口聚集功能”。中共中央“十三五”规划也明确提出，要“坚持协调发展，着力形成平衡发展结构”，在具体的发展措施上要“塑造要素有序自由流动、主体功能约束有效、基本公共服务均等、资源环境可承载的区域协调发展新格局”。2014 年，两个操作性的规划和政策——《国家新型城镇化规划(2014—2020 年)》《关于进一步做好永久基本农田划定工作的通知》终于出台。这两个规划和政策文件首次明确要“严格控制城区人口 500 万以上的特大城市人口规模”，并要求为北京、上海、广州等 14 个大城市划定边界。中国真正意义上的城市扩张控制政策已经开始实施。

此外，随着地理学和经济学学科交叉领域的飞速发展，越来越多的学者将地理遥感数据用于经济学研究中，以更客观的角度来解释经济社会现象的发生和演变。全球夜间卫星灯光数据作为其中的一个非常典型的数据源，最近十多年来在经济领域的应用文献不断涌现，最近几年国内的学者也开始专注于这方面的研究，是一个较为前沿的研究视角。在未来，遥感数据在经济学领域的使用将越来越广泛，大量研究将如井喷式出现。本书应用全球夜间灯光数据对中国城市规模变动问题进行了初步研究，由于并无前人的研究作为参考，许多地方还值得商榷，但对推动有关研究还是有一定价值的。

在以后相当长的一段时间内，中国城市发展可能将面临大城市规模扩张带来的“膨胀病”、中型城市规模变动引起的“萧条病”、小城市规模缓慢变动带来的“落后病”并存的尴尬局面。这种空间不协调的背后，除了社会、经济、自然条件差异外，还有着深刻的制度原因，主要体现在以要素流动为主要载体的复杂的城市空间关系中。用空间的视角来研究经济问题是区域经济学的传统，许多经典的分析方法和理论对研究中国城市规模变动问题有重要指导意义。城市规模变动一定程度上就是空间问题。本书从空间关系的角度来研究城市规模变动的空间和非空间影响因素，以流动人口迁移行为和政府行为为出发点，结合中国城市统计中的相关指标和数据和处理后的全球卫星夜间灯光数据，对城市规模变动的衡量方法及城市规模空间竞争形成机理、竞争模式进行了分析研究。最后基于研究结论提出政策建议，期望对政府治理城市规模变动带来的种种问题、完善城市经济政策、促进城市经济协调持续发展具有参考价值。

1.2 文献梳理和述评

本节从核心概念辨析、夜间灯光数据在经济学中的使用、城市人口规模扩张、土地规模扩张、人地匹配关系、城市扩张的衡量等几个层面对与城市规模变动有关的文献进行分类梳理，以明晰研究的出发点，为后续研究铺垫。

1.2.1 有关概念辨析比较

学界一般用人口数量、城市建设用地面积或建成区面积作为“城市规模”的衡量指标。而“城市规模变动”是一种复杂的现象，涉及人口数量、土地面积，以及人口和土地之间的关系。具体而言，如果用 P 表示以某年为基期的人口规模变动，L 表示土地规模变动，那么城市用地规模变动和人口总量变动会出现三种可能的人地关系：城市拥挤（城市人口总量过度扩张，$P>L$）、人地协调（$P=L$）和城市蔓延（城市建成区面积过度扩张，$P<L$），图 1-1 表明了这些概念间的关系。

城市扩张（urban expansion 或者 urban extend），顾名思义，就是指城市的边界向外扩展。就其用法来看，大多数国内外学者都是一致的，要么直接用“城市用地扩张”，要么直接用“城市人口规模扩张”，具有明确的指向；而对于城市收缩当前还没有形成统一定义，但是“城市人口减少”作为其主要特征已取得基本共识。

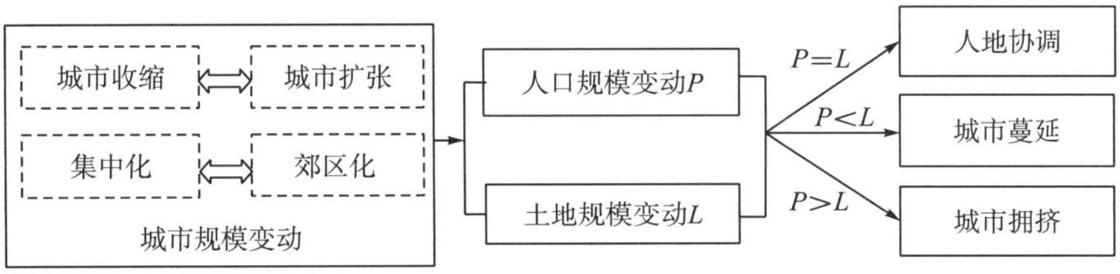

图1-1 城市规模变动有关的几个概念及其之间的关系

“城市蔓延”(urban sprawl)与城市扩张含义相当接近，国内不少学者常将二者混淆起来谈。如表1-1所示，城市蔓延有各种各样的定义，但它基本有一个清晰的倾向，那就是它在描述城市发展模式时具有贬义色彩。一般认为城市蔓延是一种低密度的城市扩张模式(Downs，1994；Razin and Rosentraub，2000；Burchell and Mukherji，2003；Soule，2006；Martellozzo and Clark，2011；Nolè et al.，2015)，有观点认为城市蔓延是过度的或持续的城市空间扩张(Gottmann，1961；Brueckner，2000；Martellozzo and Clark，2011)，也有观点认为城市蔓延是无序地、跳跃式的发展(Burchell and Mukherji，2003；Nolè et al.，2015)，有观点则认为城市蔓延郊区化的一般形式是土地开发速度远远超过人口增长速度的过程(Squires，2002)。从这些观点中，可以发现国外学者或者机构对城市蔓延的看法基本一致的地方在于，他们都认为城市蔓延是“不好”的，是一种“过度”的城市扩张，而且这种扩张有“无序”“跳跃”“低密度”等特点。为此根据逻辑学中定义概念的“属”加“种差”的方法，参考Gillham(2002)在研究中的定义，本书将城市蔓延的含义定义为城市蔓延是城市化的一种形式，具有土地开发模式跳跃、人口和经济空间密度不高、土地使用效率低下、要素空间分布无序等典型特征。

表1-1 国外不同学者对城市蔓延的界定

代表文献	观点	关键词	色彩
Gottmann (1961)	大城市边缘持续不断地扩张	边缘	中性
Downs (1994)	过度扩张导致居民区、商业区低密度、跳跃式发展；交通以私人汽车为主、土地缺少管控	过度、低密度，私人汽车，土地使用	贬义
Razin 和 Rosentraub (2000)	城市蔓延的特点是：低密度，分散或不连续的跳跃式扩张	跳跃式，不连续的	贬义
Brueckner (2000)	过度的空间增长	过度	
Squires (2002)	郊区化的一般形式	郊区化	贬义
Burchell 和 Mukherji (2003)	低密度的跳跃式发展	低密度，跳跃	贬义
Soule (2006)	发生在城市边缘地带的低密度、无序、功能单一的土地扩张	边缘，低密度，无序，功能单一	贬义
Martellozzo 和 Clark (2011)	城市面积的扩张	扩张	中性
Nolè 等 (2015)	城市土地利用无序地向农村扩张	无序	贬义

资料来源：作者自己整理，部分参考了冯科(2010)的研究。

城市的发展受到向心力和离心力两种力量影响，也正是这两种力量的消长，使城市发展呈现一定的阶段性；实际上，城市也可看成一个集聚经济体，可以用新经济地理学

(Fujita and Krugman，2004)关于集聚力和分散力的理论进行解释。对于郊区化的定义，西方学者 Gillham(2002)定义为，郊区化是在城市化的推动下，经济发展在一个区域由核心区向外围区扩散的基本过程。其实在 Gillham 的书中，该定义的提出是有一个前提的，他认为郊区化和城市蔓延都是发达国家在 20 世纪后期的郊区发展典型模式，这实际上给郊区化定性了，即郊区化是后城市化的典型方式，这跟我国国情是不同的。为此，我国学者周一星和孟延春(1998)认为郊区化是城市经历了中心区绝对集中、相对集中以后的一种离心分散阶段，它表现为人口、工业、商业先后从城市中心区向郊区外迁，前兆是中心区人口增长趋缓。本书对郊区化的定义采用周一星和孟延春的定义，因为该定义将郊区化与后城市化背景脱离开了。就目前中国城市化进程而言，不同区域的城市化进程是有差异的，有的区域郊区化是后城市化的结果，有的区域正处于城市化高峰，郊区化不完全是后城市化引起的，而是政府推动的直接后果。所以，对于中国城市化问题，将后城市化和郊区化同时来谈是不合适的。相对于西方的城市化发展经验，中国郊区化现象提前，并不都是因为真的进入了后城市化阶段，而是有着深刻的制度原因，如户籍制度、土地制度、财政制度和官员晋升制度等。

1.2.2 夜间灯光数据在经济学中的使用

全球夜间灯光数据(后文统称为夜间灯光)，是从卫星的 DMSP-OLS 传感器中获取的，它之所以可以被用于研究经济活动，其背后的假设是：照明对于一般人而言，就如同普通商品一样，供需只受到市场规律的调节，不考虑其他意外情况，如马路上的汽车灯光、多云天气、大规模断电、火山喷发等。在实际应用中，NASA 提供的稳定夜间灯光数据，采用的是全年无云数据，且对可能产生影响的其他光源的干扰做了处理。

自从夜间灯光数据在 1972 年被解密以来，灯光亮度和人类活动在空间上的相关性就受到学者们的关注，典型的文献有 Croft(1973)、Doll 等(2006)。自从 Henderson 等 2012 年在美国经济评论上发表 Measuring economic growth from outer space 以来，用灯光亮度数据代替经济增长指标就成为主流，且国内也出现了关于灯光亮度和经济增长关系的研究(徐康宁等，2015)。显然夜间灯光数据的使用最初只停留在宏观的国家或者省级层面，更多用于更小地理单元的使用夜间灯光数据的研究已经展开，如城市层面的(Harari，2016；Storeygard，2016)、少数民族地区层面的(Michalopoulos and Papaioannou，2013)、地方行政单位的(Hodler and Raschky，2014)、大型电网(Henderson et al.，2017)，或者是自然特征，如河流层面的(Bleakley and Lin，2012)。国内的研究，也有了很多将夜间灯光用于更细小空间地理单元的研究，如城市蔓延层面(刘修岩等，2016)、城市扩张层面(杨孟禹和张可云，2016)、城市规模变动层面(杨孟禹等，2017)。

正如 2017 年克拉克经济学家获得者 Donaldson 及其合作者 Storeygard 在 2016 年刊文指出的：虽然夜间灯光数据是最原始的卫星数据源，但是其能使经济学家能够用全新的视角和更令人信服的方式探寻许多问题的答案。但这并非意味着能够用于研究经济学中的任何问题，也只仅限于那些可以用夜间灯光数据研究的经济学领域。

1.2.3　城市人口规模方面

国内外学者在使用“城市规模”一词时，赋予了其人口数量、地域范围和经济总量等丰富的内涵。在中国各类官方和学术语境下，“城市规模”一般用人口或土地总量作为衡量指标。城市土地和人口规模变动规律不同，空间演化路径也有差异。本节先从城市人口规模方面来梳理相关文献。

1.2.3.1　最优人口规模的争论

均衡分析是西方经济学的核心，在城市规模研究领域中也不例外。但由于均衡分析可以用在不同的研究主体上，在城市规模分析中，涉及的主体众多，因此产生“最优城市规模”和“均衡城市规模”两个关键词，实际上就是均衡分析用在不同主体下的结果。根据Henderson(1974)的观点，“最优城市规模”是经济参与者福利实现最大化时的城市规模；“均衡城市规模”则是劳动力和资本所有者追求各自福利最大化时的城市规模。在讨论最优城市规模时，不同学者的研究角度不同，他们对“最优”(Optimal)的理解并不相同，最优城市规模的含义差异也很大。

第一，定性分析方面。如表1-2所示，早期研究主要采用的是新古典分析框架，主要有最小成本说(Mills and Ferranti，1971；Mirrlees，1972；Evans，1972；Miyao，1978)、规模经济说(Dixit，1973)、边际成本说(Harvey，1981)。表1-2列举了不同学者的定义，从中可以发现，绝大部分观点是“最优城市规模”即为“最优人口规模”，差别仅在于对“最优”产生的解释上。Alonso(1971)认为最优城市规模位于城市总收益曲线和总成本曲线的交点处，而Evan(1972)、Anthony和Goldfarb(1976)则认为最优城市规模位于边际收益曲线和边际成本曲线的交点处。Button (1976)对20世纪80年代以前的学者的研究进行了总结后指出，当时绝大部分的学者都认为存在单一的最优城市规模。

其实，新古典框架下的最优城市规模分析，是建立在城市内部为完全竞争、不同城市具有相同的生产函数的基础上的。这也正是为什么该框架下会存在最优模型的原因。而实际情况却是，每个城市内部的竞争情况可能并不都是完全竞争，每个城市由于规模大小、空间结构、要素禀赋的差异，其生产函数也不可能相同，Henderson(1977)最早认识到了这个问题，因此许多学者开始尝试构建一个突破新古典分析框架的理论，以进一步分析城市最优规模问题。如Fujita(1989)基于新经济地理理论，在模型中引入了“全体条件”，使分析结论更符合现实；Yang和Hogbin(1990)则基于新兴古典经济的分析框架分析了最优城市规模和城市层级问题，认为最优的城市规模应该是在一定分工水平下随分工效率演进而变动的最优集合；而Capello和Camgni(2000)认为过去的研究文献仅仅是从城市单方面的、静态的、非空间的思维来研究最优城市规模，他们认为最优城市规模的形成是多方面相互作用的、动态的、空间的，故而应该把一般城市政府行为、官员行为模式、城市经济生产行为与城市之间的竞争合作等都考虑进来，为此提出了“有效城市规模”的概念，核心思路是将单个城市视为城市空间分工网络上的一个节点，着重分析城市之间的空间网络外部效应。

表 1-2 关于“最优城市规模”概念的不同学者观点

代表文献	观点
Mills 和 Ferranti（1971）	总成本（通勤成本加地租）最小时的人口规模
Evans（1972）	最小化生产成本的人口规模
Mirrlees（1972）	边际产出与平均产出之差等于平均地租与平均通勤补贴之差时的状态
Dixit（1973）	取决于运输的拥挤和生产的规模经济
Miyao（1978）	总产出减去运输成本净值最大时的城市规模
Harvey（1981）	边际成本曲线和边际收益曲线相交时所对应的城市人口数量
Montgomery 等（1988）	依赖于工业生产函数和聚集函数中参数的设置以及对消费者偏好的假定
Yang 和 Hogbin（1990）	在一定分工水平下随分工效率演进而变动的最优集合
Krugman（1993）	有区域性且不唯一
Capellot 和 Camgni（2000）	提出了“有效城市规模”的概念，强调城市间的网络外部效应

第二，定量分析方面。巴顿（Button）（1984）在其《城市经济学》一书中汇总了 20 世纪 70 年代前不同学者估计出的最优城市规模。从表 1-3 可看出，不同学者的估计结果有很大差异性，且大多数最优城市规模估计值为区间形式。基于这些研究，Krihs（1980）从城市聚集经济角度出发，通过经验分析得出最优城市规模约为 600 万人，他在计量中也考虑到了城市层级结构的差异问题，分析后认为小城市的最优城市规模在 16 万人左右，而大城市的最优规模为 55 万～100 万人。上述这些研究都是基于特定的城市行政区域。然而，随着空间活动的演进，城市形态也会随之发生变化，最明显的就是出现城市集群，或者更大范围的城市圈，此时的最优城市规模问题显然已经演变为从市中心开始计算的地域范围，城市最优规模问题逐渐由人口数量变为空间范围，如 Zheng（1998）以东京都市圈为研究对象，其最优城市规模在距离市中心 10km 的范围内。Capello 和 Camagni（2000）受到“有效城市规模”思想的影响，将城市间的分工和网络效应纳入对最优城市规模的估计中，从城市收益最大化方面看，意大利最优城市规模为 36 万人左右，而从城市成本最小化方面看，意大利的最优城市规模约为 55 万人。而对于是否存在单一最优城市规模的问题，Roberto 等（2013）利用欧盟 59 个城市的数据进行的检验表明，并不存在单一的最优城市规模。

表 1-3 不同学者或机构对最优城市规模的估算

学者或机构	出版时间	最优人口规模/千人
Baker	1910	90
巴尼特住房调查委员会	1938	100～250
Lomax	1943	100～150
Clark	1945	100～200
Duncan	1956	500～1000

续表

学者或机构	出版时间	最优人口规模/千人
Hirsch	1959	50～100
大伦敦地方政府皇家委员会	1960	100～250
Svimez	1967	30～250
英国地方政府皇家委员会	1969	250～1000
Krihs	1980	6000
Carlino	1982	388
Capello 和 Camagni	2000	360～550

资料来源：作者整理，部分参考了巴顿(1984)的《城市经济学》。

第三，针对中国城市的研究。与国外学者对是否存在最优城市规模有争议一样，国内也存在两种截然相反的观点。如表 1-4 所示，王小鲁和夏小林(1999)利用基于 C-D 函数构建的研究模型，并在对新古典和内生增长理论框架进行了综合的基础上，通过对不同规模城市的聚集效应和外部成本进行数量化分析，通过构造的规模收益函数，估计出中国最优城市规模的区间为 100 万～400 万人。上述研究都基于西方的城市规模理论，但中国城市问题毕竟与西方经验不同，直接用西方理论来研究中国的问题可能是有局限的。为此，很多学者将最优城市规模与城市规模效率、可持续发展能力结合起来研究。马树才和宋丽敏(2003)在考虑了城市规模效率、城市可持续发展能力后，认为中国的城市发展不存在单一最优规模，根据他们的估计结果，中国可能存在最优城市规模区间，城市人口规模在 100 万～200 万人、50 万～100 万人时，城市规模效率和可持续发展能力最高；刘冰(2007)从城市规模的收益和成本的角度对中国城市最优规模进行了估计，他认为中国城市的最优规模应该为 270 万人左右；张应武(2009)基于对中国城市分布函数的估计，认为中国城市的最优规模应为 500 万人左右；梁婧等(2015)分析认为大部分中国城市处于最优规模附近。另一方面，潘佐红和张帆(2002)利用 1995 年第三次中国工业普查企业数据进行估计的结果表明，中国城市可能不存在最优城市规模；周国富和黄敏毓(2007)的研究也表明，中国城市最优规模的数值与采用何种测度密切相关，也即并不存在唯一的最优规模；刘永亮(2011)在梳理了相关研究成果后，认为中国城市不存在单一最优规模；丁俊和李佐军(2014)基于新古典经济的框架，研究表明中国不存在统一的最优城市规模，且不同等级城市的最优规模并不相同；蔡之兵和张可云(2015a)基于城市成本收益最优规模的罗伯特研究框架，分析发现中国不存在单一的最优城市规模。可见，尽管已有大量文献从不同分析视角，利用不同的数据、不同的估计方法对最优城市规模问题进行研究，但是否存在单一最优规模，最优规模是多大，这些问题都并未形成共识。

表 1-4　对于中国城市是否存在最优规模的代表观点

存在	不存在
王小鲁和夏小林(1999) (100～400)万人	潘佐红和张帆(2002)

续表

存在	不存在
马树才和宋丽敏(2003) (100～200)万人、(50～100)万人	周国富和黄敏毓(2007)
刘冰(2007) 270万人左右	刘永亮(2011)
张应武(2009) 500万人左右	王俊和李佐军(2014)
梁婧等(2015)	蔡之兵和张可云(2015a)

1.2.3.2 人口规模的分布规律

合理的城市规模能提高要素配置效率，但城市规模千差万别。最优城市规模也只是理想状态，在现实中并无确切的指导意义。对此，学术界还采用城市规模体系的视角来探讨城市规模问题。其实 Auerbach(1913)最早就指出，城市的人口规模与该城市处于城市体系中的等级的乘积近似地等于常数，这种分布规律可以用帕累托分布来描述(Singer，1936)。Zipf(1949)通过经验研究进一步指出，城市规模体系的分布不但符合帕累托分布，而且帕累托指数趋近于 1，该结论被后来的学者称为 Zipf 法则。Mandelbrot(1983)用分形理论研究了城市体系位序—规模的分维数性质；针对 Zipf 准则理论性不足的缺陷，Gabaix(1999)和 Soo(2005)试图以严谨的经济学假设推导出位序—规模的理论范式；这些研究极大地推动了城市体系理论从宏观到微观的发展。更进一步地，Batty(2006)认为位序-规模变化有可能掩盖系统总人口的增长速率，同时也忽视了各个城市位序变化特征，并提出用位序-规模的双对数散点曲线来改进，为了直观地表现出这些特征，Batty 提出了城市位序“等级钟”的概念和画法。该方法从理论上揭示了城市等级体系的实质及其时空演化的规律。

国外的研究是基于国外城市化现象的描述，对许多国外城市发展中遇到的问题颇有指导性，这也为研究中国的城市规模分布规律奠定了基础。那么中国城市规模体系的分布规律如何呢？高鸿鹰和武康平(2007)基于 OLS 方法测算了中国城市人口规模分布的帕累托指数，认为其服从帕累托分布；程开明和庄燕杰(2012)则采用空间计量模型对该地区地级以上城市的位序-规模特征进行了分析，测算结果表明考虑了空间因素后估计出的 Zipf 指数比 OLS 法估计出的要小，这也意味着考虑空间因素后中国城市规模体系分布更加集中；刘妙龙等(2008)基于 Batty 的“等级钟”理论，研究了中国城市近 2000 年间的演化特征，结论表明中国特大城市的规模的“等级钟”变化较小，城市位序稳定；邢海虹和刘科伟(2007)利用分形理论对陕西城市规模分布规律进行研究发现，陕西省城市体系规模分布比较分散，整个城市体系表现出中间层次弱缺现象。可见，对于中国城市规模体系分布的问题，由于研究对象有差异，结论也不尽相同，但基本符合位序—规模分布规律。而在对中国城市规模的发育层次判断上，学者的观点基本是一致的，王小鲁和夏小林(1999)、Henderson (2006)、王小鲁(2010)、柯善咨和赵曜(2014a)、蔡之兵和张可云(2015a)都认为中国城市体系总体规模偏小。

1.2.3.3 人口扩张的影响因素

在理论分析层面，国外学者对城市规模影响因素的研究已经形成成熟的四类分析框架。第一类是基于传统的城市经济学和经济地理学发展起来的，其主要内容是通过研究经济主体空间选择的行为与空间集聚所产生的外部性之间的相互关系，即规模收益和成本之间的关系，来分析城市人口规模扩张的影响因素。基于此发展起来的模型主要来源于新古典经济学的假设，代表文献如 Alonso(1971)的文章，他认为随着城市规模的扩大，城市的边际收益递减，而边际成本却增加，由此决定了最优城市规模。第二类是新经济地理学，这类模型的特点是忽视城市土地市场，而强调城市间的贸易联系、固定农业区位、内生化空间因素，代表文献有 Krugman(1993)和 Fujita 等(1999)的文章。第三类是从产业演化经济分析发展起来的，这类模型通过对产业结构、产业关联和产业集聚对城市规模的影响分析，找出影响城市人口规模变动的影响因素，代表文献有 Moomaw 和 Ali(1996)、Henderson(2006)以及 Duranton(2007)的文章。第四类是从内生增长理论发展起来的，代表文献有 Black 和 Henderson(1999)的文章，他们利用由卢卡斯构建的经典人力资本增长模型，新构建了分析城市规模分布动态性的模型，该模型分析认为城市规模的增长速度取决于人力资本的增长速度。

基于西方学者提出的各种理论，学者们对中国城市规模问题展开了多种视角的研究，由于学科视角或者模型假设的差异性，所以分析的结论也不同。然而通过观察表 1-5 可以发现，尽管不同学者的研究视角、理论假设以及研究的城市数量有差异，但他们的结论有一个共同点，即大多数学者认为城市规模的决定因素主要是工资水平、交通条件、经济发展和地理区位。不难发现，这四个因素与 Todaro(1969)提出的影响人口迁移的因素基本一致。工资水平、经济发展、地理区位决定了劳动力迁移的预期工资水平和就业概率，而交通条件则决定人口迁移成本。

表 1-5 中国城市规模决定因素的不同学者观点

代表文献	主要影响因素
Henderson(2006)	人均实际收入
高鸿鹰和武康平(2007)	工业化、运输能力、产业结构
安虎森和邹璇(2008)	农产品贸易成本
陈刚强等(2008)	市场、经济发展、基础设施和政策
孙铁山等(2009)	经济发展及结构调整以及对外交通条件
王小鲁(2010)	地理位置、交通条件、城市化水平及经济水平
韩本毅(2010)	城市土地和城市职工平均工资水平
曹跃群和刘培森(2011)	资本投入、科技水平、产业结构和外资
陆铭等(2011)	人口迁移管制和土地制度
覃一冬(2012)	城市区位、城市经济属性
于涛方(2012)	城市的现代性、国际性特征、生活质量
段瑞君(2013)	知识溢出、城乡收入差距
徐清(2015)	工资、国内贸易
邱德荣和陈建军(2016)	城市生产率、房租水平

1.2.4 城市土地规模方面

人口和土地是城市规模变动的两个基本要素，前文已对城市人口规模方面进行了综述。为此，本节将从土地问题研究演变、土地利用及其评价、主要影响因素三个层面综述城市土地规模方面的研究。

1.2.4.1 土地利用的空间问题

第一，经典理论对于土地利用空间结构问题的研究。最早可追溯至 Thủnen 的研究①，他假定存在一个孤立国，且在孤立国中有一个都市，都市所需农产品都由乡村供给，都市提供农村地区所需的加工品；于是可将都市外围按距离远近划为自由农作区、林业区、谷物区、谷草区、牧业区和荒芜地六个环带，也就是后来所称的"杜能环"。杜能环的思想表明：土地价格不仅取决于其自身的收益能力，还取决于它所处的区位。该著作是研究土地利用模式和空间区位关系、土地价格决定的典型著作，对后世的土地利用空间问题的研究产生了深远的影响。基于此，Alonso(1964)第一次建立了单中心城市模型，直到经过 Mills(1967)等的发展完善后，单中心城市模型才正式形成。在该模型中，城市土地是均质的，城市空间中心存在一个点状的就业中心，人口分布在就业中心以外的任意地方，所以在居住地和就业中心间会产生通勤行为，土地租金从就业中心逐渐向外围递减，越远离就业中心，工人承担的通勤成本和住房面积就会越高，因此工人必须在通勤成本和住房面积间做出取舍，以选定适合自己的居住点，此时土地利用达到均衡状态。然而，单中心城市模型有两个苛刻的前提假设，即规模收益不变和土地同质性。Mills(1967)提出了将土地异质性引入单中心城市模型中的方法，一种方法是将与土地相关的变量加入生产函数内，另一种方法是只考虑土地一种生产要素，但不同区位的土地具有不同的效率参数。正如 Fujita(1989)指出的，单中心城市模型之所以存在城市土地利用的最有效状态，是由于单中心城市模型不考虑城市经济的外部性问题，土地利用决策完全取决于需求和通勤成本间的权衡。这显然与城市发展中出现的污染、拥挤和知识溢出等现实情况是不符的。

第二，对传统经典理论的发展。外部性是经济学中的经典问题。马歇尔(Marshall)认为外部性来源有三：专业化的中间产品供应商、专业化的劳动力蓄水池、便利的信息传播。马歇尔(Marshall)外部性主要是从厂商获取要素的便利性视角来定义外部性的。Hoover(1936)在此基础上进一步区分了城市企业外部性的类型，他认为城市企业享受的外部性分为两类，一类是本企业之外、本行业之内产生的，称为行业内经济；另一类是本行业之外、城市内其他行业内产生的，称为城市化经济。而 Jacobs(1969)则更强调城市内行业的多样性，他认为产业间的联系也能带来规模经济，后世称为 Jacobs 外部性，其实就是 Hoover 提出的城市化经济。将这些外部性模型化是后来研究城市土地利用的主要特征，此时的土地要素被内生化到生产函数中，主要通过自身的特性及其所处的区位

① 本书参考的版本由吴衡康翻译，译名为《孤立国同农业和国民经济的关系——关于谷物价格、土地肥力和征税对农业影响的研究》，于1986年6月由商务印书馆出版。

对经济活动产生影响。Brueckner(1986)建立了一个研究城市土地价格空间变化规律的理论模型，其建立的住房生产函数具有以下特点：土地和资本是可以完全替代的，因为在其模型中，同样的住房产出都可以通过不同比例的土地和资本配置来达到。因此如果土地和资本成倍增长，则住房产出量相应地同倍增长，即规模经济不变；资本和土地投入的边际产出率均为正；生产函数是凹的，且二次可导。该模型的主要结论为：土地价格在空间上是递减的，地价与容积率成正比；地价上升，地价与房价的比率也跟着上升。此外，Perroux 于 20 世纪 50 年代提出了增长极理论，20 世纪 90 年代又兴起了以 Krugman 为代表的新经济地理理论，它们对于城市规划、城市空间扩张与土地利用规划也有重要的影响。最近关于城市土地空间优化配置的分析框架是由欧洲环境署(The European Environment Agency)提出的 DPSIR[驱动力(driving forces)、压力(pressure)、状态(state)、影响(impact)、响应(responses)]模型，该模型旨在动态地分析环境变化的驱动力、压力、状态、影响以及响应的系统作用过程，在城市土地利用及其可持续发展方面的应用价值已被广泛认可。

第三，对中国城市土地利用空间优化配置的研究。刘彦随(1999)认为区域土地利用空间优化配置可以分为宏观、中观和微观三个层面。宏观层面主要指国土规划，是基于经济、社会和生态等方面对全国范围内的土地利用在数量和性质上实现空间配置，陆大道(2001)在这方面有深入的研究，他认为点-轴系统是最有效的区域开发模式，沿海与长江流域相交的“T”字形空间框架对中国的发展起了巨大作用。而在中观、微观的土地利用空间布局层面，区域大致可以分为流域、省、市、县、乡级五种类型，陈雯(2008)从空间均衡的角度，以江苏为研究对象，对省级土地管理部门的空间配置效率进行了研究，常青等(2010)基于 DPSIR 模型，以天津市为研究对象，并提出经济发展优先、生态保护优先和协调发展三个土地空间配置方案，并认为协调发展是天津土地配置的首选方案。

从“杜能环”到“单中心城市模型”，再到“新经济地理学”与“DPSIR”，土地利用问题的研究历经了空间结构分析、新古典框架下的均衡分析、新经济地理框架下的均衡分析等分析视角的飞跃，土地利用的空间问题逐渐由单纯的地理问题演变成经济地理问题，逐渐从地理学研究范式过渡到经济学研究范式，随之也难免走进了过于抽象、“重机理轻应用”的死胡同。这对于经济学的发展而言，无疑是促进的，因为经济学的本质就是揭示经济事件的一般运行规律；但对土地空间利用问题本身，似乎更该注重政策应用的分析。本书认为当前中国城市的土地问题，应该在区域政策分析框架下，适当引入地理学分析方法，发挥各自优势(张可云，2005)。

1.2.4.2　土地利用效率的测算

国外早期的土地利用评价多以农地利用评价为主，代表性的事件是 1936 年美国农垦局提出了关于农地土地潜力分类的评价系统，1960 年该评价系统被进一步完善，并在加拿大、英国和印度等迅速推广(刘彦随，1999)。但单纯的土地评价在应用方面捉襟见肘，因此土地评价逐渐与土地规划、税收政策相结合，1976 年联合国粮食及农业组织提出并发表的《土地评价纲要》一文，专门针对特定土地利用方式的评价框架进行了讨论，该文的发表是世界土地利用评价框架体系走向成熟的标志(朱天明等，2009)。基于此，国外诸多机构，如澳大利亚联邦科学与工业组织和英国土地资源开发中心，将农地评价框架向非农地评价方向拓展，并与城市用地规划相结合，使得土地利用评价进一步发展。后来随着土地类型多样化和信息技术的发展，越来越多的评价方法被引入到土地评价体系中，特别是遥感、GIS 和土地评价的结合，为多种评价方法的综合应用提供了可能。城市土地利用评价迅速发展，为促进城市土地集约、高效利用提供了技术保障。

近年来，西方国家对城市土地利用效率的研究，主要是针对普遍出现的城市蔓延的现象。西方学者和政府对传统城市发展模式进行了深刻反思，并提出了控制城市蔓延的一些理论(张庭伟，1999)，尤其是在城市土地利用规划中提出了“城市增长边界”的概念，划定城市扩张的范围，也称为“精明增长”(smart growth)。美国城市研究所将“精明增长”定义为提升城市经济活力、保护城市环境、提高社区居民生活质量(Downs，2001)，精明增长的核心是对城市内部的土地供需关系、土地市场结构和土地使用进程进行全程管理，并在经济发展中，努力实现城市土地利用的精细化管理，从而使得城市土地得到集约利用。在“精明增长”思想的影响下，20 世纪 90 年代初，西方国家的城市发展逐渐由边缘开发向内部开发转变。然而，为什么城市内部的土地利用粗放，且企业更愿意去城市边缘获取土地要素？其原因就在于城市内部土地再开发是有成本的。Brueckner(1980)和 Wheaton(1982)通过实证研究发现，仅当土地再开发利用获得的收益超过所必须付出的成本和当前的土地利用价值时，城市内土地再开发才会发生。

西方城市土地评价指标体系和城市内部土地开发的“精明增长”理念为研究中国城市土地利用问题奠定了基础。中国城市土地利用问题与国外的最大不同在于，中国土地并非像西方各国一样被私有化，中国土地所有权属于国家，实际属于各地方政府；也就是说中国城市的土地市场并不是如西方国家那样的竞争市场，而是由地方政府垄断各地区的土地供给造成的垄断市场，垄断市场内的土地供需关系当然与竞争市场中的土地供需关系有巨大差异，这种差异体现在中国各地方政府所特有的土地财政问题上。国内不同学者对土地利用效率的定义及评价方法各异。方先知(2004)较早地从农用地利用效率、土地集约利用度、城乡土地集约利用度三个方面出发构建指标评价体系，并用主成分分析法测度土地利用效率。此后关于土地利用效率的测算方法发展为具有代表性的五种：第一种是单指标法(邵挺等，2011)，即只考虑了单项投入和产出，缺点是不能反映土地利用过程中多种要素投入的特点；第二种是综合指标评价体系(王雨晴和宋戈，2006；刘传明等，2011)，弥补了单指标法的缺点，但在指数合成过程中主观性成分过大，很可能由于权重的设定偏好而导致评价结果偏差；第三种是数据包络分析法(梁流涛等，2013)，将土地利用过程视为投入-产出系统，可避免人为设定生产函数带来的估计偏差，缺点是该方法基于传统的 CCR、BBC 模型，是期望产出估计法，忽视了土地利用过程中可能产生的非期望产出，如环境污染，这也会造成效率估计偏差；对此，Tone(2001)提出了解决这一问题的非径向、非角度的 SBM 模型，即第四种测度方法；第五种是以一般地理分析工具或者随机前沿函数之类的分析方法。总的来说，当前文献中五种方法都有涉及，每种方法都有其优点和缺点，这些评价方法为研究中国城市土地利用效率提供了主要技术支撑。

而在国内城市土地利用效率的经验研究方面，张良悦等(2009)利用数据包络分析

(data envelopment analysis，DEA)方法对中国地级市以上 247 个城市的土地利用效率进行了研究，其分析发现中国城市土地利用效率存在着明显的区域差异和粗放特征，同时梁流涛等(2013)、林坚和马珣(2014)、吴得文等(2011)、张志辉(2014)等学者利用 DEA 方法对中国地级城市的土地利用效率进行了实证研究，结果基本一致认为中国城市土地效率整体是偏低的。另外，李永乐等(2014)利用 GIS 空间分析方法研究了中国 31 个省份城市土地利用效率的时空特征，发现东部、中部、西部三大区域的城市土地利用效率均呈上升的收敛态势，可见中国城市土地利用效率正经历着从低往高的升级过程。针对 DEA 方法的不足，杨清可等(2014)构建了考虑土地利用过程中含有非期望产出的松弛模型(slack based model，SBM)，他们利用长三角地区的 16 个城市作为样本，对城市土地的利用效率进行深入调查研究，发现长三角城市的土地利用效率是偏低的，且环境负外部效应产出偏重。最后，王良健等(2015)综合了前人的研究，将城市土地利用效率评价和区域差异结合在了一起，他们基于随机生产函数模型对地级城市土地利用效率进行了研究，发现中部城市土地利用效率最高，东北地区最低；从 2003 年到 2012 年间的城市土地利用效率增速上看，西北城市土地利用效率增速最快，西南地区最慢。当前学者对中国城市土地利用效率评价是基本一致的，即中国城市土地利用效率普遍偏低，这与中国所处的城市化发展阶段的特征是相符的(表 1-6)。

表 1-6　不同学者对中国城市土地利用效率测算方法和主要结论

代表文献	测算方法	主要结论
张良悦等(2009)	DEA	土地利用效率存在着明显的区域差异和粗放特征
梁流涛等(2013)	DEA	城市土地利用效率总体不高
李永乐等(2014)	GIS 空间分析、泰尔指数分解和面板数据模型方法	东部、中部、西部三大区域城市土地利用效率均呈现不断上升趋势、持续收敛的态势
张志辉(2014)	Bootstrap-DEA	城市土地利用效率整体偏低
林坚和马珣(2014)	DEA	城市群土地利用效率相对偏低，区域间的效率差异较大
杨清可等(2014)	SBM	长三角地区土地利用效率水平偏低，存在要素投入冗余、效益产出不足和环境负外部效应产出过多现象
吴得文等(2011)	DEA	城市土地投入产出效率普遍较低，大部分城市土地规模效率处于递增状态
王良健等(2015)	随机前沿分析(stochastic frontier analysis，SFA)	中部地区城市土地利用效率最高，东北地区最低，西北地区城市土地利用效率增速最快，而西南地区较低且增速最慢

1.2.4.3　土地扩张的影响因素

第一，财政分权和土地财政因素。中国地方政府“土地财政”的依赖性与财政分权体制密切相关。如表 1-7 所示，在经验分析方面，踪家峰和杨琦(2012)利用广义矩估计(generalized method of moments，GMM)方法分析中国省级面板数据发现，财政分权是城市快速扩张的主因；同样，李永乐和吴群(2013)基于系统 GMM 法对中国 1999～2008 年的城市面板数据进行分析后发现，财政分权对城市扩张有促进作用。另外，也有学者从理论层面来研究，如郭志勇和顾乃华(2013)基于制度变迁理论，分析了财政制度变迁对土地财政的作用，以及土地财政对城市扩张的影响，他们的分析表明，财政分权是城市扩张的主要诱因。针对学者将土地出让金等同于土地财政，而忽略了土地税收的问题，刘琼等(2014)认为仅土地出让金是很难概括土地财政的，为此他们利用面板协整计量方法，对 30 个省级行政区 2000～2011 年的土地出让金、土地税与城市建成区面积数据进行了估计，结果表明三者对城市扩张的影响是不同的。从全国总体上看，土地出让金的增长会推进城市土地扩张，而目前我国征收的各种土地税均未发挥预期的抑制城市土地扩张的作用。实际上究竟是土地财政引起了城市扩张，还是城市土地扩张诱发的需求导致土地财政增加？二者间很可能并非单一的因果关系，而是存在相互影响、相互依存的关系；赵可等(2015)利用中国地级城市 2002～2011 年数据，采用面板数据分析方法对二者的关系进行了实证分析，结果表明，城市用地扩张与土地财政存在耦合关系。

表 1-7 城市土地扩张的主要影响因素、估计方法和主要结论

代表文献	主要因素	实证方法或模型	主要结论
踪家峰和杨琦(2012)	财政分权	GMM	财政分权是造成城市土地快速扩张的重要原因
李永乐和吴群(2013)	财政分权	GMM	财政分权对城市土地扩张有促进作用
郭志勇和顾乃华(2013)	财政分权	制度变迁分析	财政分权是城市土地扩张的主要诱因
刘琼等(2014)	土地财政	面板数据分析	土地出让金的增长会推进城市土地扩张，土地税也未起到抑制作用
赵可等(2015)	土地财政	面板数据分析	城市土地扩张与土地财政存在耦合关系
谈明洪等(2003)	经济增长	单因子回归分析 偏相关分析	经济增长是城市土地扩张最重要、最根本的驱动因素
盛业旭等(2014)	经济增长	面板数据分析	城市土地扩张与经济发展呈倒“U”关系
黄大全等(2014)	经济增长，人口增长，区位	Logistic 模型	住宅用地的扩张主要受地铁站点的影响；工业用地扩张则受人口增长和经济发展的影响；商业用地扩张主要影响因素是人口增长
张利等(2011)	自然条件，经济、人口增长	位序-规模法则和分形理论	城市用地扩张是各影响因素综合作用的结果

第二，经济增长、人口增长、产业发展和区位因素。在经济增长因素方面，谈明洪等(2003)利用近 15 年城市土地扩张的数据，基于单因子回归分析和偏相关分析，结果表明经济增长是城市土地扩展最根本的驱动力。盛业旭等(2014)则以江苏省 13 个地级市为研究对象，基于 1993～2011 年的面板数据进行实证分析，结果表明城市土地扩张与经济发展间存在倒“U”关系。在人口增长、经济增长和产业发展方面，黄大全等(2014)以北京市昌平区为研究对象，基于 2001 年和 2010 年昌平区土地利用数据进行分析，结果表明住宅用地的扩张主要受地铁站点的影响，工业用地扩张的推动力则来自人口增长和经济发展，商业用地扩张的主要影响因素是人口增长。张利等(2011)利用位序-规模法则和分形理论分析 1997～2007 年中国城市用地扩张的原因，他们认为城市用地扩张是各影响因素综合作用的结果。

关于中国土地扩张的影响因素，现有文献的结论概括起来包括两方面：一方面认为是财政体制因素，包括土地财政和财政分权两个方面，直接导致了城市土地扩张；另一方面则认为经济、人口增长因素是城市土地扩张的主要影响因素，具体包括经济增长、人口增长、产业规模和自然条件。改革开放以来，中国的经济一直是在改革中逐渐发展的，因此城市土地扩张必然与财政制度、土地制度和官员晋升制度紧密相连。从当前的研究来看，对于城市土地扩张的原因，很少有学者将其归为土地制度因素，而只提到中国特有的土地财政。实际上土地财政与土地制度相关性很强，之所以地方政府会形成土地财政依赖，很重要的原因就是土地制度。土地现在已经逐步可交易化，但是土地制度始终是中国与西方发达国家最大的不同之处，也正是这些特殊性，才使城市土地扩张问题的研究显得更重要。随着中国城市化的推进，经济、人口持续增长，产业规模持续扩大，这必然加剧城市土地的需求，城市土地扩张显得顺理成章。

1.2.5　城市人地关系方面

城市人口规模扩张和土地规模扩张是城市扩张的两个类型，前文在分析其中一个问题时，都是假定另一个是不变的。然而现实情况并非如此，一般情况下人口和土地同时扩张，有的城市可能是其中一个要快一些，有的城市也可能是二者扩张幅度很均衡。为厘清土地和人口扩张的相互作用关系，本节从二者关系的度量上着手，然后再分析这种关系的主要影响因素。

1.2.5.1　人地关系的测算方法

根据已有文献，有关人地关系的测算方法可以分为三种类型(表 1-8)。

表 1-8　城市人地关系测算代表文献和主要方法

代表文献	测算方法
Gehl (1987) 戴中亮(2010)和牛文元(2012)	土地增长率/人口增长率
范进和赵定涛(2012)	$C_{LT}=\left\|\frac{L+T}{\sqrt{2}}\right\|/\sqrt{L^2+T^2}$
杨艳昭等(2013)	(CR/PR)·R，R=(LP_t/LPI_t)/(LP_0/LPI_0)
李光勤(2014)	$C_{SP}=\|S+P\|\sqrt{2S^2+2P^2}$
张勇和汪应宏(2015)	$\frac{\sqrt[n]{(SR_t-SR_0)/SR_0}}{\sqrt[n]{(PR_t-PR_0)/PR_0}}\times I, I=(P_t/L_t)/(P_0/L_0)$
尹宏玲和徐腾(2013)	$C_V=\left\|\frac{P-L}{P+L}\right\|$
刘继生和陈彦光(2005)	异速生长模型，b=0.854
赵岑和冯长春(2010)	异速生长模型，b=1.06
孙在宏等(2011)	异速生长模型，b=1
傅建春等(2015)	异速生长模型，b>0.85

注：相关公式及变量含义可查阅对应文献。

第一种是增速比较法，最早由 Gehl(1987)提出。该方法假定城市人口增速和土地增速相等，从而识别出人口或土地城市化“滞后或者超前”。如牛文元(2012)认为，1991年到 2010 年中国城市建成区面积扩大了 2.12 倍，而城市人口仅仅增长了 0.89 倍，土地城市化远远超过了人口城市化。戴中亮(2010)也采用类似的方法。

第二种是协调度法，主要从土地扩张和人口扩张的协调、失调两个方面来衡量。从协调角度，范进和赵定涛(2012)构建了协调性指数C_{LT}，其中 L 和 T 分别为城市人口、建成区增长率，测算表明，1997～2009 年中国土地和人口城市化都处于不协调状态；杨艳昭等(2013)在传统增长率比较的基础上加入人均城市用地约束系数 R，构建了城市用地扩张与人口增长协调性系数 CPI，其中 CR、PR 分别为城市人口和土地年均增长率，LP_0、LP_t 和 LPI_0、LPI_t 分别为基年和目标年城市人均建成面积和该城市当年所属类别城市的理想人均城市建成区面积，测算结果表明，中国城市人口扩张和土地扩张间的协调性较弱，且以土地扩张为主，人口扩张为辅；李光勤(2014)构建的协调度指数为C_{SP}，S 为道路面积增长率，P 为城市人口增长率，测算表明，1990～2011 年，中国土地城市化快于人口城市化；张勇和汪应宏(2015)也是在增长率比较法的基础上进行改进，他们增加了人均城市土地约束参数，构建了协调性系数 EC，其中 SR_0 和 SR_t 分别为基年和目标年的城市总面积，PR_0 和 PR_t 分别为基年和目标年的城市人口数，n 为年份数(目标年-基期年)，测算表明，安徽省土地显著扩张的城市占全省的 50%，其余城市分别为城市人口和土地扩张基本协调或人口扩张显著；从失调的角度，尹宏玲和徐腾(2013)构建了度量城市人口和土地城市化间出现偏差的离差系数C_V，其中 P、L 分别为城市人口和土地增长率，测算表明，中国人口城市化和土地城市化发展表现为失调趋势，但这种失调性趋于下降。

第三种方法是基于分形理论的异速生长模型，分形理论认为城市人口和建设用地之间通常符合一定的数理规则，城市人口和建设用地之间满足 $L=a\cdot p^b$，一般认为当 b 值为 0.85。该定律最初由生物学引入地理学，Gould(1966)对该定律含义的解释是：与整个机体的绝对尺寸的变化相关的比例的差异。刘继生和陈彦光(2005)利用该方法对山东各城市的人口和建设用地异速生长进行了测算，发现越是大城市，人均占用土地越少；赵岑和冯长春(2010)对 1996～2007 年全国各城市非农业人口和城市建设用地总量进行分析，得出 b=1.06，为正异速增长特征，土地城市化和人口城市化的相对增长率不仅高于 0.85，并超过 1，表明中国城市人口密度不断下降，土地集约利用空间很大；孙在宏等(2011)基于该方法以江苏省为研究对象，研究表明，江苏人口和土地的异速关系在整体上表现为退化，且在 2001 年后异速由负转正；傅建春等(2015)的研究则提出了人口为临界值 10 万以下的城市，发现 b 大于 0.85，表明中国城市处于正异速生长阶段。

在人地关系测算的三种方法中，可以发现一个有趣的现象：一般在研究报告或政府报告中，多用增速比较法，而在经济学类的学术论文中多用协调度法，在地理学类的学术论文中，多用异速生长模型。区域经济学跨经济学和地理科学学科，在学理上是二者的交叉，在研究方法上，其既有经济学的抽象模型，也有地理学的实地调查。增速比较法的优点在于很直观，一目了然，但缺点也很明显，单纯地比较二者的增长速度，相当于假设以土地和人口城镇化增速一致为参考标准，这显然不符合现实实践。Julian(2007)

通过对美国 1950～2000 年的人口扩张和土地扩张速度进行分析发现，在城市化过程中，土地扩张速度总比人口增长速度快 10%。协调度法弥补了简单增长率比较的缺陷，有的协调指数甚至考虑了约束系数问题，但该法也正是由于添加了这些依靠人为设定具体值的约束系数，又缺乏统一标准，造成学者与学者之间的研究结果很难进行横向比较。异速生长模型引入了统一的衡量标准，学者也可根据规律来推算研究对象的 b 值，解决了不同学者之间难以比较的困境。虽然该方法在 Nordbeck(1971)研究城市人口与土地关系方面得到了推广，但在应用时，对其在研究中国城市人地关系方面的适用性、特色性的讨论并不多见。而关于分形理论下的城市系统，可参考陈彦光(2008)的研究成果。

1.2.5.2　人地关系的基本判断

基于上述对人地关系的测算，学者们对中国人地关系展开了经验研究，共分为三类(表 1-9)。第一类是对中国总体上的土地城市化和人口城市化关系进行研究，如牛文元(2012)、范进和赵定涛(2012)、杨艳昭等(2013)、尹宏玲和徐腾(2013)，他们得出的结论可以概括为：中国土地城市化和人口城市化并不同步，土地城市化速度比人口城市化速度快。第二类是对地级及其以上城市、省级层面的土地城市化和人口城市化关系展开研究，如戴中亮(2010)、李光勤(2014)、朱凤凯等(2014)，主要结论是土地城市化和人口城市化在空间上是不协调的，且部分学者研究表明中小城市的土地城市化速度比人口城市化快得多。第三类是对中国主要城市在城市化中的土地城市化和人口城市化关系进行研究，如李明月和胡竹枝(2012)、郭施宏等(2014)、范辉等(2014)、张勇和汪应宏(2015)，由于中国城市化在不同区域差异很大，他们得出的结论也不尽相同。如李明月和胡竹枝(2012)研究认为广东省 1996～2007 年，土地城市化与人口城市化显著正相关，但二者进程基本同步。其他省区与全国的情况基本一致，即土地城市化显著快于人口城市化。从以上各个学者的研究上看，有涉及中国总体的、省级和地级城市层面的，结论基本一致，这为开展城市扩张问题研究奠定了基础。

表 1-9　不同学者对中国城市人地关系的主要判断

代表文献	研究对象	主要判断
戴中亮(2010)	地级及以上城市	大城市人口和土地增速基本一致，而中小城市的土地增速远远超过人口增速
牛文元(2012)	中国	土地城市化远远超过了人口城市化
李明月和胡竹枝(2012)	广东	1996～2007 年，土地城市化与人口城市化显著正相关，但二者进程基本同步
范进和赵定涛(2012)	中国	土地和人口城市化都处于不协调状态
杨艳昭等(2013)	中国	城市人口扩张和土地扩张间的协调性较弱，且以土地扩张为主，人口扩张为辅
尹宏玲和徐腾(2013)	中国	人口城市化和土地城市化发展表现为失调趋势，但这种失调性趋于下降
李光勤(2014)	省级地区	土地城市化快于人口城市化
朱凤凯等(2014)	地级及以上城市	土地城市化与人口城市化不协调现象由东部地区扩展到全国范围

续表

代表文献	研究对象	主要判断
郭施宏等(2014)	山东	山东土地城市化快于人口城市化，且空间上协调度偏低
范辉等(2014)	浙江	浙江土地城市化超前于人口城市化
张勇和汪应宏(2015)	安徽	土地显著扩张的城市占一半以上

1.2.5.3 人地关系的影响因素

较早研究人地关系的是张月蓉(1984)，她认为在经济发展中必须把土地放到与人口同等重要位置，同钰莹(2000)通过分析影响中国城市化进程中总体的人地关系的制度演变史，说明了在人地关系变化中制度因素扮演着重要角色；更多的学者采用的是经验分析法，王长征和刘毅(2003)以沿海地区人地矛盾的产生、发展和协调三个发展阶段为线索，将影响人地关系的因素归纳为自然因素和人为因素两种，自然因素包括地形、气候、地理位置和自然资源等，人为因素包括人口急剧增长及其对环境的破坏活动；范进和赵定涛(2012)将影响城市人地关系的因素概括为外在制度因素和内部机制因素，其中外在制度因素包括二元土地制度和二元户籍制度，内部机制则从地方政府土地城市化激励比人口城市化激励更强来解释，土地财政是这种内部机制形成的主要驱动力(表 1-10)。这些学者对人地关系的研究的共同点在于都是以中国或中国的部分地区为研究对象，但这些研究因过于宏观，而对地方政府的指导意义有限。随着研究的深入，越来越多的学者开始研究省级地区、地级城市或特定地区表现出的人地关系。

在省级地区或城市层面，熊柴和高宏(2012)基于 2000～2009 年的省级面板数据，采用分位数回归方法分析发现，财政分权对人口城市化和土地城镇化有显著影响；李子联(2013)则利用省级面板数据实证分析发现，土地财政、户籍管制显著影响人地关系；李光勤(2014)则认为影响人地关系的因素是产业结构、经济发展和城乡收入差距，朱凤凯等(2014)认为是土地财政，程钰等(2015)认为是市场化程度和区域开发效率两个因素，周艳等(2016)认为是经济发展、产业结构调整、交通区位变化、政策因素四个因素。通过这些学者的研究可发现，影响城市人地关系的主要因素中出现频率最高的是财政体制下的分权或者土地财政因素，其次是户籍制度、产业结构、经济发展因素。这是我们开展城市扩张问题研究的重要基础之一。

表 1-10 不同学者人地关系的主要影响因素

代表文献	研究地区	主要影响因素
同钰莹(2000)	中国	制度因素
王长征和刘毅(2003)	沿海地区	自然因素、人为因素
范进和赵定涛(2012)	中国	二元土地制度、二元户籍制度、土地财政
熊柴和高宏(2012)	省级地区	财政分权
李子联(2013)	省级地区	土地财政、户籍管制
李光勤(2014)	省级地区	产业结构、经济发展和城乡收入差距

续表

代表文献	研究地区	主要影响因素
朱凤凯等(2014)	地级及以上城市	土地财政
程钰等(2015)	山东省	市场化程度和区域开发效率
周艳等(2016)	长三角 16 个城市	经济发展、产业结构调整、交通区位变化、政策因素

1.2.6　文献的总结性述评

随着中国城市化进程不断加深，城市扩张问题引起政府部门和学界的关注。统计数据种类不断丰富，可得性和数据质量不断提高，以及计量技术、空间分析技术的不断发展和改进，使得城市规模问题的分析研究取得了长足发展。此外夜间灯光数据的广泛使用为经济学者探究各种问题提供了新的视角，也为本书研究城市规模变动问题提供了契机。

从已有文献对城市规模变动的分析来看，在城市形态方面，可以将其分为城市收缩和城市扩张两个对立的过程；从要素集散方面上看，则可以分为集中化和郊区化两个对立的过程。其中城市收缩或者集中化过程多发生在城市化前期、末期，中国当前正处于城市化快速发展阶段，处于郊区化或城市扩张过程中，城市用地规模变动和城市人口规模变动是其典型表征。在城市人口规模和用地规模变动过程中，因人地关系的差异，可能出现三种可能的城市形态，即人地协调、城市蔓延和城市拥挤，其中人地协调是理想的城市扩张方式，人地协调是指城市用地规模扩张和人口规模扩张基本吻合，二者基本为同步变动；城市蔓延是指城市用地规模扩张大于人口规模扩张而造成的低效率、低密度、功能单一的土地利用；城市拥挤是指城市用地规模扩张慢于城市人口规模扩张，从而出现城市人均用地规模不断减少的现象。在总结当前研究的基础上，本书的研究也正是基于这样的定义展开的。

从有关城市人口规模方面的研究上看，当前文献主要从最优城市规模是否存在、人口规模的分布规律以及人口规模扩张的影响因素三个层面来展开。第一，最优人口规模争论方面，国外学者基于新古典假设及其改进的思路，大多数的理论分析都认为城市人口集聚存在最优规模，但仍有学者对最优城市规模的存在之处有争论，且经验分析计算出的最优城市人口规模也存异。尽管有争议，但在西方学术界，最优人口规模理论由于理论意义极具指导性，在制定城市发展战略及治理城市问题时具有重要地位。第二，城市人口规模的分布规律方面，国外学者对城市人口规模发展演化规律的研究较为深入，发展的 Zipf 法则、位序-规模理论和“等级钟”理论都颇具代表性。基于这些理论，学者们对中国的城市人口规模分布规律及其演变问题展开了丰富的研究，大多数学者通过经验分析认为，中国城市人口规模体系演化规律可以用位序—规模理论来解释，且都一致认为中国城市体系总体规模偏小。第三，城市人口规模扩张的影响因素方面，国外学者对城市人口规模形成的决定因素的研究已较为成熟并形成四类较为成熟的框架，即城市经济学和经济地理学、新经济地理学、产业演化经济学、内生增长理论。这些框架也成为国内外学者分析城市人口规模变动问题的主要理论来源。学者们对中国城市人口变动的主要影响因素可以概括为三类：城市自身因素、与外界的联系密度、制度因素。这些因素在一定程度上，与托达罗认为的影响农村人口迁移至城市的因素是一致的，恰好反映了中国城市化的城乡二元结构基本背景。

对于城市土地规模变动问题的研究，本节将文献分为土地利用的空间问题、利用效率的测算、主要影响因素三类。第一，在土地利用的空间问题方面，国外学者经历了由杜能环、单中心城市模型向增长极理论、新经济地理理论、DPSIR 的演变，土地利用问题的研究历经“空间结构分析、新古典框架下的均衡分析、新经济地理框架下的均衡分析”等分析视角的飞跃，产生了广泛的影响。中国学者从宏观、中观和微观层面都展开了相关研究，研究的对象的空间尺度不同，结论各异。第二，在土地利用效率的测算方面，国外学者对城市土地利用效率的测算设计了一系列方法，产生了多种城市发展理论，但影响最广泛的理论应该是“精明增长”理论。在这些方法和理论的指导下，学者们对中国城市土地利用效率问题展开了研究，尽管研究方法、研究对象和研究假设上存在差异，但当前学者对中国城市土地利用效率评价是基本一致的，都认为中国城市土地利用效率普遍偏低。第三，在土地扩张影响因素方面，由于中国的土地问题产生机制与国外的有较大差异，因而本节首先重点关注了中国特有的土地财政、财政分权，其次是经济增长、产业结构、城市区位和自然条件等因素。

对于城市人地关系的研究，本节将有关文献分为三类：测算方法、基本态势、影响因素。人地关系的测算方法可以分为三类，即增速比较法、协调度法和异速生长模型法。基于这些方法，学者们从中国总体层面、地级及其以上城市和省级层面、个别主要城市层面，对土地城市化和人口城市化关系来展开经验分析，结果表明，除了个别城市外(如广东)，土地城市化显著快于人口城市化。而在人地关系的影响因素方面，可以概括为财政分权、土地财政、城市经济属性三类。

综上所述，可以在以下几个方面作进一步扩展。首先，鉴于当前学者对城市规模变动的研究过于简单，着重于将人口或土地扩张的机制和成因独立来进行研究，忽视了人口、土地规模变动间的互动性，顾此失彼，没有形成统一的分析框架，本书尝试对城市规模概念进行界定，并将土地、人口规模变动进行整合，形成一个统一的城市规模变动理论。其次，在数据方面，由于《中国城市统计年鉴》中“年末总人口”为“户籍人口”统计口径，不能反映城市实际常住人口，《中国区域经济统计年鉴》的“常住人口”在 2010 年后才陆续公布，历次的人口普查数据也仅为截面数据，可见现有数据并不能满足本书关于城市规模变动研究的长时期要求。此外由于城市规模变动是一个综合的空间过程，用独立的、单一的人口或用地指标难以客观反映之。因此，找到一个相对客观的、又可以有效反映城市规模变动的指数，显得格外重要。参考国内外地理学上关于城市形态变动研究的常用数据，以及相关研究结论，本书尝试采用全球夜间灯光数据来建立度量城市规模的指标，构建了城市规模的指数。再次，从城市规模变动的研究方法上看，当前的研究仅适用普通空间计量回归方法，这是存在缺陷的，因为城市规模变动是地方政府行为和地方关系的反映，其空间关系可能是异质的。本书将采用“两区制”的空间计量模型来解决此问题。同时，在对城市扩张的空间态势的基本判断上，当前的研究仅停留在人口城市化或土地城市化比较微观的定性研究，缺乏从空间上进行定量判断的研究，从而很难从定量上回答为什么中国城市规模变动如此之快，本书引入了城市规模空间竞争机制的分析，尝试揭示中国城市规模变动之谜。最后，在经济和政治的双重激励下，地方政府行为的空间传导渠道显得异常复杂，本研究尝试从横向策略互动和纵向共同反映两个层面来解释城市规模空间竞争的来源。

1.3　研究框架与内容

为解决前文所提出的问题，本节从研究思路、研究方法和内容安排三个方面来展开，研究思路是解决问题的总体安排，研究方法是实现该安排的手段，内容则是研究的具体过程。

1.3.1　研究框架

本书的目标是分析中国城市规模变动的基本现状、产生机理、主要成因及空间演化态势。篇章结构遵循“通过归纳事实提出问题、用经典理论进行理论分析、用与研究假设相吻合的计量方法、面向国家政策战略走向提出建议”的规范，各章节对问题的分析遵循从现象到本质逐层剥开的思路，展开以下分析和研究。

基于以上背景分析和文献研究，首先建立分析城市规模变动的分析框架，分析城市规模变动的成因，分析主体行为和空间驱动机制，实证城市规模变动的成因以及空间竞争形态、演化态势。其次利用《中国城市统计年鉴》和《中国区域经济统计年鉴》所提供的地级市年末总人口、建成区面积数据和常住人口数据，结合前文构建城市规模变动指数，分析全国、东部、中部、西部地区城市层面上的城市人口、土地规模的时空特征，并用简单的空间统计分析技术勾勒城市人口、土地规模与城市规模空间分布间的关系；在此基础上，利用“两区制”空间杜宾模型分析了城市规模变动的成因，以及空间竞争形态和演变态势，并进行了稳健性检验；随后通过分析城市人口、土地规模变动与城市经济效率间的关系，讨论城市规模的合理标准；最后提出政策建议(图 1-2)。

1.3.2　研究内容

本文共分为 8 章，各章的主要内容安排分别如下。

第 1 章为绪论。主要是提出问题，并明晰研究基础。具体而言，通过研究背景和意义，明确研究的问题及其重要性；文献综述则梳理了国内外相关研究，对有关概念和学者观点进行了比较，并进行总结性评述，以探索问题展开的方向，从而在研究中尽可能地取其优点，改掉缺点。

第 2 章为城市规模变动的分析框架。目的是界定相关概念，对研究的问题进行理论溯源，并明确问题分析的切入点和展开思路。包括城市规模变动的内涵、研究框架构建的理论依据、城市规模变动的主体行为因素、城市规模变动的空间关系因素、空间关系的表征、研究框架构建等六个部分。

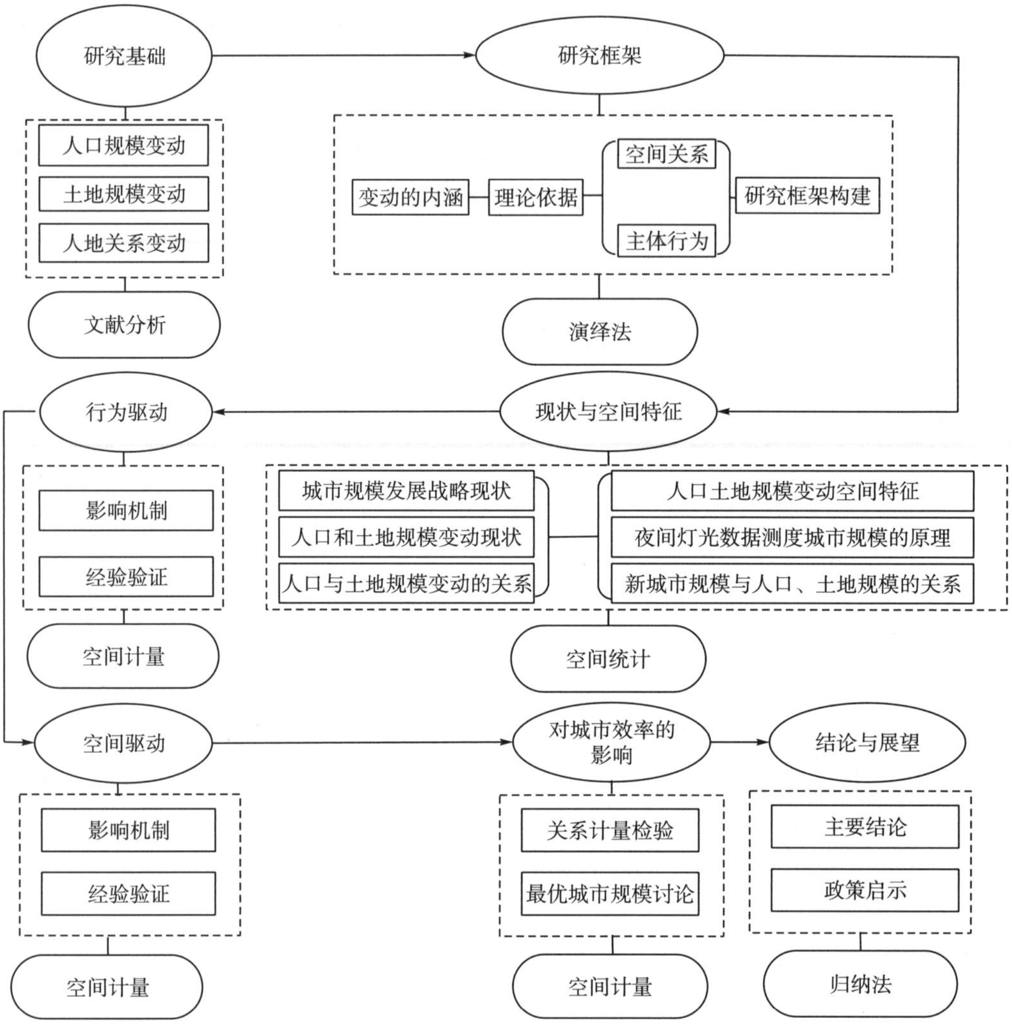

图 1-2　研究框架

第 3 章为城市规模变动的历程和基本现状。目的是明晰不同时代不同的城市发展战略以及城市规模变动的时空特征。包括城市规模发展战略回顾、土地视角下的城市规模变动现状、人口视角下的城市规模变动现状，以及土地和人口视角下城市规模变动综合考察四部分。

第 4 章为夜间灯光衡量城市规模变动的原理及特征。目的是分析不同衡量方法下城市人口、土地规模分布的空间特征，提出新的衡量方法，研究新城市规模变动指数与城市人口规模、建成区面积的关系，最后检验其稳健性。包括城市人口总量衡量的城市规模变动的空间特征、建成区面积衡量的城市规模变动的空间特征、城市规模变动综合衡量法基本原理及空间特征、新城市规模变动指数与人口和建成区面积的关系四部分。

第 5 章为城市规模变动的行为驱动经验分析。目的是厘清城市规模变动的原因，分析其作用机制，并用空间计量方法进行验证。主要包括区域发展战略对城市规模变动的影响、地方官员行为对城市规模变动的影响、城市属性对城市规模变动的影响、总体视角下城市规模变动的影响因素和个体视角下城市规模变动影响因素五部分。

第 6 章为城市规模变动的空间驱动经验分析。目的是实证分析城市规模空间竞争的产生机制、识别空间竞争的来源，分析城市规模空间竞争的非对称性，研究城市规模变动的演化态势。包含地方政府竞争与城市规模变动的关系、空间效应来源识别的基本方程与竞争形态、城市规模空间竞争的来源计量识别、城市规模空间竞争非对称效应、城市扩张的空间演化态势五部分。

第 7 章为城市规模变动对城市效率的影响。目的是对城市效率进行测算，并分析城市规模对城市效率的影响，尝试讨论基于最佳效率的城市规模问题。包括城市效率的测算及四大板块城市的比较、城市规模变动与城市效率的关系、基于效率的最优城市规模三部分。

第 8 章为结论与展望。在归纳总结前文研究主要结论的基础上，讨论了当前城市规模控制政策存在的主要问题，并提出改进的措施。

1.4　难点和可能的创新

本研究面临的首要难题是如何改进当前学者们对城市规模变动的衡量方法，即如何找到一个相对客观的数据以更综合地反映城市规模变动，进一步说，就是如何对城市人口、用地面积数据进行整合，以反映城市规模空间形态变动。借鉴国内外地理遥感学中对于全球卫星夜间灯光数据的运用和分析技术，本研究成功地提取了城市层面的灯光光斑数据，构建了反映城市规模空间形态变动的城市规模变动指数，并用其作为衡量城市规模变动的主要基础数据。

其次，在研究视角上，当前还缺少对城市规模变动问题进行系统分析的文献。本书以影响城市规模变动的城市属性和空间属性出发，以流动人口、企业和地方政府三个主体的行为特征为基础，以经典理论为支撑，建立研究框架，提出了城市规模空间竞争的观点。

最后，在研究方法层面。近年以来空间计量经济学方法得到了迅速发展，然而国内学者普遍运用假定空间个体间的空间作用强度都相同的模型，如空间自回归模型、空间误差模型和空间杜宾模型(spatial Dubin model，SDM)，而利用在 SDM 基础上发展起来的“两区制”空间杜宾模型的研究却很少。该模型扩展了传统线性空间计量模型中的空间个体之间空间相关系数相同的假定，考虑了不同空间个体间的空间相关系数存异的可能性。如在城市规模空间竞争中，京津冀、长三角、珠三角城市群内部城市规模竞争可能与其他城市不同，行政等级差异也可能导致空间竞争的强度有所不同。“两区制”空间模型能很好地刻画和测度这种空间关系的异质性。

第 2 章 城市规模变动的分析框架

前文分析发现，将城市规模变动进行统一研究的文献并不多见。城市规模变动是城市主体行为驱动、空间驱动相互作用而形成的，是由于城市经济发展方式粗放、要素流动逐渐加快而出现的现象。人口和土地规模变动并非独立发生，而是相互影响、相互交织的。本章从城市规模变动的内涵出发，以经典人口流动理论、城市经济发展理论和新经济地理学理论为支撑，将影响城市规模变动的因素分为主体行为因素、空间关系因素两类，阐释了区域和城市尺度的空间关系对城市规模变动的影响机理，基于此构建城市规模变动的研究框架。

2.1 城市规模变动的内涵

界定概念是科学研究的基础。基于前人的研究和本书研究目的，本节先界定了核心词“城市规模变动”的概念，并在此基础上分析城市规模变动的性质。

2.1.1 城市规模变动的概念

《财经大辞典》中将城市规模定义为城市人口、用地和各种经济发展要素的集中程度，通常以城市人口的数量、占用土地面积和国民生产总值表示”（何盛明，1990），该定义被学术界广泛使用。根据这个定义，城市规模变动即为城市人口数量占用土地面积和国民生产总值的变化，是个简单的、数量众寡的概念。实际上，城市规模变动并非这么简单，它不但涉及城市间要素流动、经济发展差距、要素禀赋等，还涉及城市行政等级、财政制度、土地制度等因素。城市规模变动并非简单的“数量”变化，其既有“数量”变动特征，又有“空间”形态变动特征，城市规模变动是这两种特征变化幅度的综合反映。

2.1.2 城市规模变动的性质

城市规模变动的性质是区别于人口数量、占用土地面积和国民生产总值变动的根本属性。正如前文所指出的，城市规模变动不仅有人口、土地和经济在数量上变化的含义，还包括城市空间形态的变化。具体而言，城市空间形态变化表现在两个方面，一是城市内部人口、土地之间的匹配关系，即城市内部人口密度分布的差异；二是城市规模之间的空间关系，这种空间关系的产生有着深刻的现实基础。可以从三个方面进行分析，一是城市经济发展的粗放性；二是地方政府为经济增长而展开招商引资竞争；三是地方政府官员为晋升而引起的城市经济增长模式雷同。在地方政府招商引资竞争、晋升竞争的激励下，由于经济增长方式粗放，要素和企业必然成为各地方政府竞相获取的目标，而要素和企业的大量聚集必然引起城市规模空间扩张。因而，城市规模变动的性质是要素集中程度和空间关系的变化，前者是绝对性质，后者是相对性质。

2.2　研究框架构建的理论依据

根据上文界定的“城市规模变动”的含义，可以将相关理论从城市经济社会属性、财政土地和晋升制度、空间关系三个方面进行概括。

2.2.1　城市经济社会属性方面

城市经济社会属性对城市规模变动的影响，主要体现在不同的城市经济社会属性对流动人口的吸引能力差异上。本节从经济社会属性拉力、劳动力生产率差异、劳动力就业概率差异三个方面阐述城市经济社会属性对城市规模变动的理论依据。

2.2.1.1　经济社会属性拉力

对于影响人口流动的正向和负向因素，1889 年，莱文斯坦(Ravenstein)研究指出，影响人口流动的因素有经济、歧视、压迫、负担、气候和生活条件等，其中经济方面的因素是最主要的。基于莱文斯坦的研究，唐纳德 • J.博格(Donald J.Bogue)于二十世纪末明确提出了人口流动的推拉理论。该理论的基本观点是，人口流动是由利于人口流动和阻碍人口流动的两种力量综合作用的结果。其中在人口迁出地存在着迫使人口流出的推力，主要是自然资源枯竭、农业生产成本提高、农村劳动力过剩导致的失业，以及较低的收入水平，迁出地对人口也有拉力，主要是家庭氛围、熟悉的就业环境、熟悉的社交网络等；同理迁入地对人口流动也存在推拉两种力量，推力主要是家庭分离、陌生的环境、激烈的竞争、糟糕的城市环境等，拉力主要是较多的就业机会、较高的工资收入、更好的社会福利等，如表 2-1 所示。

表 2-1　以唐纳德 · J.博格为代表的人口流动推拉理论

	迁出地	迁入地
推力的来源	自然资源枯竭、农业生产成本提高、农村劳动力过剩导致的失业，以及较低的收入水平等	家庭分离、陌生的环境、激烈的竞争、糟糕的城市环境等
拉力的来源	家庭氛围、熟悉的就业环境、熟悉的社交网络等	较多的就业机会、较高的工资收入、更好的社会福利等

资料来源：根据钟水映(2000)和高洪(2003)的文章整理。

当然，一些学者也发现了该理论的不足，其中比较综合的观点来自高洪(2003)，他从三个方面进行概括①：一是该理论忽略了流动人口主体行为的主动性，而假设其是同质甚至是被动的；二是该理论无法解释为什么当某地的推拉因素改变后，人口流动行为没

① 原文中讲了四个原因，作者认为只有这三条才是根本性的。

有立刻受到影响；三是该理论不能解释为什么有着相似推拉因素的地区间的人口流动差异却很大。实际上，流动人口的行为特征不仅与经济、社会、政策和生态因素有关，还受到区域文化、宗教习惯、个人偏好、迁入地迁出地的空间区位等因素的影响，唐纳德·J.博格的推拉理论显然忽视了人口迁移行为的特征以及迁出地、迁入地的空间联系。另外，如果上述理论要成立，就必须基于两个基本假设：人口迁移行为是理性选择；迁移者对迁入、迁出地的有关信息都有充分的了解，然而，很显然事实绝非如此简单。

埃弗雷特·S.李(Everett S.Lee)于 1966 年在《人口迁移理论》中改进了推拉理论并将主要影响因素概括为四个方面：迁出地因素、迁入地因素、流动介质因素和个人因素，其中经济因素是最基本的因素(图 2-1)。迁移者是否迁移最终取决于他(她)对迁入地和迁出地的各种推拉因素的权衡和选择。埃弗雷特·S.李的贡献在于发展了唐纳德·J.博格的推拉理论，并加入了个人因素和人口流动介质因素。批评意见则主要认为推拉理论忽视了政策因素。

对于中国的人口流动问题，李强(2003)运用推拉理论对影响中国农民工的流动的因素进行了调查研究，其于 2000 年 11～12 月和 2002 年 3～4 月分别在北京市丰台区和朝阳区进行实地调查，通过比较两次调查结果后发现，影响农民工流动的前五个因素是一致的，即：农村居民受到的推力主要来自农村收入水平太低、农村缺乏发展机会、农村太穷三方面，城市拉力因素有城市收入高、外出见世面两方面。李强(2003)同时指出，由于户籍制度，国内外在人口流动的动因方面存在巨大的差异，也正是由于户籍制度的长期影响，农民工迁移心理发生了变化，导致通常的推拉作用失效。然而，西方人口流动的推拉理论为研究城市人口集聚、城乡间、城市间人口流动提供了宽阔的视野，其所涉及的四大因素成为本文分析人口流动问题的基本依据。

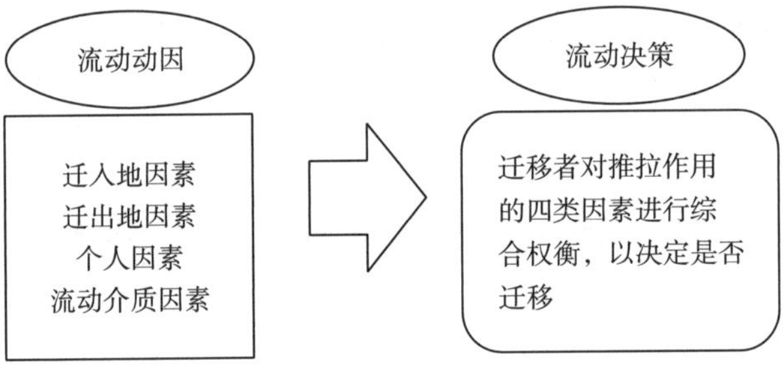

图 2-1　埃弗雷特·S.李的推拉理论对人口流动产生机制的解释

2.2.1.2　劳动力生产率差异

“二元经济”的思想最早由 Boeke(1953)提出，其所指的“二元”是传统农业部门和现代化的资本主义部门。基于该项研究，Lewis(1954)提出了系统的发展中国家二元经济结构理论，他进一步指出，在发展中国家存在着两个完全不同性质的经济部门，即资本主义的现代部门和自给自足的农业部门。Lewis 在《无限劳动力供给下的经济发展》一文中提出了让农业劳动力向工业部门流动的两部门人口流动模型，认为由于两个部门不同的劳动生产率，引起了农业部门的劳动力向城市工业部门流动，城市工业部门也正是在此过程中获取了巨额的利润，使其吸纳劳动力的能力逐渐增强，直至劳动力吸收完毕，两部门的生产率趋于相等。拉尼斯和费景汉(Ranis and Fei，1961)的模型则认为刘易斯(Lewis)的模型忽略了农业在经济中的地位，即农业劳动生产率的提高使农产品出现剩余是农业劳动力向工业部门转移的前提；假定人口总量不变，农业劳动力剩余存在时，农业劳动者收入由制度决定，同时将平均工资收入称为不变工资。他们据此把农业剩余劳动力转移到城市工业部门的过程划分为三个典型的阶段。

第一阶段，农业劳动力边际生产率为零。在这个阶段，由于转移了的劳动力的边际生产率等于零，因此转移劳动力对农产品总量不会产生影响；既然农产品不会减少，企业部门的工资水平不变，由于企业劳动力充沛，其用于扩大再生产的资本积累更加迅速，岗位也就更多，此时劳动力供给曲线是水平的，该阶段的结论与刘易斯模型的结论是一致的。第二阶段农业劳动边际生产率大于零，但小于制度工资。如果农业劳动力转移出去，农业总产出会降低，从而导致粮食短缺，引起工资水平提高；此时工业部门的劳动供给曲线轻微上扬。在前两个阶段，农业劳动力边际生产率都低于制度工资，他们将其称为隐蔽失业者，即农业剩余劳动力，这两个阶段转移的是农业剩余劳动力。然而随着剩余劳动力转移完成，工业部门想要获取更多劳动力，就必须支付高于制度工资的工资水平。第三阶段农业劳动边际生产率大于制度工资，要实现第三阶段的转移，就必须满足农产品产出不减少和工业部门实现相应的扩张，即农业生产率和工业生产率必须保持平衡增长。然而在发展中国家人口增长速度是很快的，这就导致农村剩余劳动力总量很大，工业生产率增长速度必须快于农业增长速度，以吸纳更多的农业剩余劳动力。

拉尼斯和费景汉模型(简称拉-费模型)是对刘易斯模型的重要发展。在拉-费模型中，如果农业生产不能满足工业扩张的需求，劳动力转移就会受到限制，工业发展就会受到影响，甚至停滞；同时拉-费模型详细分析了人口增长、工业扩张和劳动力转移间的关系，指出人口增长对工业化的实现有阻碍作用。然而，无论是刘易斯模型还是拉-费模型，都假定农业剩余劳动力转移到城市后都能实现就业，即工业部门失业现象是不存在的，这与西方国家 20 世纪 70 年代后出现的经济现象背道而驰。郭剑雄和李志俊(2009)用中国劳动力转移数据对刘易斯、拉-费模型进行了检验，他们认为当劳动力存在选择性转移时，刘易斯、拉-费模型所述的机理仅在静态的意义上存在，这种条件下要实现农业发展，必须深化农业人力资本；在动态时，如果劳动力市场是完备的，农业人力资本深化内生于劳动力选择性转移中。郭剑雄和李志俊(2009)的贡献在于运用国外理论研究中国人口流动问题时，不生搬硬套，而是有符合中国国情的思考。尽管该模型在解释中国人口流动问题时，存在这样或那样的问题，但是其建模思想和研究方式，成为本书得以开展的不可或缺的基础。

2.2.1.3 劳动力就业概率差异

1969 年开始，托达罗(M.P.Todaro)发表以《人口流动、失业和发展、两部门的分析》为代表的一系列论文，提出了著名的基于个体移民决策行为的城乡劳动力迁移的托达罗模型。模型的核心思想是移民根据其在农村和城市可能获得的预期收入来决定是否迁移，预期收入由城乡收入差距和在城市就业概率决定，同时迁移的过程不但应高于农村工资，还应该能弥补迁移成本，就业概率与迁移者迁移至城市的时间呈正比。托达罗模型回答了为什么农村劳动力向城市迁移时，会对城市失业和农村隐蔽失业的可能性全然不顾。将迁移者根据预期收入将收入最大化而做出的决策作为出发点，指出农村劳动力向城市流动不仅取决于城市收入差异，还与城市失业率有关。即，如果城市预期收入高于农村，城乡人口流动将持续发生，直到人口流动迫使城市工资下降，从而城市预期收入等于农村预期收入，流动就会停止，而当农村预期收入高于城市预期收入的时候，人口可能出现回流现象。

托达罗模型的贡献在于其成功地解释了农村劳动力向城市流动与城市失业现象并存的矛盾。其主要缺点在于假设农村不存在剩余劳动力(谭崇台，1989)，因为对于发展中国家来说，农业人口增长快于城市人口增长，有限的土地势必造成农业剩余劳动力(高洪，2003)。此外，托达罗模型假定迁移到城市的农业劳动力会一直在城市搜寻工作，并且其就业概率与搜寻时间呈正比，实际上这些转移者不大可能一直找寻工作直到实现就业，他们很可能在一定的时间内，由于不能就业而又返回农村，或者干脆在农村和城市间进行“候鸟式”流动。对此，周天勇(2001)通过分析中国农村劳动力流动的事实指出，由于农村劳动力在农村有较长的闲暇时间，外出劳动力在家的劳动可由家里劳动力替补，从而外出劳动力的机会成本为零，最后总结认为托达罗模型不符合中国城乡二元条件下劳动力流动的实践。托达罗模型对本书的启发是，人口流动的动因与他们对迁入地的预期收入有关，而且是长期动态的调整过程，而非静态且瞬时完成的。

2.2.2 财政、土地、晋升制度方面

通过梳理已有理论发现，对于土地扩张的一般原因，主要存在分税制财政制度激励、地方政府投资激励、地方政府竞争三类观点。

2.2.2.1 分税制的制度根源

分税财政制度激励这种学说的核心观点是将中国地方政府土地财政行为归因为分税制①。分税制压缩了地方政府的财政收入额度。1994 年中央进行的分税制改革将地方政府所收的消费税、增值税的 75%划归中央财政，2002 年中央则将所得税下放给地方政府财政，这确立了新时期中国税制改革的基本方向。中央进行分税制改革的目的就是改善“强地方弱中央”现状，提高中央政府在与地方政府的初次分配中的比例，显而易见这紧缩了地方政府的银根，大量文献提出的分税制根源说的基本依据正是在此。正是这种财政缺口造成了地方政府通过本级收入和上级部门的转移支付难以满足自身的支出需要的现状(董再平，2008)，其原因是随着地方政府经济的发展，越来越多的社会保障、支农、科教文卫等支出逐年增大，甚至许多基础设施建设和公共产品的支出也必须靠地方政府的财政支撑。总收入减少，但支出却逐年增加，分税制必然对地方政府的财政收入

① 严格意义上说，土地面积扩张并不等于土地财政扩张，因为还涉及土地价格问题；土地财政扩张除了可能由土地面积扩张引起外，还可能由土地价格上涨引起。但在城市政府招商引资竞争中，为吸引资本，城市政府不大可能擅自抬高地价。

造成冲击。

另一个基本论点是，该学说认为分税制改革导致的财权和事权的不对称激励了土地财政行为。其出发点是 1994 年以来的分税制改革，仅对中央和地方政府的财权进行了划分，但并未调整支出责任。因此地方政府需要承担建设性支出、重大工程配套资金、非公益性事业单位的非公益性支出、行政支出、社会保障支出以及价格补贴等(张良悦等，2008)。财权和事权的不对称，对地方政府“卖地融资”行为起了推波助澜作用，并逐渐成为地方政府融资的主要渠道(中国土地政策改革课题组，2006)。尤其是在财权上收、事权下放并存的分权体制下，原来地方政府财政支出的平衡被打破，由此出现“逼官征地”的现象(张德元，2006)，同时地方政府官员也面临着政绩压力，如果缺乏稳定的税源，且城市化水平不断提高，越来越多的城市基础设施需要改善，地方财政支出压力越来越大，地方政府更需要额外的财政收入来补缺，土地出让自然成为各地方政府扩大“自由支配”资金规模的主要来源渠道。

然而，对该学说的批评早已有之。范子英(2015)研究指出，该学说忽视了中央和地方政府之间的再分配机制，再分配过程包含地方政府财政上解、中央政府转移支付两个环节，而且加总的转移支付总额比上解的高，再分配倾向于增加地方财政收入。在比较了分税制改革前后几年的地方财政再分配后的实际收入后，文章指出分税制不但没有使地方财政减少，反而在逐年上升，因此分税制根源说的第一个论点是不成立的，土地财政的真实原因是投资冲动。事实上，经济现象的影响因素是何其复杂，况且制度因素是很容易嵌入到经济现象中去的。

客观上，分税制对地方土地财政形成的激励作用是很难忽略的，从制度经济学的视角看，分税制改革降低了地方政府土地财政行为的成本，或许其他因素已经足以促成土地财政行为，分税制起了加速或激励的作用。李郇等(2013)给出了更为综合的观点，他们认为分税制不是土地财政的根本原因，而只是部分原因，文章认为研究期内(1999～2008 年)的土地财政增长主要原因是房地产价格指数。

2.2.2.2　地方政府投资激励

地方政府投资激励这种学说的核心观点是将土地财政看作地方政府房地产投资的结果，是消费者的引致需求。一方面，土地财政是消费者对住房、商业用地和产品的需要而引起的对土地的需求。根据国家统计局公布的数据，2015 年中国城市化率达 56.1%，高城市化率背后隐藏着巨大的房地产需求群体。在各类土地出让收入中，商业用地和住宅用地占有较大比重，房地产市场很大程度上决定了地方政府的土地财政收入(李郇等，2013)，影响房地产市场的因素，同时也影响土地市场，二者的关联性很强。与此同时，地方经济发展中，房地产收入并未纳入地方财政预算，中央对土地市场也未有限制措施，在发展激励下，地方政府倾向于将更多的资金投入房地产市场，获取更多的经济绩效，这直接加深了地方政府对土地财政的依赖性。

另一方面，土地财政是工业化进程不断加快后的必然结果。地方政府通常将工业用地优惠作为招商引资的主要手段，工业用地的低成本效应激发了资本投入者的热情，创造岗位，拉动了就业，并最终通过商业用地和住宅用地扩张土地需求。蒋震(2014)分析认为工业化水平和土地财政的关系，可从资本和劳动要素的住房需求及其引起的土地需求角度来分析，资本要素对住房的需求不仅需要满足居住需要，还要满足投资需求和投机需求，而劳动要素的需求主要是居住需求，因此城市化高速发展背景下，土地出让价格和土地供给量不断上涨。然而住房需求量不会无限地增长，当工业化发展成熟后，企业生产方式不断改进，工业对劳动力的吸纳能力不断下降，土地财政的增长速度会趋于降低。

2.2.2.3 地方政府竞争加剧

在当前中国政治体制下，中央政府通过以 GDP 为主的政绩考核来实现对地方政府的控制，官员为了晋升，就必须努力加速 GDP 增长，发展地方经济，从而形成发展型地方政府(徐现祥和王贤彬，2010a、b)。在发展过程中，地方政府通常采取压低工业用地价格，吸引外来资本和企业进入，即所谓的“土地引资”策略，其后果是各地方政府纷纷建立新城区、开发区、工业园区，地方政府竞相杀价，“血本”式出让土地(陶然等，2009)。

一方面存在“土地引资”地区“竞次”竞争，压低了地价；另一方面，经济发达地区和经济落后地区土地财政规模存在差异的原因，可能是因为前者以税收竞争为主，土地财政激励弱，后者则以非税收竞争为主，土地财政激励强。陶然等(2009)认为在分税制改革后，各地方政府间为了吸引企业投资而进行“竞次”式的地区竞争，这种竞争的直接后果就是土地的大量低价出让。李永友和沈坤荣(2008)指出地方政府初始阶段采用的是税收竞争，而税收竞争容易引起政府财政紧张，进而使得地区间的竞争开始出现分化。落后地区依然是税收竞争最激烈的地区，但在发达地区地区间的竞争还包括支出领域，为了提高财政支出的竞争力和持续性，地方政府将更多的财政收入转移到非税收收入方面。

2.2.3 城市规模空间关系方面

本节分别概述了以单个城市内部空间关系为基础的最优城市规模分析模型、以分析城市空间分工为基础的最优城市规模层级体系模型，以及以分析区域间关系为基础的核心-边缘模型。

2.2.3.1 最优城市规模分析模型

当城市土地扩张的边际成本等于农业地租时，城市规模达到均衡。这个观点来自 Alonso(1964)建立的单中心城市土地利用均衡模型，该模型假设所有工人是同质的(相同的工作和相等的收入)，工作岗位都在中央商务区(central business district，CBD)，工人就业需要支付通勤成本，家庭需要通过选择合适的居住地以实现效用最大化，家庭是同质的且无迁移成本。通过家庭在有限收入和通勤成本、居住成本的约束下的效用最大化行为的分析，该模型得出一个基本结论，认为如果家庭远离 CBD 一个单位的距离，会使通勤成本相应地增加，为了保持总效应不变，地租必须下降足以弥补增加的成本；当城市边界的地租等于农业地租且所有家庭都有住房时，城市土地利用市场达到了均衡，即城市规模达到均衡。该模型开启了城市空间结构和土地利用分析的先河，将土地利用、城市空间形态和城市规模联系一起，为以后的研究奠定了基础；不过缺点也很明显，即该模型的假设过于脱离现实，如假设城市土地都是同质的、生产函数规模收益不变。

2.2.3.2　最优城市规模层级体系模型

社会分工决定了城市规模层级体系。Yang 和 Rice（1994）的一般均衡模型假设有四种消费品，其中前三类是制造品，生产者可自由选择在城市还是农村，生产需要土地，后一类是农产品；模型假设有 M 个事前给定的同质的生产者—消费者，消费者具有多样性的偏好，生产者偏好多样性生产；商品交易有成本，且以冰山成本的形式。模型分析表明，只有当城市内部分工进一步深化，工业品间需要更多的商品交互时，为节省交易成本，这些厂商才会选择聚集在一起进行生产，城市由此形成。随着社会分工的发展，交易活动愈发频繁，如果所有交易活动都发生在同一城市中，且距离接近带来的交易成本节约，不能弥补交易活动过于集中而带来的效率损失时，市场会自发形成最优的城市规模层级结构。

2.2.3.3　新经济地理学核心-边缘模型

城市的集聚力和分散力决定了城市规模。这个观点来自 Krugman（1991）的核心-边缘模型，该模型假设劳动力由高低技能两种构成，高技能的劳动力在核心区从事制造业，且在技术上是异质的，低技能的劳动力在边缘区从事农业，在技术上是同质的。从而核心区存在引起人口和经济活动集聚和分散的力量，其中集聚力量来自本地市场效应和价格指数效应，两个效应的存在对人口、资本和企业具有极大的吸引力；分散力量主要产生于人口、厂商在经济活动中产生的交易成本和市场拥挤效应。两种力量的共同作用决定了城市的规模。具体而言，城市规模取决于集聚经济产生的规模收益递增和日益增加的运输成本之间的权衡，城市规模收益递增来源于共享、匹配和学习三种微观机制。共享即指企业集聚获得的产品和服务上的好处，匹配即指大规模市场中的工人和企业匹配质量比小规模市场高，学习是企业集聚的知识溢出而产生的知识创新。

藤田昌久和雅克-弗朗斯瓦 • 蒂斯（2016）的《集聚经济学：城市、产业区位与全球化》一书对传统的核心-边缘模型进行了扩展，引入了土地市场，并假设工人是可移动的，以此构建新的模型以解释城市化过程。在该过程中，企业必须在靠近集中的城市市场还是靠近弱小的农村竞争优势之间进行权衡；当人口密度足够高时，劳动力分工出现，新的城市形成，城市规模也随人口的增加而不断扩张，从而城市在空间上形成一系列规则的网络，不同城市间形成了差异化产品的贸易。同时城市也可以被看成是开发者的决策结果，开发者将各工厂中的不同工人的利益内部化，由此促进城市的集聚效应；当然也可以将城市看成是由工人所在的各种不同的社区构成的，工人们为了享受报酬收益递增的成果而聚集在一起；这种企业和社区之间的竞争，最终形成了最优城市规模体系。

总之，单中心城市土地利用均衡模型、新兴古典经济学一般均衡城市化模型和核心-边缘模型对城市规模形成的有关分析，是对城市规模形成解释的流行观点，涉及了城市土地利用、社会分工和城市经济的集聚和分散作用等方面。这三类模型要成立，有个共同的假定，即市场中城市个体都是平等地参与市场竞争，社会经济中的生产者和消费者在流动中只需考虑运输成本和迁移后的收益问题，也就是说社会经济中市场对资源的配置都是有效的。只要这个假定不成立，以上模型就很难对现实城市规模变动问题有足够的解释力。比如本书研究的中国城市规模变动问题，很难认为中国城市在市场竞争中是平等的；因为中国的城市具有行政等级特征，这种行政等级特征加上中国特有的土地制度，使得作为城市管理者的地方政府在市场上拥有较强的垄断力量。本书不否认基于市场有效的上述三种模型的分析的结论，但可以肯定的是，中国的城市规模变动问题，不仅仅是市场问题，更是政府问题。

2.3 城市规模变动：行为驱动

行为主体是经济现象产生的最基本的单位，正是微观主体的行为选择在空间上出现的共同性，才塑造出特有的经济现象。城市规模变动现象最基本的三个主体是流动人口、企业和地方政府。在城市化背景下，三个主体表现出的行为特征决定了城市规模变动的性质。

2.3.1 人口流动行为特征

人口是决定城市规模的基本元素，因而人口行为对城市扩张的空间特征必有影响。流动人口在中国是一个庞大的群体，根据国家统计局发布的 2010 年全国第六次人口普查显示，流动人口总数为 26093 万人①，占总人口的比例为 19.6%，其中，省内流动人口为 17506 万人，省际流动人口为 8587 万人；相对于 2000 年的第五次人口普查数据，跨省流动人口增幅达 102.44%，省内流动人口增幅为 3.53%。可见，随着城市化的推进，出现越来越多的流动人口，其中省内流动人口比例最大，跨省流动人口增幅最大。

2.3.1.1 人口流动的经济动机

推拉理论认为人口向城市流动主要受到农村经济、社会方面的推力，城市经济、社会方面的拉力，流动动机为经济利益和社会福利；二元结构理论认为人口流动的动机是农村和城市两部门生产效率差异下的经济决策行为；托达罗人口流动理论认为人口流动动机是农村剩余劳动力在完全“经济人”假设下对城市收入预期利益最大化的结果。

那么，中国人口流动现实和经典人口流动理论的预期是否一致呢？段成荣等(2008)根据中国历年的人口普查数据将流动人口分为社会型和经济型两类，其中社会型是指由于婚姻、走亲、随迁和退职等原因造成的流动类别，经济型是指由于经商、调职、就业和务工等原因造成的流动类别。根据表 2-2 所示，在省内流动人口中，50.0%属于经济型、41.6%属于社会型；在省际流动人口中，81.6%属于经济型，16.1%属于社会型，可见无论是省内流动还是省际流动，其动机主要是经济驱动，其次为社会驱动；尤其是“务

① 居住地与户口登记地不一致，且离开户口登记地半年以上的视为流动人口。

工经商”原因在省际流动人口中的占比达 74.7%，而省内人口流动中占比仅为 30.6%。在人口跨区域流动中，经济利益驱动是主因。“务工经商”赚钱养家是大多数省内、跨省人口流动的动机。

表 2-2　全国第六次人口普查人口流动不同原因下的人口占比(%)

流动原因	省内流动	省际流动
务工经商	30.6	74.7
工作调动	4.5	2.5
学习培训	14.9	4.4
随迁家属	16.6	9.3
投亲靠友	4.7	3.3
拆迁搬家	13.4	0.9
寄挂户口	1.0	0.1
婚姻嫁娶	5.9	2.6
其他	8.4	2.3
经济型	50.0	81.6
社会型	41.6	16.1

注：参考了 2010 年全国第六次人口普查数据和刘超芹(2013)的研究。

2.3.1.2　人口流动的大城市偏好

根据 2010 年全国第六次人口普查数据显示，在省内流动人口中，64.2%选择了城市，24.0%选了镇；在省际流动人口中，67.6%选择了城市，15.8%选择了镇；人口流动具有明显的城市偏好。实际上，正是由于人口流动的主要动机为“务工经商”，所以他们当然愿意选择经济更发达、就业概率更高的城市，而不是镇。因此不难估计，经济越发达的省份，省际迁移的经济型人口应该越多。这从 2010 年的全国第六次人口普查数据上可见一斑，如经济发达的上海的省际流动人口占其全部流动人口的 70.77%，北京占 67.10%，天津占 60.41%，浙江占 59.41%，广东占 58.41%，可见北京、上海、广州、浙江已经成为跨省流动人口的主要迁入地；人口跨省流动明显倾向于经济发达的东部城市或省区。

2.3.2　地方政府行为特征

地方政府具有“理性人”特征(刘雨平，2013)，这种特征显然不是简单的“利己”或者“利益最大化”，而是有其特色的，主要体现在制度限定了地方政府的行为空间，地方政府不断地寻求制度约束下的行为策略，以获取更大的权利或经济收益。正是由于制度产生激励作用，地方政府具有典型“理性”特征，而在缺乏足够的激励时，地方政府则可能采取“得过且过”的低效率行为。改革开放以来，中国政治、经济和社会等方面都发生了翻天覆地的变化。如政治上意识形态逐渐被弱化，而强调发展才是硬道理，一切以经济建设为中心；经济上由闭关自守的计划经济逐渐过渡到开放的、全球化的社会主义市场经济；财政上逐渐由集中管理向分权管理转变；社会方面则建立了更健全的社会保障、医疗保险系统。这些制度变革对地方政府的行为产生了深刻影响。

2.3.2.1 地方政府行为的制度激励

第一，财政制度。1978 年以前，中国在财政体制上实行“统收统支”。1970 年以来中央财政出现了危机，无法支付各地方政府的财政需求，这成为甩掉包袱、分灶吃饭的财政制度改革的直接原因。1979 年，“增收分成，收入挂钩”开始实行，1980～1987 年，“划分收支、划分税种和分级包干”实行，1994 年“分税制”基本确立(刘雨平，2013)，并于 1997 年、2002 年和 2004 年对证券交易税、企业所得税、出口退税进行了调整，形成现行分税制财政体制框架，如表 2-3、表 2-4 所示。分税制改革后最大的变化在于，中央削减了地方政府的财政收入，但地方政府的支出项目并无大的改变，打破了原来的事权和财权平衡，加剧了地方政府的财政压力；另一方面，地方政府仅享有企业所得税和个人所得税的 40%，而不得不依赖于营业税。建筑业是营业税征收的大户，其直接后果就是，地方政府通过大规模的城市房地产建设，解决由财政分权改革带来的财政收支失衡问题。

表 2-3 中央、地方支出责任划分

中央财政支出	国防、武警经费，外交支出，中央级行政管理费，中央统管的基本建设投资，中央直属企业的技术改造和新产品试制费，地质勘探费，中央安排的农业支出，中央负担的国内外债务的还本付息支出，以及中央负担的公检法支出和文化、教育、卫生、科学等各项事业费支出
地方财政支出	地方行政管理费，公检法经费，民兵事业费，地方统筹安排的基本建设投资，地方企业的改造和新产品试制经费，地方安排的农业支出，城市维护和建设经费，地方文化、教育、卫生等各项事业费以及其他支出

表 2-4 中央、地方收入划分

中央固定收入	关税，海关代征消费税和增值税，消费税，铁道部门、各银行总行、各保险公司总公司等集中交纳的收入(包括营业税、利润和城市维护建设税)，未纳入共享范围的中央企业所得税、中央企业上交的利润等
中央与地方共享收入	增值税中央分享 75%，地方分享 25%；纳入共享范围的企业所得税和个人所得税中央分享 60%，地方分享 40%；资源税按不同的资源品种划分，海洋石油资源税为中央收入，其余资源税为地方收入；证券交易印花税中央分享 97%，上海、深圳分享 3%
地方固定收入	营业税(不含铁道部门、各银行总行、各保险公司总公司集中交纳的营业税)，地方企业上缴利润，城镇土地使用税，城市维护建设税(不含铁道部门、各银行总行、各保险公司总公司集中交纳的部分)，房产税，车船税，印花税(不含证券交易印花税)，耕地占用税，契税，烟叶税，土地增值税，国有土地有偿使用收入等

第二，土地制度。具有中国特色的政府经营土地是计划经济向市场经济转型的历史产物，1988 年中国《宪法》《土地管理法》明确了土地使用权可以依法转让，开启了土地商品化、资产化的过程。20 世纪 80 年代中国政府成立了国家土地管理局，其职能是保护农村耕地，并在城市推行有偿使用的土地制度。但在实际推行过程中，各地方土地管理部门却集土地管理与土地经营于一身，运动员和裁判员合二为一是土地市场的主要特色。国发〔1993〕85 号文明确指出土地有偿出让收入属于地方财政经常性收入；1999 年 1 月 1 日实施的《土地管理法》则指出，存量土地的收益归地方所有，新增建设用地

的 30%上缴中央财政，70%留地方；1994 年开始至今，土地收入完全归地方所有，而且土地使用权转让过程中的各种税收也归地方政府。而在农村土地方面，1986 年中共中央、国务院关于加强土地管理、禁止乱占耕地的通知(中发〔1986〕7 号)，规定“凡国家建设用地、乡镇企业建设用地、农村盖房占用耕地，必须按照国家规定报县和县以上人民政府批准”。本来该文件出台的初衷是治理改革开放后乡镇企业迅速发展引起的土地征用失控带来的粮食安全问题，但实际上该政策的出台，使非农土地使用权集中到了地方政府手里，这使地方政府掌握了大量的土地资源，成为土地资源的实际垄断者。至此，地方政府集土地资源管理者、垄断者、经营者于一身，为中国城市大规模扩张创造了条件。

第三，住房制度。改革开放前中国住房制度主要是“统一管理、统一分配、以租养房”的制度，这种制度的弊端在于，政府对住房投资资金回笼周期长，从当期来讲，基本可以说“有去无回”，甚至连基本的维护运营费用都难以维持，这给政府带来沉重的财政负担。对此，中国进行了住房制度改革，大体可以分为三个阶段，一是 1978～1998 年的过渡阶段，该阶段主要特点是“双轨制”，主要体现在 1980～1985 年的公房出售试点、1986～1990 年的公房租金配套改革、1990～1993 年的制度建设上，同时原有的福利得以保留，直到 1998 年朱镕基当选总理后，宣布终止“实物分房”，“双轨制”才结束；二是 1998～2003 年，以 1998 年 7 月国务院出台的《关于进一步深化城镇住房制度改革、加快住房建设的通知》、2003 年 8 月国务院颁布的《关于促进房地产市场持续健康发展的通知》为代表，是住房产业化的推进阶段；三是 2003 年至今，住房市场化基本形成，但却出现房地产投资过热、房价上涨过快等问题。地方政府可以在房地产建设中获取包括土地出让金、营业税、契税、房产税、耕地占用税等巨额收益，这些激励间接导致了国务院先后出台了一系列政策，并试图紧缩“银根”“地根”，但从事后来看这些政策的目标并未实现。总之，住房改革是中央政府无意间送给地方政府的“大红包”，并持续成为地方政府主要财源。

2.3.2.2 地方政府经营行为特征

第一，发展的城市偏向。所谓的城市偏向，指的是在经济社会发展过程中政府会实施有利于城市居民，而不利于农村居民的政策。中国发展的城市偏向现象，固然有其特殊的历史原因，抛开这些历史因素，不可否认，在现行的制度体系下，地方政府也有很强的城市偏向激励。一方面城市是地方政府收入的主要来源，另一方面城市是地方官员展现其政绩的主要窗口，此外地方政府之所以要苦心经营城市，很重要的理由是要吸引工业企业入驻，增加税源，所以发展城市成为地方政府经营行为的理性选择。以固定资产投资为例，从图 2-2 可以看出，改革开放后，中国农村占城镇固定资产投资的比例越来越小，从 1984 年的 0.43 直接跌到 2010 年的 0.15，虽然这与中央财政有关，但地方政府作为各城市城乡固定资产投资的决策者或影响者，对其产生关键性影响。尽管中央政府开始注重城乡协调发展战略，但地方政府以城市为中心的战略并未扭转。

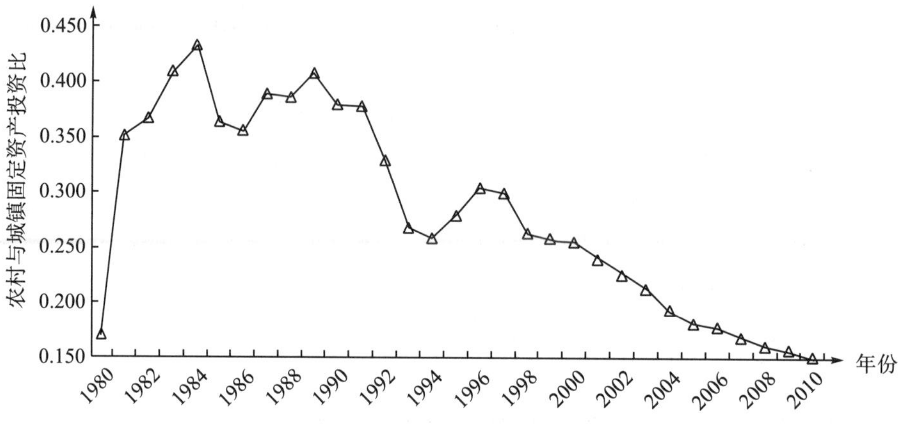

图 2-2 全国城乡全社会固定资产投资比例

数据来源：《中国财政年鉴》，2011 年后统计局不再发布该项数据。

第二，扩张的用地规模。在现有的制度体系内，想方设法扩张用地规模是地方政府的主要生财之道。《全国土地利用总体规划纲要(2006—2020 年)》明确规定截至 2020 年各省份需要完成的各项用地指标，各省根据省内的具体情况，又进行依次划分，上级部门通过总量控制、目标下达的方式实现分级审批，对于地方政府而言，这是一种“按供定需”“自上而下”的用地确定方式；然而自 2012 年 1 与 1 日实施的《城市用地分类与规划建设用地标准》更详细地明确了城市建设用地的“人地对应”的原则，考虑到气候差异，人均居住用地面积为 23～38m^2，对于地方政府而言，后者是一种“按需定供”的用地确定方式；虽然城乡规划法第五条明确规定，城市用地规划应与土地利用规划衔接，但其中涉及的种种问题如何衔接是制度空白；也正是这种政策边界的模糊性，对于土地扩张，使地方政府有了较大的行动空间和与上级政府“讨价还价”的空间(刘雨平，2013)。

第三，发展模式功利化。地方政府之所以更容易追求功利化的发展模式，与现行体制下地方政府的多重角色定位有关。一方面，分权制的确立实际上就是使地方政府自负盈亏。由于地方政府手中握有土地垄断权，使地方政府成为靠土地影响市场的经营者，成为市场竞争中的超级“企业”，加之官员升迁的自我利益追求，最终导致“增长主义”盛行，以扩大投资为主要途径，盲目追求经济总量增长，而忽略更平衡的、更协调的和更具持续性的发展。另一方面，地方政府非常重视能产生短期收益的领域，如偏重生产性投资和基础设施建设，而忽视教育、医疗、卫生和科研等领域的投入，使地方政府经济结构面临严重失衡。此外，官员任命体制和晋升体制决定了官员仅注重任期内的社会经济发展，而不考虑未来可能引起的民众健康代价或者高昂的发展成本，京津冀地区的雾霾问题就是一例。

2.3.3 城市企业行为特征

在垄断竞争市场中，企业的最优区位选择取决于市场对它所供给产品种类的需求；而这种需求与所在区位的消费者空间分布有关，也就是说消费者的区位选择行为会影响企业的区位选择。同时，由于消费者偏好产品多样性，而企业能提供多样性的产品，因此企业空间分布也会影响消费者的最优区位选择。这种相互依赖的空间行为是引起企业和消费者共住于城市的主要原因。企业生产所必需的中间产品的运输成本，会导致特定区位的特定企业的区位选择依赖于其他企业的区位选择。因此，经济活动是不可分割的，城市企业主体的相对竞争优势取决于其他经济主体的区位，空间使得每个主体都相互联系起来(藤田昌久和雅克-弗朗斯瓦·蒂斯，2016)。此外，企业区位选择行为还会受到地方政府政策的影响，新近发展的城市经济理论认为无论是整体迁移的企业还是部分迁移的企业，地方政府政策都具有显著的选择效应(杨本建和毛艳华，2014)。企业部分迁移是企业空间分工的结果，当核心区的生产成本上升，企业会把部分生产环节的功能外迁至外围区(Duranton and Puga，2005)，从而外围区和核心区各自在生产上实现专业化。部分转移的企业其转移成效会受到转入地的人力资本、劳动力成本、当地政府政策等因素影响。而整体迁移的企业的区位选择则更加灵活，在其他条件一定时，其更有可能选择地方政府招商引资政策优惠力度更大的地区。

2.4　城市规模变动：空间驱动

空间关系是个相对的术语，空间中存在多尺度的空间关系。在空间经济学(以及最近发展的集聚经济学)中主要研究城市尺度、区域尺度及国家或全球尺度下的空间关系。本书主要研究的是区域尺度和城市尺度两种空间关系。

2.4.1　区域尺度

区域尺度是城市所处区域的关系总和，区域尺度的空间关系对城市规模变动的影响可用新经济地理学中的“中心-边缘”模型进行分析。“中心”地区有着比“边缘”地区更高的工资、更高的市场潜能，所以能引起更多劳动力与资本集聚。本节从“沿海与非沿海城市间的关系”“省会与地方城市间的关系”“城市内部的市区和乡村的关系”三个区域尺度分析了空间关系如何影响城市规模变动的机理。

2.4.1.1　沿海与非沿海城市间关系

劳动力、资本等要素往往更容易流向收益高的城市，具有强烈的逐利动机。中国先前的沿海优先发展战略奠定了其在日后发展中的先天优势，改革开放后，沿海城市继续在发展上获得了更多的政策优惠，这种空间发展不平衡直接导致了大量要素向沿海聚集，从而引起沿海发达城市迅速扩张，中西部城市却扩张缓慢甚至出现城市收缩的现象。

根据 2015 年国家统计局数据，绘制出了我国 36 个主要城市的经济规模对比图，从图 2-3 可以看出，我国 36 个大中城市的经济规模存在巨大的差异。北京、上海、天津、广州和深圳等东部发达城市的经济规模都在 15000 亿元以上，但西部绝大多数的城市却连 5000 亿元都不到，这种巨大的差异背后是城市社会经济福利的差距；这可以从城市在岗职工平均工资的差距上反映出来，根据国家统计局的数据绘制出的我国 36 个城市的年平均工资对比图(图 2-4)来看，北京、上海、天津、广州和深圳等东部发达城市的年平均工资都在 7 万元以上，而中西部大多数城市 6 万元不到。经济规模大意味着城市拥有更多的企业，更有效的市场经济配置，也就能提供更高的工资、更多的就业岗位，从而在沿海与非沿海城市间形成要素流。它们间的这种互动关系，类似“中心-边缘”结构。

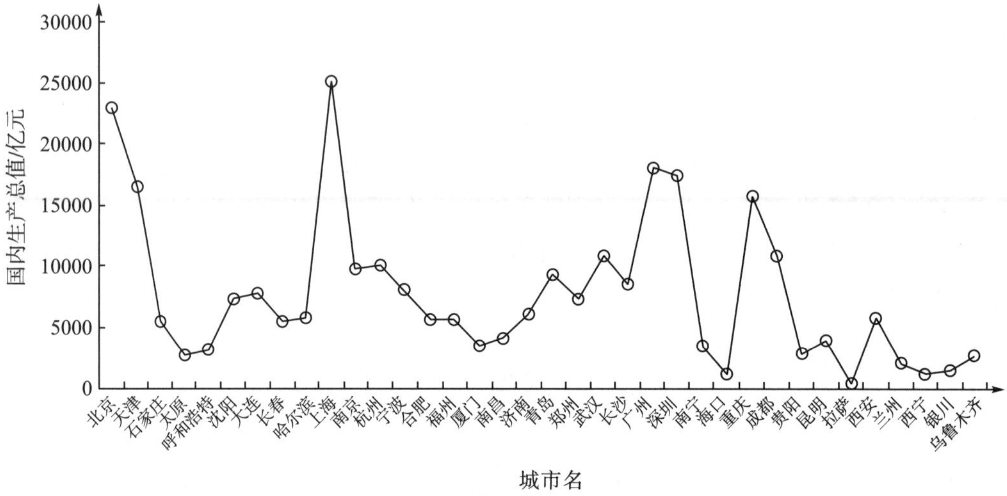

图 2-3　2015 年我国 36 个主要城市经济规模比较

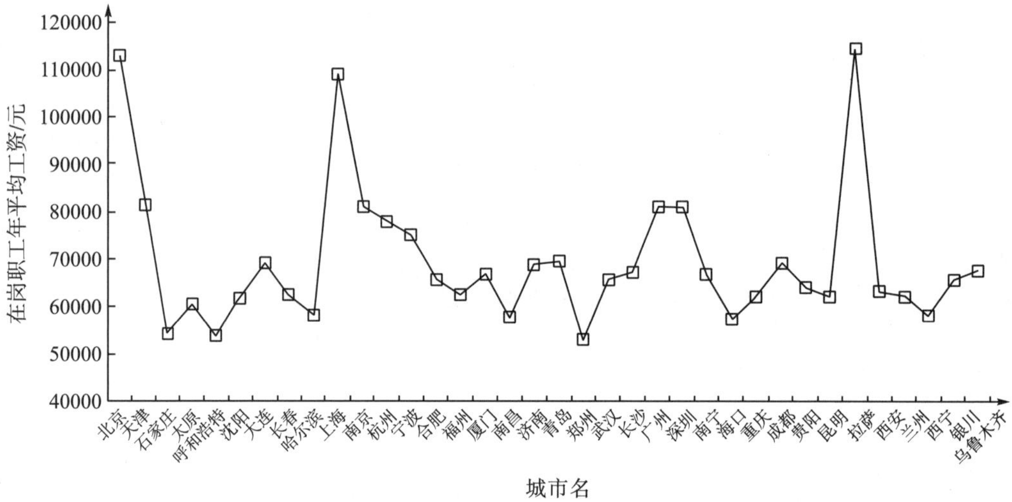

图 2-4　2015 年我国 36 个主要城市年平均工资比较

沿海与非沿海城市间的关系，具体表现为两个方面，一是沿海较大的市场需求规模和劳动力规模促进了零售业、制造业迅速发展，就业岗位相对较多，工资相对较高；二是原本起步较早的沿海城市在城市基础设施、社会福利保障系统方面更完善。根据人口迁移的托达罗决策模型，这种空间非均衡必引起要素东移。根据原国家卫生计生委流动人口司发布的《中国流动人口发展报告 2014》中的数据，在跨省流入人口分布中广东占 29.45%，浙江占 22.13%，上海占 13.20%，北京占 10.08%，江苏占 8.28%，福建占 4.70%，东部六省占了全国的 87.83%，较 2012 年同期上升了近 4.5%。为此本书提出以下作用路径，如图 2-5 所示。

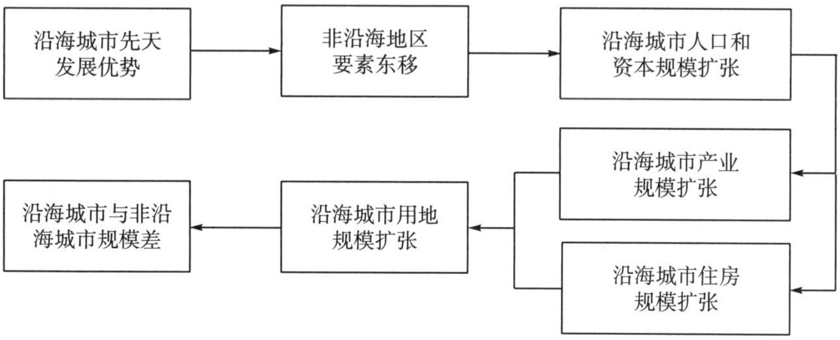

图 2-5　沿海城市与非沿海城市规模差的形成机理

2.4.1.2　省会与地方城市间关系

省会与地方城市间的关系，跟沿海城市与非沿海城市间的关系既有相似也有不同。相似之处在于，省会城市相对于地方城市而言，存在着吸引要素向省会集聚的区位优势，因而与沿海城市与非沿海城市规模差的形成机理基本相同；不同之处是，省会与地方城市间存在着更强的权利优势，地方城市间的竞争更为强烈，而省会城市甚至可能游离于这种激烈竞争的规则之外。

省会城市规模扩张的优势主要来自以下三个方面。第一，省会城市的市委书记行政级别比地方城市的高，且为省领导班子的主要成员；这种权利设置差异，使省会在城市扩张方面获取了巨大优势，如以《全国土地利用总体规划纲要》为例，该规划实际上是中央政府给各地方下达的用地配给，这种自上而下的配给制度，使得省会城市具有优先选择权，省去了大量的博弈成本，使得城市土地供给成本大大降低。第二，省会以外的地方城市间面临激烈的发展竞争，这种竞争使得当地政府必须在城市扩张中与其他城市扩张形成某种竞争关系，而省会不必参与这种竞争，因而其扩张速度必然比其他城市快。第三，省会城市在经济增长、社会福利、就业等方面有先发优势，这种先发优势使得省会城市对全省的要素有强大的吸纳能力，而省内其他城市则要小得多，形成了促进省会城市扩张良好的外部优势。省会城市和地方城市的对比如图 2-6 所示。

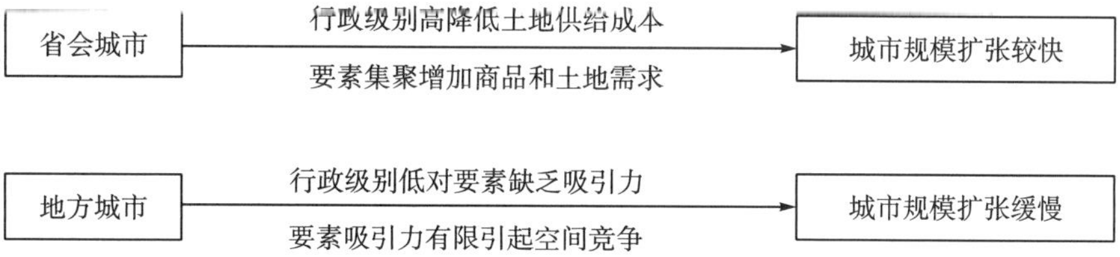

图 2-6　省会与地方城市间城市规模差的形成机理

2.4.1.3 城市内部的城乡关系

经典理论(Ranis and Fei，1961)认为城乡差距会导致农村剩余劳动力流向城市，从而导致城市人口规模扩张；新经济地理学中的核心-边缘模型也认为，城市具有生活成本效应和市场规模效应，有吸引劳动力和资本要素向其集聚的向心力，这种力量越强，农村要素向城市流动的速度越快，城市规模的扩大也越快。显然在发展初期，城乡差距越大，越有利于城市规模扩张，然而在发展过程中，恶化的城乡关系(如城乡分割)却不利于要素流动，会严重阻碍城市化进程(陆铭等，2011)，影响城市规模扩张。一般而言，农村对城市规模扩张的影响，其作用路径主要是：当城市进行城市规模扩张时，农村可以为其提供多少土地、人口和资本，且城市获取这些要素的路径是否通畅；当城市过分扩张而需要进行疏解时，农村可以为其疏解多少产业、人口，以及进行疏解的路径是否完善，如图 2-7 所示。

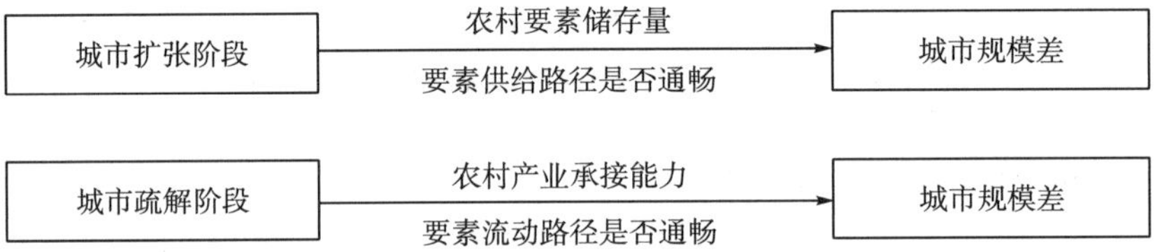

图 2-7 城乡关系影响城市规模变动的机理

2.4.2 城市尺度

城市尺度的城市规模变动空间关系主要表现为两种方式：一是由于晋升体制引起的官员晋升竞争带来的城市规模发展政策雷同，官员晋升竞争产生的基础是中国地方政府官员晋升锦标赛(周黎安，2007)，这种官员间的竞争关系是由上级政府对下级政府官员的考核制度决定的；二是要素竞争，城市发展需要要素支撑，需要产业发展，因而地方政府的要素获取能力影响城市规模。

2.4.2.1 城市规模空间竞争的来源

由于财政分权和政治晋升的双重激励，地方官员存在为增长而竞争的行为(周黎安，2004)，城市规模是地方官员追求经济增长的空间结果。城市规模空间竞争源自两方面。一是地方政府间的横向策略互动。地方政府为实现经济增长，必然开展要素和企业竞争，采取互动性政策，表现为直接的空间互动。二是地方政府间的纵向共同反应。为了提高晋升概率，地方官员必会采取相似的政策，正如王世磊和张军(2008)认为的地方官员晋升机制能改善本地基础设施，这些政策主要驱动力来自地方政府内部而非外部，城市间更具相似性，互动性不强，在空间上是间接互动的。

为讨论城市规模与地方政府行为间的关系，假设城市经济增长是城市规模的单调增函数，规模越大，城市经济增长越快。笔者认为该假设是合理的，原因有三：第一，从当前城市经济增长与城市规模关系看，两者确实存在正比关系，正如图 2-8、图 2-9、图 2-10 所示的城市土地规模(用 Are 表示)、城市人口规模(用 Pop 表示)、城市规模变动指数(用 Ure 表示)与市辖区 GDP 的相关图所揭示的；第二，一般经济理论认为，由于要素边际收益递减规律，城市规模与经济增长之间为倒“U”形关系，但该观点是以“技术条件一定”为基础的，即在不同时期城市生产函数固定，或空间上不同城市的生产函数相同，这显然与实际不符，技术发展日新月异，同一城市不同时期、同一空间不同城市的技术水平都不是固定的；第三，中国的城市化还处于初级阶段，城市经济增长主要以粗放为主，其直接特征就是固定资本投资迅速发展，这势必引起城市规模扩张。另外，本书研究期以年为单位，假定每期地方政府要进行多次政策博弈，中央政策的变动能直接反映在这种博弈里，地方政府的竞争行为并不仅取决于前期自身与竞争城市的规模，而且也与当期自身和竞争城市规模有关，因为城市规模竞争除了包括有较长滞后期的政策竞争外，也包括当期“招商引资”竞争。假定地方政府招商引资的“讨价还价”过程在当期就能完成，要素、企业一旦选择了某个城市，对另一个城市则意味着竞争失败，其在下一轮的招商引资竞争中就会进行策略矫正。

城市间存在经济增长竞争已成共识，基于以上假设，在水平方向上城市规模间的空间互动可用函数 $c_i=f(c_{-i},\ c_{-i}^{-1},\ x_i)$ 来表示，其中 c_i 为本地区的城市规模，c_{-i} 为竞争城市的规模，c_{-i}^{-1} 为竞争城市的前期城市规模，f 表示城市间竞争响应函数。在垂直方向上，假设至少存在两个城市，上级政府通过比较两城市经济发展绩效来决定官员晋升问题。地方政府可以通过一系列措施来实现经济发展，如土地低价转让、地方税收优惠和提供公共物品，以及其他有利于人口集聚、产业集聚的政策。当然地方政府促进经济发展的手段，不仅仅局限于空间要素竞争，还可以通过调整原有的产业结构、提高城市创新能力实现。但很显然，促进要素集聚是成本最低、收效最高的措施。根据 Revelli (2005) 和周亚虹等 (2013) 的思路，由于地方政府官员升迁与本地、竞争城市的规模紧密相连，声望方程可表示为

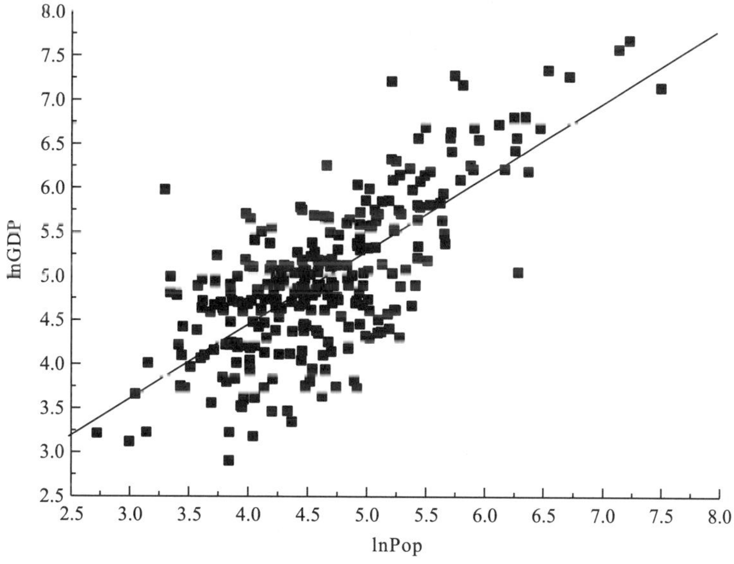

图 2-8　2013 年城市人口规模 Pop 与 GDP 相关图

资料来源：《中国城市统计年鉴》(2014 年)。

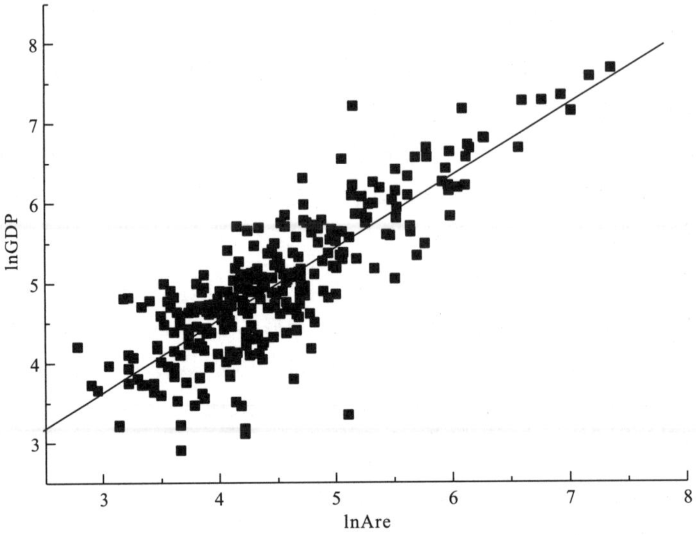

图 2-9　2013 年城市土地规模 Are 与 GDP 相关图

资料来源：《中国城市统计年鉴》(2014 年)。

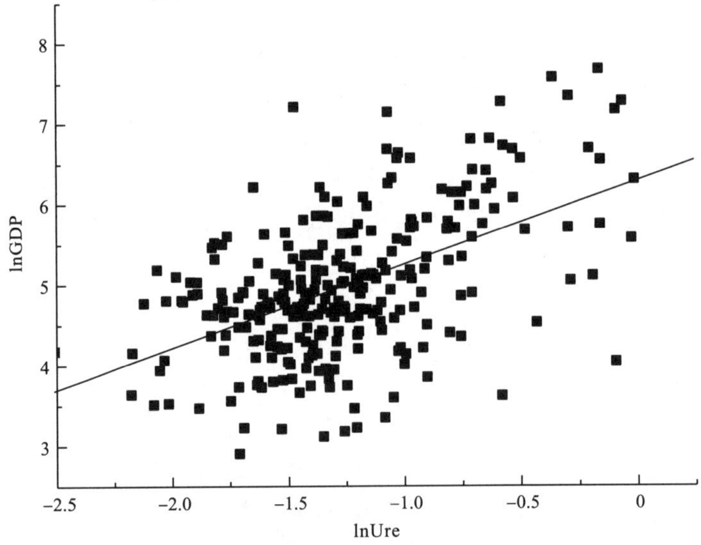

图 2-10　2013 年城市规模变动指数 Ure 与 GDP 相关图

$$p_i = p\left[g(c_i), g(c_w)\right] \tag{2-1}$$

式中，p_i——地方政府官员获得晋升的概率；

$g(c_i)$——城市规模 c_i 对应的经济增长；

$g(c_w)$——竞争城市在城市规模 c_w 下的经济增长。

用 probit 模型刻画的地方官员升迁或连任的概率为

$$p\left[g(c_i), g(c_w)\right] = \text{prob}\left[\gamma_i'\alpha + \kappa g(c_i) + \beta g(c_w) > -\tilde{v}_i\right] = \phi\left[\left[\gamma_i'\alpha + \kappa g(c_i) + \beta g(c_w)\right] / \sigma_{\tilde{v}}\right] \tag{2-2}$$

式中，ϕ——符合正态分布的累积分布函数；

$\tilde{v}_i$——满足期望为 0、方差为 $\sigma_{\tilde{v}}^2$ 的正态分布；

α——影响官员升迁或连任概率的其他变量；

γ_i'——影响官员升迁或连任概率的其他变量的边际效应。

进一步假定$\kappa > 0$，即当给定竞争城市的经济增长$g(c_w)$时，本地政府经济绩效$g(c_i)$越好，官员晋升的概率越大；假定$\beta < 0$，即当给定本地政府的经济绩效为$g(c_i)$，竞争城市的绩效$g(c_w)$越好，官员晋升的概率越小。即当竞争城市的规模给定，本地城市的规模越大，官员获得晋升概率越大；当本地城市的规模给定，竞争城市的规模越大，官员晋升的概率越小。

在竞争中地方政府有两个选择：粗放增长和集约增长，前者见效快、周期短，后者相反，考虑五年的换届期，官员更愿意选择前者。设地方政府的经济增长绩效为

$$G(c_i) = \theta_1 g(c_i) + \theta_2 l \tag{2-3}$$

其中，θ_1、θ_2分别表示粗放增长与集约增长对经济增长的影响，$\theta_1 > \theta_2$；l是地方政府集约增长带来的经济绩效。因为地方政府的目标是最大化当期经济增长，那就必定重点采用粗放的增长方式，而忽视集约增长，或者集约增长投入比预期少。参照 Besley 和 Case(1995)的思路，可以将成功晋升的官员在任期内的最大经济发展效用表示为：

$$U_t^i[c_i] = \max_{G_{it}}\left\{u_i^t(l_{it}) + \lambda p_i \cdot E\left[U_{t+1}^i\left(c_{i,t+1}\right)\right]\right\} \tag{2-4}$$

式中，U——官员的经济发展效用；

λ——折现因子；

E——期望因子；

p_i——地方政府官员获得晋升的概率。

式(2-4)揭示了地方官员在最大化利益驱动下的行为机理：为获晋升，地方政府可通过促进企业管理方式创新、通过提高科研技术创新能力来带动经济增长，但面临周期长以及其他一些不可控的因素的影响，很难在任期内产生立竿见影的效果，所以粗放的经济发展是地方官员效用最大化的结果。接下来，推导地方政府关于城市规模对竞争城市规模的反应函数，假设有内点解，将式(2-2)代入式(2-4)中，可得

$$1 = (\kappa / \delta_{\tilde{v}}) \cdot \theta\left[\left(\gamma_i'\alpha + \kappa g(c_i) + \beta g(c_w)\right) / \sigma_{\tilde{v}}\right] \cdot \lambda \cdot E\left[U_{t+1}^i\left(c_{i,t+1}\right)\right] \tag{2-5}$$

其中，θ表示经济增长方式对实际经济增长的影响，为正态分布的概率密度函数，对其求反函数得

$$\kappa g(c_i) = -\beta g(c_w) - \gamma_i'\alpha + \sigma_{\tilde{v}}\theta^{-1}\left(\frac{\sigma_{\tilde{v}}}{\kappa\lambda E\left[U_{t+1}^i\left(c_{i,t+1}\right)\right]}\right) \tag{2-6}$$

可以使用线性逼近来简化式(2-6)，由于

$$-\gamma_i'\alpha + \sigma_{\tilde{v}}\theta^{-1}\left(\frac{\sigma_{\tilde{v}}}{\kappa\lambda E\left[U_{t+1}^i\left(c_{i,t+1}\right)\right]}\right) \approx \theta x_i' + \varepsilon_i \tag{2-7}$$

式(2-6)可简化为

$$g(c_i) = -\frac{\beta}{\kappa} g(c_w) + \frac{\theta}{\kappa} x_i' + \frac{1}{\kappa}\varepsilon_i \tag{2-8}$$

式(2-8)为城市政府竞争的最优反应函数，由于β、κ的符号不同，则$-(\beta/\kappa)>0$，x_i为表示城市经济社会属性的变量。地方政府间经济增长绩效正相关，地方经济增长的$g(c_i)$是关于c的单调增函数，即在地方官员的晋升机制里，城市规模是相互促进的，存在正向互动。

可见，城市规模在水平方向存在的策略互动和在垂直方向存在的共同反应，引起了城市规模空间竞争。地方政府策略互动行为容易受到中央政府政策的约束。2004 年以来，中央政府制度改革的思路是将地方政府行为引向市场化、竞争化，而中国官员晋升则与“党代会和人代会”密切相关，尤其是在各级政府的“两会”年份，地方官员很可能为了刷政绩①，加剧空间竞争。所以，水平方向的竞争可能随着制度市场化、透明化而逐年增强，但垂直方向的竞争只有在晋升年份才会增强。

2.4.2.2 城市规模变动信号的空间传导机制

由于垂直方向上的空间竞争，实际上不存在直接的空间传导，而仅由地方政府城市规模政策的雷同性来体现。故而主要分析水平方向的空间传导机制。

假设所有城市都处于均质的空间中，那么当城市 1 的政府为了获取更多的要素进行城市扩张，就会通过税收优惠等方式向空间释放竞争信号(如税收优惠)；当该信号被作为竞争对手的城市 2 获得后，必然采取类似的策略；最后城市 1 和城市 2 都集聚了相同的要素资源，城市规模是相等的。然而现实情况是，空间中城市规模差异性很强，其原因正是空间是异质的。

假设竞争城市规模相同，劳动力工资无显著差异，对于劳动力和企业迁移决策而言，通勤成本或运输成本是其唯一需要考虑的因素；另外，交通基础设施本身具有改变城市空间布局的能力，如完善的交通基础设施对要素有足够大的吸引力，从而形成城市扩张另外一个集聚中心。良好的信息基础设施，不但可以改善企业内部的信息传播途径，使企业上下级的关系更为直接，促进企业总部对不同生产部门进行最优城市区位的选择，还可以加快劳动力就业信息的传播，使劳动力流动更具倾向性。良好信息基础设施还打破了传统意义上的市场规模的地理局限，扩张了企业市场规模，深化了产业在城市内与地域间的分工(刘秉镰和杨晨，2016)，而社会分工的差异对城市规模有影响(Yang and Rice，1994)。其传导路径如图 2-11 所示。

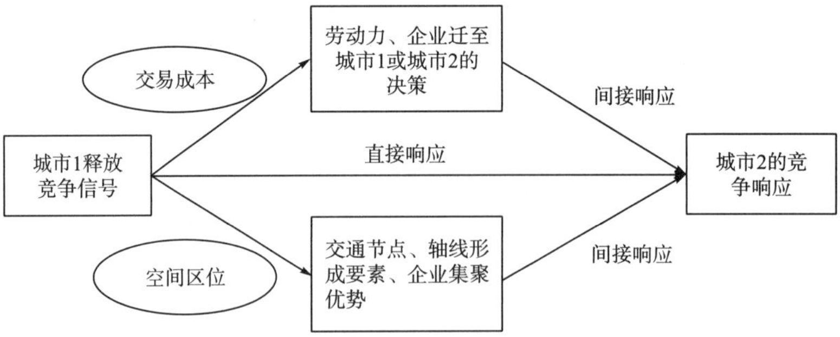

图 2-11 城市规模变动水平方向信号的空间传导机制

① 尽管从采取措施到城市规模扩张可能有一定的时滞性，但运筹帷幄的官员会提前采取措施。

2.5　研究框架构建

从城市规模变动的发生机理方面看，城市规模变动主要与主体行为、空间关系两个因素有关。城市规模变动涉及地方政府、企业和流动人口三个主体，这三个主体之间是相互影响、相互依赖的。虽然不同城市的经济社会、行政等级、官员任期等属性对三个主体行为迁移决策的影响不同，但在相似的经济发展方式、地方官员晋升体制和经济发展考核体制影响下，三个主体的行为决策很可能形成联动，人多的地方，企业也多，资本也多，地方政府基础设施投资也更积极，最终造成要素在特定的城市聚集的强化效应，而引起空间城市规模变动。空间关系包括区域尺度和城市尺度两种，城市尺度主要是指城市之间的空间关系，区域尺度主要是指区域之间的空间关系，如京津冀、珠三角和长三角城市群之间属于区域尺度。良好的城市尺度空间关系是城市得以变动的直接动力，表现为城市间官员晋升竞争、要素争夺竞争；区域尺度的空间关系主要表现为城市发展战略差异、沿海与非沿海地区之间的城市发展差距、省会和地方城市、城市的不同地位等级等。此外，区域和城市两个尺度上的空间关系也可能对主体行为迁移决策产生联动效应，造成要素定向流动，引起城市规模变动。城市规模变动的发生机理如图 2-12 所示。

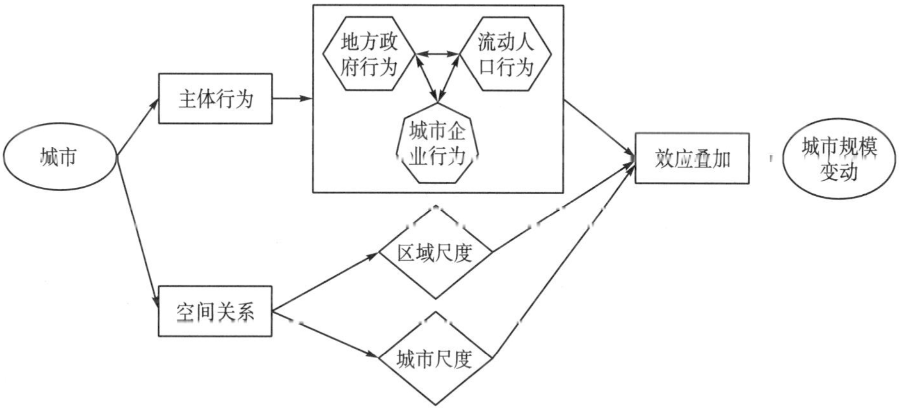

图 2-12　城市规模变动的发生机理

从城市规模变动的影响因素方面看，城市的经济社会、行政等级、区位条件、官员任期等属性是影响城市规模变动的四个主要因素。经济属性主要包括城市产业结构、市场吸引力和外商投资额等，社会属性主要包括城市职工工资、社会保障完善程度和基础设施完善程度等。经济社会属性会对要素产生集聚力和分散力，经济社会属性不同，集聚力和分散力也会有差异，城市规模变动由此而不同；正如前文所指出的，其主要理论基础是新经济地理学中关于城市规模变动的集聚力和分散力的分析。由于经济和社会属性不同，城市既能产生市场规模效应、价格指数效应的集聚力，也能产生市场拥挤效应的分散力。行政属性指城市是直辖市、副省级城市、省会城市、地级市还是县级市，尤其是中国特有的土地制度，行政级别越高的城市，与中央政府讨价还价的能力越强，资源调配能力也越高。行政等级属性差异则体现在城市地方政府对要素的支配能力(如土地、资本)差异和获取中央政府的政策优惠能力差异方面。地方政府间招商引资政策优惠差距越大，城市政府对要素支配能力差异越突出，城市规模变动空间失衡越明显。区位条件指区位禀赋的“第一自然”，是影响空间主体行为的基本动因。官员任期属性指的是城市市委书记的任期年份，主要通过官员的晋升预期、政策偏好(受任期影响)影响城市规模变动速度。一般而言，官员任期越长，越接近换届年份，其招商引资的激励可能越大，城市规模变动速度可能就越快。城市规模变动的空间竞争机理如图 2-13 所示。

此外，空间关系是影响城市规模变动的主要因素，而且城市间的这种空间关系并不是独立存在的，而是存在着策略互动性，本书将其称之为空间竞争。从城市间空间溢出的角度看，城市属性，如创新能力、经济社会、行政等级、区位条件、官员任期等方面的因素差异越小，城市发展的空间要素竞争就会越激烈；同时由于中国地方官员(如市委书记)实行上级任命制，存在上级对下级进行政绩考核而决定官员升迁的体制，地方政府在这种体制的激励下，在城市经济发展战略中，很可能采取相类似的策略，如大规模招商引资、以地生财、大规模基础设施投资、大力发展房地产市场等。这些策略很可能导致城市规模快速扩张，而这并非空间溢出造成的，而是地方政府间不约而同地最优化行为。因而，将前者称之为水平方向的空间竞争，后者称为垂直方向的空间竞争。

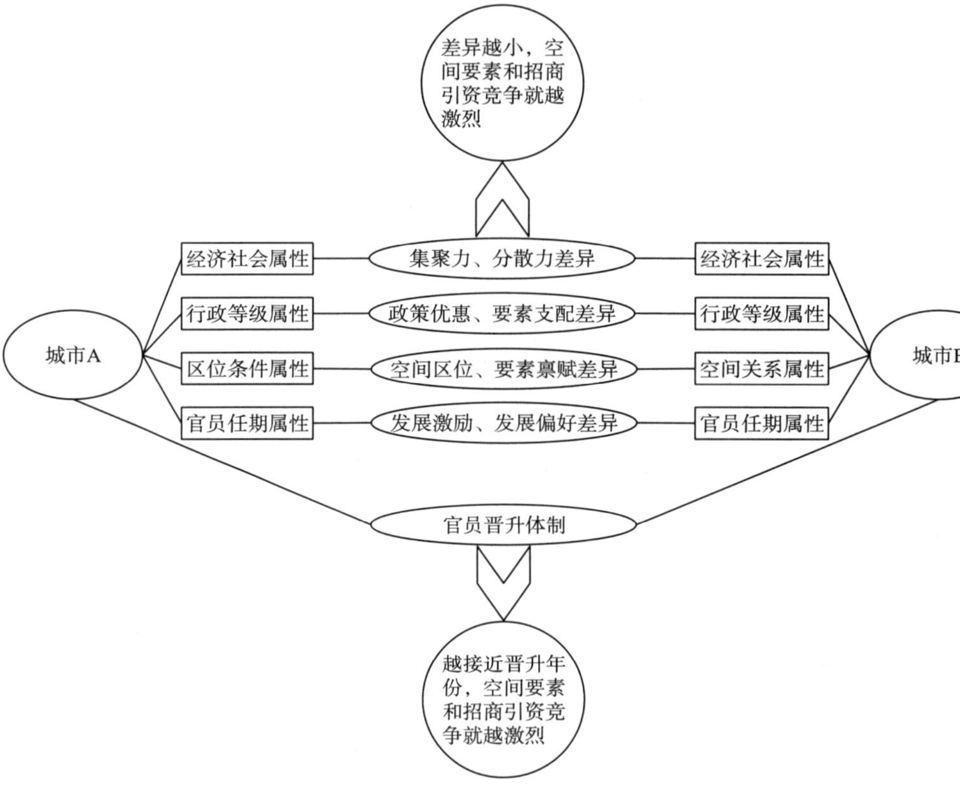

图 2-13 城市规模变动的空间竞争机理

2.6 本章小结

本章首先对城市规模变动的内涵进行了界定。在此基础上，从经济地理属性、财政土地和官员晋升制度、空间关系三个方面梳理了国内外经典理论对相关问题的研究，阐述了研究框架构建的理论依据。接着从城市规模变动的相关主体行为和空间关系两个层面进行机理分析，然后论述了空间关系的表征方法和模型选择问题，最后构建了研究框架。虽然中国城市规模变动有其自身特点，但国外有关理论对分析城市规模变动发生机理仍然有很好的指导作用，基于这些理论，本书从空间中城市的空间关系、相关主体行为两个方面解释了城市规模变动的发生机理。

机理分析表明：城市规模变动涉及地方政府、企业和流动人口三个主体，这三个主体之间是相互影响、相互依赖的。虽然不同城市的经济社会、行政等级、官员任期等属性对三个主体行为迁移决策的影响是不同的，但三个主体的行为决策很可能形成联动，进而引起空间要素向特定的城市聚集，引起城市规模变动。空间关系包括区域尺度和城市尺度两种，城市尺度主要是指城市之间的空间关系，区域尺度主要是指区域之间的空间关系。良好的城市尺度空间关系是城市得以变动的直接动力，表现为城市间官员晋升竞争、要素争夺竞争。区域尺度的空间关系主要表现在城市发展战略差异、沿海与非沿海地区之间的城市发展差距、省会和地方城市、城市的不同地位等级等方面。此外，区域、城市两个尺度上的空间关系也可能对主体行为迁移决策产生联动效应，造成要素定向流动，引起城市规模变动空间差异。

从城市规模变动的影响因素方面看，城市的经济社会、行政等级、区位条件、官员任期等属性是影响城市规模变动的四个主要因素。经济属性主要包括城市产业结构、市场吸引力和外商投资额等，社会属性主要包括城市职工工资、社会保障完善程度和基础设施完善程度等。经济社会属性会对要素产生集聚力和分散力，经济社会属性不同，集聚力和分散力也会有差异，城市规模变动由此而不同。行政属性指城市是直辖市、副省级城市、省会城市、地级市还是县级市，行政等级属性差异体现在城市地方政府对要素的支配能力(如土地、资本)差异和获取中央政府的政策优惠能力差异方面，越容易获取政策优惠、或对要素支配能力的权利差异越大，城市规模变动差异也越大。官员任期属性指的是城市市委书记的任期年份，主要通过官员的晋升预期、政策偏好(受任期影响)影响城市规模变动速度。一般而言，官员任期越长，越接近换届年份，其招商引资的激励可能越大，城市规模变动速度可能就越快。

区域尺度的空间关系，如沿海城市和非沿海城市间的关系、省会和地方城市间的关系、城市内部的城乡关系，都会对城市规模变动产生重要影响。而在城市尺度的空间关系里，城市规模变动在空间上具有竞争性质，主要来源于官员垂直晋升体制造成的行为雷同，以及水平方向的地方政府行为溢出，其中前者在空间上并不存在直接的溢出作用，仅是官员为晋升而造成的地方政府间城市发展政策相仿，后者则在空间上有很强的传导特性，其传导过程可分为间接和直接两种方式，直接传导表现为地方政府行为间的直接互动，间接传导则是要素流向的城市选择和城市自身区位的变化引起的。

本章最后根据前文对影响城市规模变动的主体行为特征与其作用机制，以及空间关系因素及其传导机理的分析，构建了城市规模变动的分析框架。研究框架分为两个部分：一是城市规模变动的发生机理，主要表现为影响城市规模变动的三个主体行为、区域尺度和城市尺度的空间关系对城市规模的叠加效应；二是城市规模变动的空间竞争机理，由于空间城市具有不同的经济社会、行政和自然等属性，属性差异越大，互补的可能性越强，属性差异越小，竞争的可能性越大。从引起空间城市规模竞争的根源上，本书将引起城市规模空间竞争的来源划分为水平方向和垂直方向两类，水平方向上主要指城市间的招商引资竞争，垂直方向上主要指城市官员晋升竞争。本章为后文的实证检验奠定理论基础。

第3章　城市规模变动的历程和基本现状

上一章构建了城市规模变动的研究框架，明确了分析的基本逻辑，接下来将展开对城市规模变动问题的分析。正所谓“万丈高楼平地起”，现状分析是将研究问题具体化，并进行深入探索的基础。本章首先梳理中国城市发展战略相关政策演进和实施情况，然后从城市人口规模变动现状、城市土地规模变动现状、城市人口和土地变动关系，以及夜间灯光下城市规模变动现状四个层面展开对城市规模变动问题的初步研究。

3.1　城市发展战略回顾

不同发展时期，中国城市发展战略各不相同。根据历年中央主要文件对不同城市采取的发展战略，本节将其分为四个阶段，分别为 1956～1977 年，1978～2000 年、2001～2010 年和 2011 年至今，各个时段均有其特定的时代背景和战略特征(表 3-1)。

表 3-1　中国城市发展战略、政策回顾

阶段	1956～1977 年	1978～2000 年	2001～2010 年	2011 年至今
战略	严格控制大城市规模，搞小城市的方针	控制大城市规模，合理发展中等城市，积极发展小城市	大中小城市和小城镇协调发展，但控制大城市规模的政策并没有完全改变	严格控制特大城市人口规模
依据、文件、政策	毛泽东讲话	一会议三文件	二计划一文件	一会议两文件
	1956 年 2 月：“有战争，沿海城市挤那么多人口不好嘛。”	1978 年 3 月召开的第三次全国城市工作会议强调控制大城市规模	“十五”计划纲要明确提出要“防止盲目扩大城市规模”	中共十八届三中全会和中央城镇化工作会议均明确提出“严格控制特大城市人口规模”
	1960 年：“要把大城市居民分散到农村去，建设许多小城市。”	1980 年 12 月，国务院批转《全国城市规划工作会议纪要》，强调合理或积极发展中小城市	2008 年 1 月实施的《中华人民共和国城乡规划法》则明确直辖市、省会(首府)城市规划报国务院审批	《国家新型城镇化规划(2014—2020 年)》提出“严格控制城区人口 500 万以上的特大城市人口规模”
	1961 年 6 月：“看来城市太大并不好……”	1990 年 4 月，颁布《中华人民共和国城市规划法》(现已废止)	“十一五”规划纲要提出要“防止特大城市面积过度扩张”	2014 年《关于进一步做好永久基本农田划定工作的通知》要求北上广深圳等 14 个城市划定城市边界
	1965 年 6 月：“搞小城镇嘛，还是搞小城市的方针。”	1996 年 5 月，国务院发布《关于加强城市规划工作的通知》明确指出非农业人口 50 万以上的大城市的总体规划须报国务院审批		
评价	战略阶段	战略阶段	战略阶段	政策实施
户籍	严控	1980 年开始改革	2001 年继续改革	2014 年继续改革

资料来源：部分资料参考了周一星(1990)、魏后凯(2014a)的研究。

3.1.1 城市发展战略的阶段划分

第一阶段为 1956～1977 年，主要战略是“严格控制大城市规模，搞小城市的方针”。这是基于毛泽东对当时国际形势的估计而采取的“备战、备荒”的国家战略考虑而采取的政策。其依据是从 20 世纪 50 年代后期到 60 年代，毛泽东多次发表的讲话精神(周一星，1990)。这时期城市规模控制战略其实跟城镇化带来的城市病没有关系，而是出于政治上考虑。

第二阶段为 1978～2000 年，主要战略是“控制大城市规模，合理发展中等城市，积极发展小城市”。主要体现在：1990 年颁布的《中华人民共和国城市规划法》规定，直辖市、省会(首府)城市、城市人口 100 万以上城市以及国务院指定的其他城市的总体规划须报国务院审批；1996 年 5 月，国务院发布《关于加强城市规划工作的通知》，明确指定非农业人口 50 万以上的大城市的总体规划须报国务院审批，其城市人口和建设用地规模须先报国家有关主管部门核定(魏后凯，2014b)。但在这个阶段，以 1980 年中共中央印发的“《关于进一步加强和完善农业生产责任制的几个问题》的通知”为标志，一系列弱化人口户籍限制的政策相继出台，1983 年的中央一号文件进一步放宽了人口流动限制，1984 年国务院出台允许农民“自理口粮户口”进入小城镇落户政策。户口限制的弱化，加速了人口向城市集聚，使城市迅速扩张。但人口流动制度被打破，释放了巨大的人口迁移浪潮，中央的控制战略是无效的(魏后凯，2014a)。

第三阶段为 2001～2010 年，核心是“大中小城市和小城镇协调发展，但控制大城市规模的政策并没有完全改变”。主要体现在：“十五”计划纲要明确提出要“防止盲目扩大城市规模”(魏后凯，2014b)；2008 年 1 月实施的《中华人民共和国城乡规划法》明确规定，直辖市、省会(首府)城市和国务院指定城市的总体规划须报国务院审批；国家“十二五”规划纲要均明确提出要“防止特大城市面积过度扩张”。

第四阶段为 2011 年至今，核心是“严格控制特大城市人口规模”。主要体现在：中共十八届三中全会和中央城镇化工作会议均明确提出“严格控制特大城市人口规模”；《全国主体功能区规划》又提出要“防止人口向特大城市中心区过度集聚”。国土资源部(现自然资源部)在《关于下达〈2013 年全国土地利用计划〉的通知》中则进一步提出“控制大城市建设用地规模，防止大城市过度扩张”；《国家新型城镇化规划(2014—2020年)》提出“严格控制城区人口 500 万以上的特大城市人口规模”；《关于进一步做好永久基本农田划定工作的通知》要求北上广深圳等 14 个城市划定城市边界。可见，中央政府的城市规模策略正逐渐由“战略”向“政策”转变。

可以认为，1956～1977 年城市扩张控制政策的战略导向是“备战、备荒”，是出于政治考虑，而与城镇化无关。直到 1980 年中央开始取消人口流动的户籍限制后才得以扭转。1978 年后，政府的工作重心调整到了“经济建设”上，中央对城市扩张的限制变为“审批”，仅对城市人口、土地进行目标控制，控制政策明显弱化。俗话说“水往低处流，人往高处走”，户籍制度的弱化，释放大量农村劳动力，随着城镇化率提高，由于集聚效应，大中小城市扩张速度失衡，城市规模差异不断加大。从表 3-2 可以看到，在

1961 年到 1980 年阶段，城市、农村人口比重变动率是很接近的，由于人口流动的限制，城乡人口比重几乎是并行增加；1980 年后户籍制度逐渐弱化，城市人口比重才开始快速增加，尤其是 1992 年市场经济制度建立，以及 2001 年再次进行户籍制度改革后。2014 年 7 月，国务院出台《关于进一步推进户籍制度改革的意见》，人口流动性明显凸显，农村人口呈现负增长，城镇化问题也才开始出现，真正意义上的城市扩张控制政策才开始出台。

表 3-2　中国城市人口、农村人口比重分阶段年均变动率

	1949～1960 年	1961～1980 年	1981～1990 年	1991～2000 年	2001～2014 年
城市人口比重年均变动率	0.0578	−0.0009	0.2094	0.0340	0.0138
农村人口比重年均变动率	−0.0097	0.0002	0.0030	−0.0157	−0.0096
户籍改革重要时间点	1958 年	1980 年	—	—	2001 年，2014 年

3.1.2　城市规模控制政策开始实施

近年来城市扩张的势头强劲，特别是大中小城市扩张差距越来越大，呈现出大城市尤其是特大城市迅速膨胀、中小城市和小城镇却相对萎缩的两极化倾向(刘爱梅，2011；魏后凯，2014b)。对此魏后凯(2014b)将其归因为城市扩张控制城镇失效。实际上，通过以上梳理可以发现，1978 年以前，中国城市扩张控制政策，有名无实，政策的对象也并不是城镇化带来的城市扩张，而是服务于计划经济，服务于当时的国家战略；1980～2009 年，人口开始自由流动，中国的城镇化步伐才刚刚开始，此时政府的城市扩张政策特点就是“审批”式，相对于户籍制度的不断放开，除了出台了三个“城市规划法”，同时“十五”“十二五”规划纲要再次强调要控制城市扩张，并无实质的操作性政策出台。也就是说，这时期城市扩张处于失控状态。

2010 年以后，针对出现的大城市规模迅速扩张、城乡差距不断增大、城镇化滞后于工业化的多重矛盾，“十二五”规划建议指出“坚持协调发展，着力形成平衡发展结构”，在具体的发展战略中，要“推动区域协调发展。塑造要素有序自由流动、主体功能约束有效、基本公共服务均等、资源环境可承载的区域协调发展新格局”。2014 年 3 月，中共中央国务院出台《国家新型城镇化规划(2014—2020 年)》，规划首次明确要“严格控制城区人口 500 万以上的特大城市人口规模”；2015 年 1 月 14 日，国土资源部、农业部联合下发《关于进一步做好永久基本农田划定工作的通知》，通知要求北京、上海、广州等 14 个大城市划定边界。以往中国城市规模控制措施一般都是以战略指导意义上的形式出现，以上两个政策的出台，标志着过去中央政府对城市规模的控制措施已经由一般意义的战略指导，转变为可操作的、有具体对象和措施的可执行的政策。可以预见中央控制部分大城市规模过度扩张政策序幕才刚刚揭开。

3.2 土地视角下的城市规模变动现状

本节以 2004 年为基期，分别考察和讨论了 2005～2014 年各个类型城市市辖区建成区面积，以衡量土地规模变动基本现状，主要从不同行政等级和“四大板块”的异同着手分析①。

3.2.1 不同行政等级的城市土地规模变动

中国城市具有天然的不平等性，这种不平等体现在中央赋予各城市的行政等级上，一般来说中国城市体系共分为四个等级，从高到低分别为直辖市、副省级城市、省会城市和普通地级市。

本文首先对中国四个直辖市(北京市、天津市、上海市和重庆市)的市辖区建成区面积进行了考察。图 3-1 显示，以 2004 年为基期，重庆市的市辖区建成区面积扩张幅度最大，2004～2014 年间扩张了 1.8 倍，尤其是 2010 年以来，扩张速度明显加快；其他三个城市的扩张幅度则相对要慢得多，天津市的市辖区建成区面积在 11 年间仅扩张了不到 0.5 倍，北京市扩张了不到 0.2 倍，扩张幅度最慢的是上海市，尤其是 2011 年以来，上海市的建成区面积已基本维持不变。

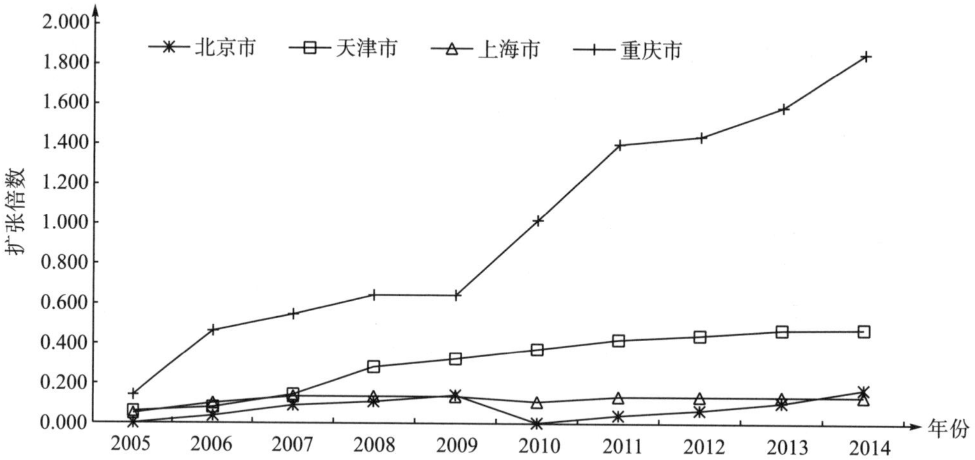

图 3-1 4 个直辖市市辖区建成区面积的变动幅度

数据来源：《中国城市统计年鉴》(2005～2015 年)

截至目前，中国主要有广州、深圳、南京、武汉、沈阳、西安、成都、济南、杭州、哈尔滨、长春、大连、青岛、厦门、宁波共 15 个副省级城市。从这些副省级城市市

① 对于城市土地规模的衡量指标，一般采用“建成区面积”或“建设用地面积”，本章选用了前者，原因是建成区面积可能与市辖区高密集度的人口、高覆盖率基础设施相吻合，且市辖区建成区面积更能与后文的灯光亮度数据对应。因为建设用地面积有可能将经济活动不密集、人口密度不高的地方包括进来，而灯光数据中，对那些亮度低于全国平均值的区域是予以剔除了的。另外，作者也做过类似的计算，发现城市建成区面积的变动幅度和建设用地面积变动幅度基本一致。

辖区建成区面积增长率来看，如图 3-2 所示，在 15 个副省级城市中，市辖区建成区面积增幅最快的是青岛，11 年间扩张了 2.1 倍，其次是武汉、大连、宁波、厦门和长春，分别在 1.5 倍左右，广州、成都、杭州和南京为 0.5～0.6 倍。扩张幅度最慢的是哈尔滨，扩张了 0.4 倍不到。从总体上看，11 年间起伏较小，城市建成区面积较为稳定的城市有哈尔滨、南京、成都、广州和济南。

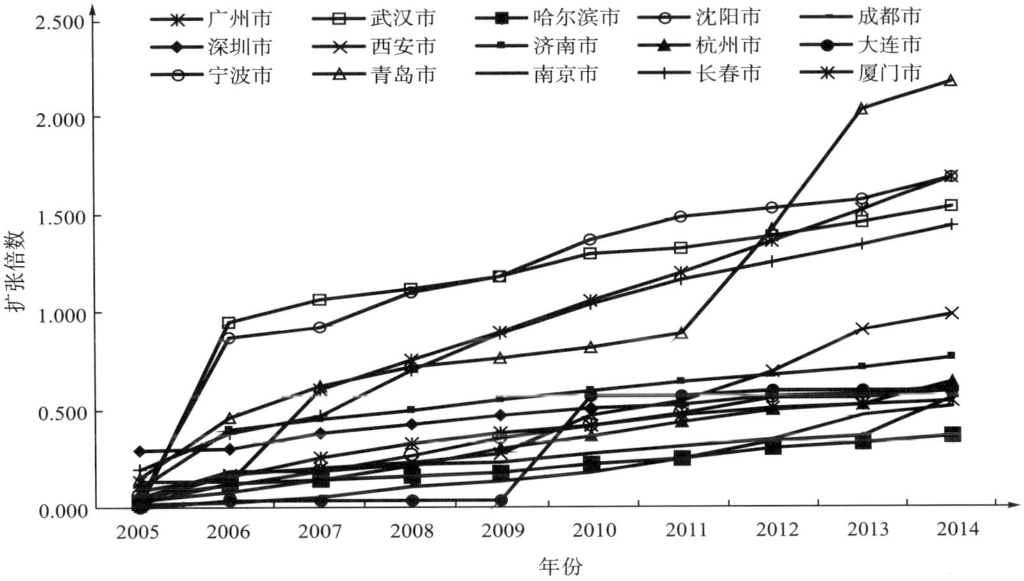

图 3-2　15 个副省级城市市辖区建成区面积的变动幅度

数据来源：《中国城市统计年鉴》(2005～2015 年)

从普通省会城市市辖区建成区面积的变动幅度来看，如表 3-3 所示，2004～2014 年，在普通省会城市中，市辖区建成区面积扩张最快的是合肥市，较快的城市有郑州、长沙、南宁、海口、贵阳和昆明；扩张最慢的是福州市，较慢的有兰州市、太原市、石家庄市和呼和浩特市。

表 3-3　14 个普通省会城市市辖区建成区面积变动幅度

城市	2005 年	2006 年	2007 年	2008 年	2009 年	2010 年	2011 年	2012 年	2013 年	2014 年
石家庄市	0.07	0.13	0.21	0.23	0.30	0.31	0.35	0.39	0.40	0.70
太原市	0.11	0.11	0.34	0.34	0.38	0.38	0.69	0.75	0.81	0.86
呼和浩特市	0.06	0.11	0.11	0.14	0.14	0.23	0.29	0.56	0.70	0.70
合肥市	0.52	0.52	0.52	0.89	0.89	1.20	1.43	1.55	1.66	1.72
福州市	0.02	0.07	0.02	0.07	0.10	0.33	0.40	0.45	0.49	0.53
南昌市	−0.19	−0.19	−0.19	−0.19	0.38	0.54	0.54	0.54	0.85	0.94
郑州市	0.39	0.50	0.71	0.75	0.79	0.82	0.89	0.98	1.04	1.20
长沙市	0.04	0.09	0.27	0.71	0.75	0.92	1.15	1.23	1.30	1.37
南宁市	0.36	0.36	0.43	0.43	0.52	0.72	1.34	0.94	1.26	1.28

续表

城市	2005年	2006年	2007年	2008年	2009年	2010年	2011年	2012年	2013年	2014年
海口市	-1.00	0.44	0.44	0.44	0.44	0.56	0.56	0.97	0.97	1.41
贵阳市	0.00	0.02	0.02	0.09	0.19	0.26	0.26	0.78	-1.00	1.48
昆明市	0.02	0.23	0.33	0.45	0.50	0.45	0.57	0.57	1.09	1.14
兰州市	0.14	0.20	0.25	0.30	0.30	0.39	0.40	0.41	0.47	0.57
银川市	0.07	0.19	0.20	0.25	0.29	0.36	0.42	0.52	0.67	0.67

数据来源：《中国城市统计年鉴》(2005～2015年)。

综上，从以上三个行政级别的城市可以看出，中国城市土地规模变动与城市行政等级有一定的关系(魏后凯，2014b)。具体而言，在4个直辖市中，除了最年轻的直辖市重庆的建成区面积增加了1.8倍，天津增加了0.5倍之外，上海和北京的增幅均在0.2以内，以2004年为基期，截至2014年的城市建成区的增幅看，4个直辖市的平均增幅为0.660；在15个副省级城市中，有5个城市的增幅超过了1.5，其余大部分城市都为0.3～1.0，平均增幅为0.980；在14个普通省会城市中，增幅超过1.5的仅有1个城市，6个城市为1.0～1.5，其余城市为0.5～0.9，平均增幅为1.100；而经计算，其余各省份下属的地级城市市辖区建成区面积的增幅平均值约为0.620，显然行政级别较高的城市，在扩张方面更有利。下一节将从“四大板块”来分析普通地级城市建成区面积变动的时序特征。

3.2.2 “四大板块”的城市土地规模变动

从东部地区各城市的市辖区建成区面积变动幅度来看，如表3-4所示，增长率超过2的城市有泉州、南通、济宁、威海、德州、茂名、惠州、清远、揭阳、云浮、中山市等11个城市，扩张幅度小于0.3的城市有秦皇岛、邯郸、张家口、金华、台州、珠海、潮州、佛山、汕尾等9个城市，东部地区城市市辖区建成区面积的增幅均值为0.990。

表3-4 2014年东部地区主要普通地级城市市辖区建成区面积变动幅度

城市	增长率	城市	增长率	城市	增长率	城市	增长率
唐山市	0.33	湖州市	0.87	南平市	0.50	菏泽市	0.94
秦皇岛市	0.27	绍兴市	1.63	龙岩市	0.72	韶关市	0.71
邯郸市	0.22	金华市	0.22	宁德市	1.45	珠海市	0.17
邢台市	0.76	衢州市	0.82	佛山市	0.28	三亚市	1.35
保定市	0.51	台州市	0.14	江门市	0.67	滨州市	1.80
张家口市	0.12	丽水市	0.48	湛江市	0.54	漳州市	0.44
承德市	1.88	无锡市	0.74	茂名市	2.42	温州市	0.89
沧州市	0.94	徐州市	1.63	肇庆市	0.83	泉州市	2.69
廊坊市	0.47	常州市	1.06	惠州市	2.28	聊城市	0.75
衡水市	0.31	苏州市	1.53	汕尾市	0.26	三明市	0.89

续表

城市	增长率	城市	增长率	城市	增长率	城市	增长率
南通市	2.33	淄博市	0.54	河源市	1.85	德州市	2.63
连云港市	1.29	枣庄市	0.44	阳江市	0.48	莱芜市	1.18
淮安市	0.88	东营市	0.35	清远市	8.76	杭州市	0.64
盐城市	0.73	烟台市	1.09	中山市	2.24	日照市	0.82
扬州市	1.16	潍坊市	0.53	潮州市	0.11	威海市	2.06
镇江市	0.61	济宁市	2.65	揭阳市	3.44	宿迁市	1.47
泰州市	0.98	泰安市	0.92	云浮市	4.44		

数据来源：《中国城市统计年鉴》(2015 年)。除去了东部地区市辖区数据不全或者存在异常的城市。

从中部地区城市市辖区建成区面积的增长率来看，如表 3-5 所示，相对于 2004 年，在 2014 年增长率超过 2 的城市主要有滁州、赣州 2 个，个数不到东部地区的 1/5，扩张幅度小于 0.3 的城市有阳泉、吕梁、三门峡、商丘、淮南、宿州、六安、亳州、荆门、岳阳、湘潭、娄底、荆州等 13 个城市，个数比东部地区多，中部地区各城市市辖区城市建成区面积变动平均值为 0.710，相对东部地区幅度少了许多。

表 3-5　2014 年中部地区主要普通地级城市市辖区建成区面积变动幅度

城市	增长率	城市	增长率	城市	增长率
大同市	0.40	芜湖市	0.82	随州市	0.45
阳泉市	0.12	蚌埠市	0.72	株洲市	0.75
长治市	0.34	淮南市	0.15	湘潭市	0.19
晋城市	0.50	马鞍山市	0.44	衡阳市	0.71
朔州市	0.45	淮北市	0.82	邵阳市	0.45
晋中市	0.77	铜陵市	1.09	岳阳市	0.24
运城市	0.73	安庆市	1.24	常德市	0.53
忻州市	0.89	黄山市	0.97	张家界市	0.74
临汾市	0.46	滁州市	2.07	益阳市	0.69
吕梁市	0.20	阜阳市	1.00	郴州市	1.18
洛阳市	0.47	宿州市	0.04	永州市	0.62
平顶山市	0.33	六安市	0.07	怀化市	0.94
安阳市	0.51	亳州市	0.08	娄底市	0.18
鹤壁市	0.60	池州市	1.85	景德镇市	0.72
新乡市	0.51	宣城市	1.08	九江市	1.15
焦作市	0.61	黄石市	0.49	新余市	0.64
濮阳市	0.59	十堰市	0.81	鹰潭市	0.62
许昌市	1.44	宜昌市	1.35	赣州市	2.61
漯河市	0.87	襄阳市	0.91	吉安市	0.96
三门峡市	0.20	鄂州市	0.42	宜春市	1.27

续表

城市	增长率	城市	增长率	城市	增长率
南阳市	1.16	荆门市	0.12	抚州市	0.93
商丘市	0.15	孝感市	0.59	上饶市	0.43
信阳市	1.07	荆州市	0.23	驻马店市	0.87
周口市	1.06	黄冈市	0.81	咸宁市	1.35

数据来源：《中国城市统计年鉴》(2015年)。除去了中部地区市辖区数据不全或者存在异常的城市。

从西部地区城市市辖区建成区面积的变动幅度来看，如表3-6所示，相对于2004年，2014年城市市辖区建成区面积增长率超过2的城市仅有鄂尔多斯一个，比东部地区和中部地区少，扩张幅度小于0.3的城市有包头、乌海、乐山、固原、眉山、广安、铜川、汉中、商洛、白银、天水、桂林等12个城市，与东部、中部地区差距较小；特别地，西部地区出现了增长率为负的情况，即11年间城市市辖区面积不增反减，包括广元、六盘水①。西部地区各城市市辖区面积增长率的平均值为0.820，相对中部地区较大，但相对东部地区则较小。

表3-6 2014年西部地区主要普通地级城市市辖区建成区面积变动幅度

城市	增长率	城市	增长率	城市	增长率
包头市	0.27	南充市	1.22	铜川市	0.22
乌海市	0.13	眉山市	0.22	宝鸡市	0.89
赤峰市	0.65	宜宾市	1.42	咸阳市	0.78
通辽市	1.64	广安市	0.14	渭南市	0.97
鄂尔多斯市	3.91	雅安市	1.21	延安市	1.25
巴彦淖尔市	1.74	巴中市	0.88	汉中市	0.29
乌兰察布市	1.00	资阳市	1.37	榆林市	1.69
自贡市	1.48	六盘水市	−0.26	安康市	0.48
攀枝花市	0.71	遵义市	0.79	商洛市	0.08
泸州市	1.17	曲靖市	1.36	嘉峪关市	0.89
德阳市	0.36	玉溪市	0.61	金昌市	0.38
绵阳市	1.03	保山市	0.94	白银市	0.20
广元市	-0.04	昭通市	1.35	天水市	0.21
遂宁市	0.59	丽江市	0.35	武威市	0.45
内江市	1.44	普洱市	0.67	平凉市	0.50
乐山市	0.09	临沧市	0.80	酒泉市	1.23
吴忠市	1.78	银川市	0.67	庆阳市	0.85
固原市	0.29	石嘴山市	0.55	柳州市	0.73
玉林市	0.40	梧州市	1.35	桂林市	0.22
北海市	1.15	防城港市	0.94	柳州市	0.73

数据来源：《中国城市统计年鉴》(2015年)。除去了西部地区市辖区数据不全或者存在异常的城市。

① 这里仅从城市市辖区面积变动来判断，不排除是统计口径或者技术条件变化导致的。

从东北地区各城市市辖区的建成区面积变动来看，如表 3-7 所示，2004～2014 年，没有增长率超过 2 的城市，最高的仅为白山市 1.24；有 3 个城市的增长率小于 0，且连续三年以上出现了负增长，分别为鹤岗、双鸭山、七台河；此外，增长率小于 0.1 的城市主要有本溪、丹东、鸡西、伊春 4 个城市。2014 年东北地区城市的增长率平均值仅为 0.360，这个数值是东部地区城市平均增长率的 0.36 倍，是中部地区城市平均增长率的 0.51 倍，是西部地区城市平均增长率的 0.44 倍，东北地区城市市辖区建成区面积扩张缓慢。

综上，本书分析了中国“四大板块”城市市辖区建成区面积的增长率，可以发现，从平均增长率来看，东部地区普通地级城市扩张速度最快，西部地区次之，中部地区较快，东北地区最慢。从城市个体来看，呈现东北地区多数城市微扩张和收缩并存、东部地区多数城市大幅扩张、西部地区多数城市中等扩张以及中部地区多数城市小幅扩张的局面。

表 3-7　2005～2014 年东北地区主要普通地级城市市辖区建成区面积变动幅度

城市	2005 年	2006 年	2007 年	2008 年	2009 年	2010 年	2011 年	2012 年	2013 年	2014 年
鞍山市	0.00	0.03	0.06	0.09	0.13	0.16	0.20	0.23	0.23	0.25
抚顺市	0.03	0.03	0.03	0.04	0.06	0.09	0.14	0.10	0.13	0.14
本溪市	0.00	0.00	0.00	0.00	0.00	0.00	0.00	0.01	0.02	0.02
丹东市	0.00	0.00	0.00	0.00	0.00	0.00	0.00	0.45	0.00	0.00
锦州市	0.00	0.03	0.05	0.11	0.15	0.15	0.15	0.16	0.24	0.24
营口市	0.09	0.09	0.09	0.14	0.14	0.16	0.21	0.29	0.29	0.29
阜新市	0.00	0.00	0.37	0.37	0.37	0.55	0.57	0.57	0.57	0.57
辽阳市	0.01	0.02	0.12	0.12	0.13	0.20	0.27	0.26	0.27	0.27
盘锦市	0.02	0.09	0.09	0.09	0.11	0.15	0.15	0.26	0.32	0.38
铁岭市	0.00	0.00	0.07	0.07	0.07	0.07	0.07	−0.07	−0.07	0.22
朝阳市	0.00	0.00	0.45	0.55	0.72	0.83	0.97	1.00	1.03	0.97
葫芦岛市	0.03	0.07	0.12	0.13	0.20	0.25	0.25	0.25	0.27	0.27
吉林市	0.00	0.00	0.00	0.01	0.00	0.00	0.00	0.00	0.04	0.56
四平市	0.00	0.00	0.00	0.08	0.18	0.31	0.31	0.38	0.38	0.41
辽源市	0.03	0.05	0.08	0.08	0.10	0.18	0.18	0.18	0.18	0.18
通化市	0.02	0.05	0.11	0.07	0.07	−0.18	0.09	0.11	0.14	0.86
白山市	0.04	0.04	0.04	0.52	0.60	0.60	0.52	0.44	0.88	1.24
松原市	0.09	0.12	0.12	0.12	0.27	0.30	0.36	0.42	0.45	0.79
白城市	0.15	0.15	0.15	0.15	0.15	0.15	0.15	0.27	0.27	0.48
齐齐哈尔市	0.10	0.31	0.31	0.12	0.12	0.31	0.36	0.36	0.36	0.36
鸡西市	0.00	0.00	0.08	0.08	0.08	0.08	0.08	0.08	0.08	0.08
鹤岗市	−0.26	−0.26	−0.26	−0.26	−0.26	−0.26	−0.21	−0.12	0.14	−0.09
双鸭山市	0.08	0.00	0.05	0.10	0.10	0.00	−0.02	−0.14	−0.02	−0.02
大庆市	0.15	0.07	0.14	0.14	0.40	0.40	0.52	0.57	0.63	0.66

续表

城市	2005 年	2006 年	2007 年	2008 年	2009 年	2010 年	2011 年	2012 年	2013 年	2014 年
伊春市	0.00	0.00	0.01	0.02	0.02	0.02	0.04	0.04	0.04	0.08
佳木斯市	0.04	0.05	0.07	0.11	0.14	0.68	0.73	0.75	0.73	0.73
七台河市	0.14	−0.27	−0.27	-0.27	−0.11	−0.27	−0.27	−0.20	−0.20	−0.16
牡丹江市	0.00	0.03	0.07	0.08	0.08	0.27	0.35	0.27	0.30	0.35
黑河市	0.12	0.12	0.12	0.12	0.12	0.12	0.12	0.12	0.12	0.12
绥化市	0.00	0.22	0.22	0.22	0.22	0.22	0.22	0.22	0.52	0.52

数据来源：《中国城市统计年鉴》(2005～2015 年)。除去了东北地区市辖区数据不全或者存在异常的城市。

3.3 人口视角下的城市规模变动现状

本节分析以 2004 年为基期，分别考察了 2005～2014 年中国各城市市辖区年末总人口规模，以衡量城市规模变动基本现状，主要从不同行政等级和“四大板块”的异同着手分析[①]。

3.3.1 不同行政等级的城市人口规模变动

从 4 个直辖市 11 年间的市辖区年末总人口变动来看，如图 3-3 所示，重庆市从 2006 年开始就成为市辖区人口增长的领跑者，速度甚至一度超过其他直辖市增长率的总和，重庆是经济发展程度最低、人口较为密集的直辖市，其自身区位、经济、社会等属性决定与其他三个直辖市必有一定差异。从相对属性更接近的其他三个直辖市来看，三个城市的增幅都不高，年均人口增幅在 10%左右，其中北京增长幅度较大，11 年间人口总量呈增速越来越快的态势，上海和天津则较为接近，增速虽然也有加快的迹象，但较为平稳；2014 年平均增幅为 0.304。

从 15 个副省级城市 11 年间的市辖区年末总人口变动来看，其中，由于深圳市的增长率远高于其他 14 个城市，为了进行更清晰的比较，故而在图 3-4 中仅绘制了除了深圳市以外的 14 个副省级城市的人口规模变动图[②]。以 2004 年为基期，在 2005～2014 年，深圳市市辖区总人口平均增长速度为 0.528，相对于 2004 年，在 2014 年增长了 1.012 倍，远高于其他副省级城市的速度。从其他 14 个副省级城市的市辖区年末总人口变动来看，2004～2014 年，增长速度最快的是厦门市，2014 年增幅达到 0.386；波动最大的是青

① 由于《中国区域经济统计年鉴》中的“常住人口”从 2011 年才开始公布(实际为 2010 年的数据)，截至 2016 年 12 月，该统计年鉴仅公开出版到 2014 年(实为 2013 年的数据)。2010～2013 年的常住人口数据，难以满足本书长期分析的需求，为此，本章在人口规模变动分析中，依然采用《中国城市统计年鉴》中的“年末总人口”，虽然该数据是以“户籍”为统计口径的，忽视了城市中流动人口，但本书认为其变动在一定程度上还是能够反映城市规模的变动。原因是当前各城市正在积极推进人口市民化，在以一年为研究基期时，那些某期才获得户口的人能够反映到对应的年末人口总量上来，这与“城市规模变动”的含义是相符的。

② 2005 年，武汉市市辖区常住人口统计范围由原来的 13 个辖区调整为 7 个中心城区，为保持数据一致性，本节根据《武汉市统计年鉴》对 2004 年和 2005 年的市辖区人口数据进行了调整，统一为 7 个中心城区常住人口数据。

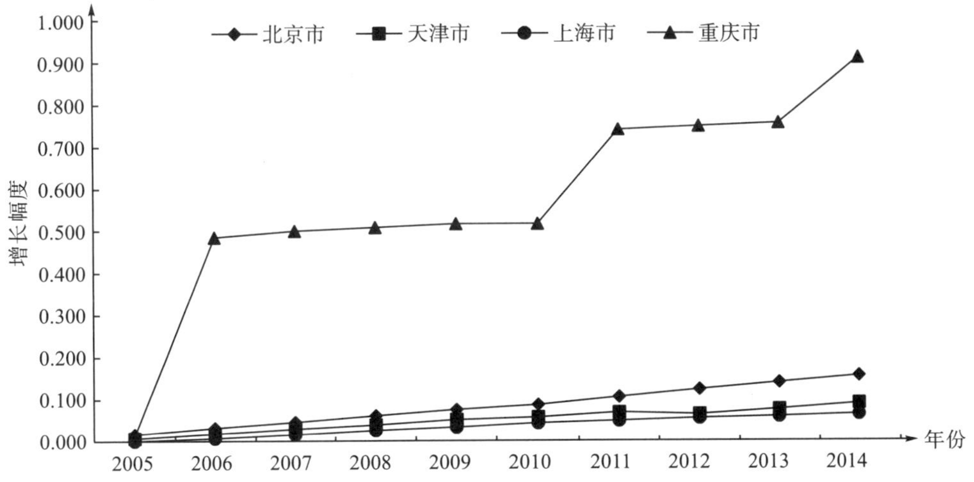

图 3-3　2005～2014 年 4 个直辖市市辖区年末总人口变动幅度

数据来源：《中国城市统计年鉴》(2005～2015 年)。

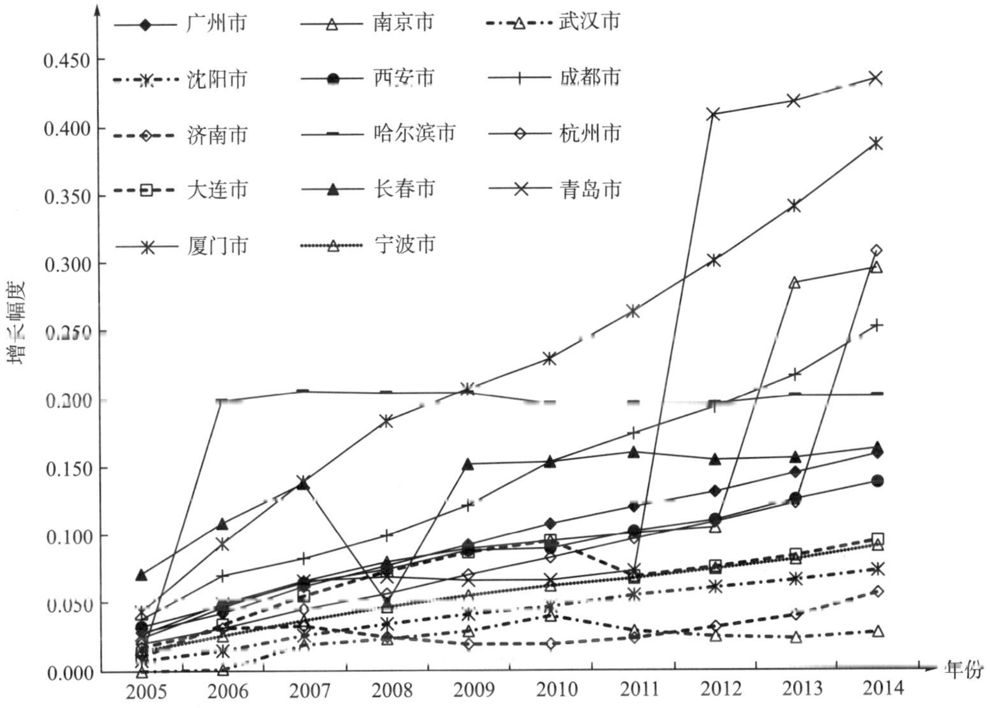

图 3-4　2005～2014 年 14 个副省级城市市辖区建成区面积的变动幅度

数据来源：《中国城市统计年鉴》(2005～2015 年)。

注：由于深圳市的人口变动是其他增幅较小城市的 10 倍以上，为便于比较不在该图中绘出。

岛市，该市在 2012 年之前增长幅度在 0.05 左右，但自 2012 年以来，其增长幅度维持在 0.4 以上；东北地区的沈阳、长春、哈尔滨、大连四市，除了长春人口增幅各年保持在 0.1 以上外，其他三个城市的增幅均小于 0.1，且 11 年间增幅平稳；2014 年 15 个副省级城市市辖区常住人口的平均增幅为 0.246。

从 14 个普通省会城市 11 年来的市辖区人口增长变动来看(表 3-8)，人口规模扩张幅度最快的城市为郑州市，2014 的市辖区人口相当于 2004 年的 2.12 倍；最慢的城市是太原市、南昌市、贵阳市，2014 年的市辖区人口仅为 2004 年的 0.13 倍；人口扩张幅度较快的城市有南宁市，其次是合肥市、长沙市。2014 年 14 个省会城市市辖区人口平均增长率为 0.350。

表 3-8　14 个普通省会城市市辖区人口变动幅度

城市	2005 年	2006 年	2007 年	2008 年	2009 年	2010 年	2011 年	2012 年	2013 年	2014 年
石家庄市	0.03	0.06	0.09	0.11	0.12	0.12	0.14	0.14	0.16	0.18
太原市	0.03	0.06	0.09	0.10	0.12	0.12	0.11	0.12	0.12	0.13
呼和浩特市	0.00	0.02	0.04	0.06	0.08	0.10	0.12	0.11	0.13	0.16
合肥市	0.07	0.18	0.21	0.24	0.28	0.32	0.34	0.36	0.47	0.50
福州市	0.03	0.06	0.09	0.09	0.10	0.10	0.11	0.12	0.14	0.16
南昌市	0.06	0.09	0.10	0.10	0.09	0.04	0.08	0.11	0.11	0.13
郑州市	0.02	0.04	0.07	0.10	0.13	1.03	1.10	1.33	1.05	1.12
长沙市	0.03	0.06	0.08	0.18	0.19	0.19	0.47	0.47	0.48	0.50
南宁市	0.66	0.70	0.73	0.76	0.78	0.80	0.82	0.83	0.86	0.90
海口市	0.03	0.23	0.07	0.09	0.11	0.12	0.14	0.13	0.14	0.16
贵阳市	0.01	0.03	0.05	0.07	0.08	0.09	0.10	0.10	0.12	0.13
银川市	0.04	0.16	0.14	0.17	0.21	0.25	0.28	0.32	0.36	0.40
昆明市	0.02	0.02	0.03	0.07	0.11	0.15	0.21	0.20	0.21	0.22
兰州市	0.02	0.02	0.04	0.05	0.06	0.06	0.05	0.04	0.24	0.21

数据来源：《中国城市统计年鉴》(2005～2015 年)。

综上，从直辖市、副省级城市和普通省会城市三级的行政等级城市的人口变动来看，以 2004 年为基期，2014 年城市市辖区人口增长随着城市等级提高，城市人口增长呈“U”形关系。即随着城市行政级别的提高，城市人口增长先下降，后提高。当城市等级为普通省会城市时，相对于 2004 年，人口平均增长率为 0.350，副省级城市为 0.246，直辖市为 0.304，普通省会城市的增长率最高、直辖市次之、副省级城市最低。具体而言，4 个直辖市中，重庆市辖区人口增幅最大，相对 2004 年，2014 年市辖区人口增长了 0.9 倍，其次是北京，增长了 0.15 倍。15 个副省级城市中，相对于 2004 年，深圳市 2014 年的人口增长了近 1.012 倍，远高于其他副省级城市的速度，其他城市的增幅差异较大，其中东北地区的副省级城市人口增长率均在 0.1 左右。

3.3.2　“四大板块”的城市人口规模变动

从 2014 年东部地区主要普通地级城市市辖区总人口变动幅度来看，如表 3-9 所示，相对于 2004 年各城市市辖区人口，2014 年增长 2 倍以上的城市有潮州市、揭阳市、连云港市、绍兴市、梅州市等 5 个，这些城市是东部地区城市市辖区人口扩张最快的，都处于长三角和珠三角城市群。扩张幅度比较小的，如在 0.1 倍以下的城市主要有：舟山市、烟台市、丽水市、泰安市、张家口市、廊坊市、常州市、淮安市、镇江市、嘉兴市、湖州市、衢州市、滁州市、黄山市、宿州市、六安市、池州市、宣城市、三明市、泉州市、南平市、龙岩市、淄博市、东营市、莱芜市、韶关市、江门市、河源市、萍乡市等 29 个。其余城市都为 0.1～2.0，且城市间差异较大。2014 年东部地区市辖区人口相对于 2004 年的平均增长率为 0.220。

表 3-9　2014 年东部地区主要普通地级城市市辖区年末总人口变动

城市	增长率	城市	增长率	城市	增长率	城市	增长率
唐山市	0.11	舟山市	0.03	烟台市	0.05	中山市	0.12
秦皇岛市	0.18	台州市	0.08	潍坊市	0.29	潮州市	3.77
邯郸市	0.25	丽水市	0.07	济宁市	0.10	揭阳市	2.15
邢台市	0.56	莆田市	0.13	泰安市	0.01	云浮市	0.12
保定市	0.11	三明市	0.00	威海市	1.23	柳州市	0.21
张家口市	0.05	泉州市	0.07	日照市	0.11	三亚市	0.15
承德市	0.30	漳州市	0.11	莱芜市	0.03	东莞市	0.18
沧州市	0.11	南平市	0.03	临沂市	0.35	东营市	0.06
廊坊市	0.10	龙岩市	0.08	德州市	1.10	衢州市	0.04
衡水市	0.22	宁德市	0.14	聊城市	0.19	汕尾市	0.15
无锡市	0.10	淄博市	0.04	滨州市	0.71	河源市	0.07
徐州市	0.98	盐城市	0.11	菏泽市	0.12	枣庄市	0.12
常州市	0.08	扬州市	1.04	韶关市	0.03	清远市	1.48
苏州市	0.53	镇江市	0.02	深圳市	1.01	阳江市	0.10
南通市	1.52	泰州市	1.61	珠海市	0.28	金华市	0.03
连云港市	2.29	宿迁市	0.12	汕头市	0.12	惠州市	0.27
淮安市	0.08	温州市	0.11	佛山市	0.10	梅州市	2.13
肇庆市	0.10	嘉兴市	0.07	江门市	0.05	湖州市	0.03
茂名市	1.38	湛江市	0.12	绍兴市	2.38		

数据来源：《中国城市统计年鉴》(2015 年)。除去了东部地区市辖区数据不全或者存在异常的城市。

从 2014 年中部地区主要普通地级城市市辖区人口变动来看，如表 3-10 所示，相对 2004 年的市辖区人口，2014 年中部地区各地级城市在空间上存在较大的差异。具体来看，中部地区各城市市辖区人口增长没有超过 2 的，超过 1 的城市主要有赣州市、漯河市、十堰市、芜湖市 4 个，小于 0.1 的城市主要有阳泉市、忻州市、临汾市、许昌市、三门峡市、宜昌市、襄阳市、鄂州市、孝感市、荆州市、咸宁市、宣城市、衡阳市、邵阳市、常德市、益阳市、永州市、萍乡市、黄山市、滁州市、宿州市、六安市、池州市等 23 个，其中市辖区人口出现负增长的城市有荆门市、黄冈市、随州市。2014 年中部地区各地级城市市辖区人口平均增长率为 0.120。中部地区人口增长幅度明显小于东部地区，且从单个城市来看，城之间的增长幅度相对东部地区有所下降。

表 3-10 2014 年中部地区主要普通地级城市市辖区总人口变动幅度

城市	增长率	城市	增长率	城市	增长率	城市	增长率
大同市	0.24	许昌市	0.06	随州市	−0.70	宜春市	0.17
阳泉市	0.08	漯河市	1.80	株洲市	0.56	抚州市	0.15
长治市	0.12	三门峡市	0.06	湘潭市	0.23	上饶市	0.14
晋城市	0.25	南阳市	0.11	衡阳市	0.01	芜湖市	1.05
朔州市	0.23	商丘市	0.15	邵阳市	0.04	蚌埠市	0.26
晋中市	0.14	信阳市	0.10	岳阳市	0.16	淮南市	0.12
运城市	0.10	周口市	0.42	常德市	0.02	马鞍山市	0.37
忻州市	0.08	驻马店市	0.41	张家界市	0.13	淮北市	0.15
临汾市	0.03	黄石市	0.26	益阳市	0.05	铜陵市	0.13
吕梁市	0.13	十堰市	1.33	郴州市	0.18	安庆市	0.22
开封市	0.11	宜昌市	0.05	永州市	0.08	黄山市	0.07
洛阳市	0.31	襄阳市	0.04	怀化市	0.14	滁州市	0.06
平顶山市	0.18	鄂州市	0.05	娄底市	0.17	阜阳市	0.21
安阳市	0.13	荆门市	−0.06	景德镇市	0.11	宿州市	0.07
鹤壁市	0.21	孝感市	0.09	萍乡市	0.08	六安市	0.06
新乡市	0.24	荆州市	0.01	九江市	0.15	亳州市	0.18
焦作市	0.22	黄冈市	−0.04	新余市	0.12	池州市	0.05
濮阳市	0.32	咸宁市	0.09	鹰潭市	0.25		
赣州市	1.72	宣城市	0.04	吉安市	0.14		

数据来源：《中国城市统计年鉴》(2015 年)。除去了中部地区市辖区数据不全或者存在异常的城市。

从 2014 年西部地区主要普通地级城市市辖区人口变动幅度来看，如表 3-11 所示，相对于 2004 年的市辖区人口，西部地区各地级城市的增长率在空间上较为均衡。具体来看，西部地区地级城市的市辖区人口增长率没有超过 1 的，超过 0.5 的城市主要有宝鸡市、宜宾市、达州市、雅安市、梧州市等 5 个城市，其中增长率为 0.1 以下的城市主要有铜川市、咸阳市、渭南市、汉中市、安康市、商洛市、攀枝花市、泸州市、广元市、遂宁市、内江市、乐山市、南充市、眉山市、广安市、巴中市、资阳市、玉溪市、保山市、丽江市、桂林市、百色市、河池市、白银市、天水市、武威市、张掖市、平凉市、石嘴山市、包头市、通辽市等 31 个。在所选的 70 个西部地级城市中，市辖区人口扩张幅度小于等于 0.1 的占了 31 个(不含增长为负的城市)，超过 0.5 的仅有 5 个，相对东中部地区而言，西部地区城市市辖区人口扩张幅度是较为缓慢的，2014 年西部地区各地级城市市辖区的人口平均增长率为 0.110。

表 3-11　2014 年西部地区主要普通地级城市市辖区总人口变动幅度

城市	增长率	城市	增长率	城市	增长率	城市	增长率
铜川市	0.00	南充市	0.05	柳州市	0.21	张掖市	0.02
宝鸡市	0.91	眉山市	0.06	桂林市	0.08	平凉市	0.06
咸阳市	0.08	宜宾市	0.63	梧州市	0.62	酒泉市	0.20
渭南市	0.05	广安市	0.04	北海市	0.16	庆阳市	0.15
延安市	0.17	达州市	0.62	防城港市	0.16	定西市	−0.04
汉中市	0.08	雅安市	0.86	钦州市	0.20	石嘴山市	0.03
榆林市	0.21	巴中市	0.06	贵港市	0.12	吴忠市	0.13
安康市	0.08	资阳市	0.05	玉林市	0.19	固原市	−0.05
商洛市	0.03	曲靖市	0.12	百色市	0.07	包头市	0.09
自贡市	0.41	玉溪市	0.09	贺州市	0.26	乌海市	0.31
攀枝花市	0.02	保山市	0.08	河池市	0.09	赤峰市	0.11
泸州市	0.07	昭通市	0.14	来宾市	0.13	通辽市	0.07
德阳市	0.10	丽江市	0.07	崇左市	0.11	鄂尔多斯市	0.21
绵阳市	0.12	普洱市	0.12	嘉峪关市	0.44	呼伦贝尔市	0.42
广元市	0.04	临沧市	0.15	金昌市	0.11	巴彦淖尔市	−0.02
遂宁市	0.05	六盘水市	0.10	白银市	0.04	乌兰察布市	0.21
内江市	0.03	遵义市	0.10	天水市	0.07		
乐山市	0.03	安顺市	0.12	武威市	0.04		

数据来源：《中国城市统计年鉴》(2015 年)。除去了西部地区市辖区数据不全或者存在异常的城市。

从 2014 年东北地区主要普通地级城市市辖区人口变动幅度看，如表 3-12 所示，相对于 2004 年的市辖区人口，2014 年东北地区的市辖区人口增长率都在 1 以下，最高的城市为白山市，仅为 0.71。可以发现一个现象，东北地区各城市的市辖区人口减少的城市比东、中、西部地区多，达 9 个城市之多，分别是本溪市、阜新市、通化市、齐齐哈尔市、鸡西市、伊春市、绥化市、鹤岗市、佳木斯市，接近全部城市的 1/3，城市收缩趋势较为明显。2014 年东北地区各地级城市市辖区人口的平均增长率仅为 0.04。

表 3-12　2014 年东北地区主要普通地级城市市辖区总人口变动幅度

城市	增长率	城市	增长率	城市	增长率
鞍山市	0.04	朝阳市	0.27	鸡西市	−0.07
抚顺市	0.01	葫芦岛市	0.06	鹤岗市	−0.03
本溪市	−0.03	吉林市	0.02	双鸭山市	0.00
丹东市	0.04	四平市	0.14	大庆市	0.12
锦州市	0.08	辽源市	0.06	伊春市	−0.06
营口市	0.09	通化市	−0.03	佳木斯市	−0.03

续表

城市	增长率	城市	增长率	城市	增长率
阜新市	-0.01	白山市	0.71	七台河市	0.05
辽阳市	0.22	松原市	0.10	牡丹江市	0.13
盘锦市	0.12	白城市	0.03	黑河市	0.09
铁岭市	0.01	齐齐哈尔市	-0.03	绥化市	-0.03

数据来源：《中国城市统计年鉴》(2015 年)。除去了东北地区市辖区数据不全或者存在异常的城市。

综上所述，从“四大板块”的城市人口规模变动形势来看，相对于 2004 年，2014 年大多数地级城市的市辖区人口都呈正增长，且表现出东高西低、中部适中、东北地区最低的态势。具体而言，从“四大板块”市辖区人口平均增长率看，东部地区最高、中部地区和西部地区次之，东北地区最小。其中，东部地区的城市市辖区人口增长率在空间上也极为不平衡，且主要集中在几个主要城市，如增长率超过 2 的 5 个城市，即潮州市、揭阳市、连云港市、绍兴市、梅州市；小于 0.1 的小幅扩张城市则多达 29 个，在空间上人口聚集表现出严重不平衡性。中部地区的城市存在同样的空间现象，但有所缓解，市辖区人口增长率超过 1 的仅有 4 个，小于 0.1 的小幅扩张城市则减少为 23 个。西部地区城市市辖区人口扩张在空间上则表现更为均衡，增长率超过 0.5 的城市仅有 5 个，小于 0.1 的小幅扩张城市有 31 个。东北地区市辖区人口增长都表现为极为缓慢的态势，增长率最高城市仅为 0.71，且有 9 个城市的市辖区人口明显收缩。总之，从“四大板块”的市辖区人口增长来看，2004～2014 年，东部地区市辖区人口增长最快，但空间差异也最大，中部和西部地区市辖区人口增长率次之，但空间差异有所缓和，东北地区城市市辖区人口几乎都陷入了慢增长的泥淖。虽然中西部地区也有少数几个城市出现了市辖区人口收缩的现象，但如东北地区那样连片区的人口收缩、并伴随着连片区的人口缓慢扩张，是东北地区特有现象。

3.4 土地与人口视角下城市规模变动综合考察

人口规模和土地规模变动是规模变动的两个方面，但二者并不是独立发生的，而是存在一定匹配关系。为综合考察城市人口和土地规模变动间的匹配关系，以 2004 年为基期，2014 年为末期，计算了市辖区年末总人口和城市建成区面积的变动比值，以定量比较土地和人口变动的匹配关系，并将城市规模变动分为三种类型，分别是土地较人口变动更快的城市蔓延，人口变化较土地变动快的城市拥挤，变动较为协调的城市协调。

3.4.1 不同行政等级城市规模变动比较

以 2004 年各城市市辖区年末总人口、建成区面积为基准，考察了不同行政等级下，2014 年各城市市辖区总人口、建成区面积相对于 2004 年的变动情况。为了避免数据处理误差对结果的影响，市辖区人口变动与建成区面积变动的比小于 0.90 的定义为城市蔓延，大于 1.10 的定义为城市拥挤，0.90～1.10 的定义为城市协调。根据《中国城市统计年鉴》(2005 年、2015 年)中的相关数据，首先计算出 2014 年各城市相对 2004 年的市辖区总人口、建成区面积的增长率，然后计算前后二者的比值。如图 3-5 所示，北京、天津、上海和重庆 4 个直辖市的人口增长率与建成区面积增长率的比分别为 0.896、0.108、0.472、0.490，相对而言，北京的人口和建成区面积扩张更为协调，天津最不协调，其建成区面积扩张幅度远大于人口扩张幅度，而上海和重庆的土地扩张幅度和人口扩张幅度的比值则最为接近。

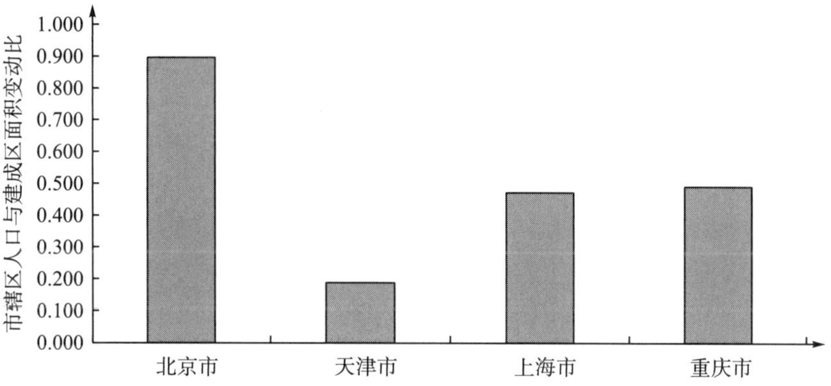

图 3-5　4 个直辖市 2014 年年末总人口与建成区面积变动比

数据来源：根据《中国城市统计年鉴》(2005 年、2015 年)有关数据计算。

从 15 个副省级城市 2014 年市辖区总人口和建成区面积变动比来看(图 3-6)，深圳市比值达到了 1.644，11 年来人口变动幅度是建成区面积变动幅度的 1.6 倍，是典型的拥挤型城市，相比之下，广州市、南京市、成都市、哈尔滨市、杭州市的比值均在 0.60 以下，市辖区总人口变动幅度小于建成区面积变动幅度，而其他城市的比值更低，市辖区总人口变动幅度远小于建成区面积变动幅度，这些城市可称为蔓延型城市。

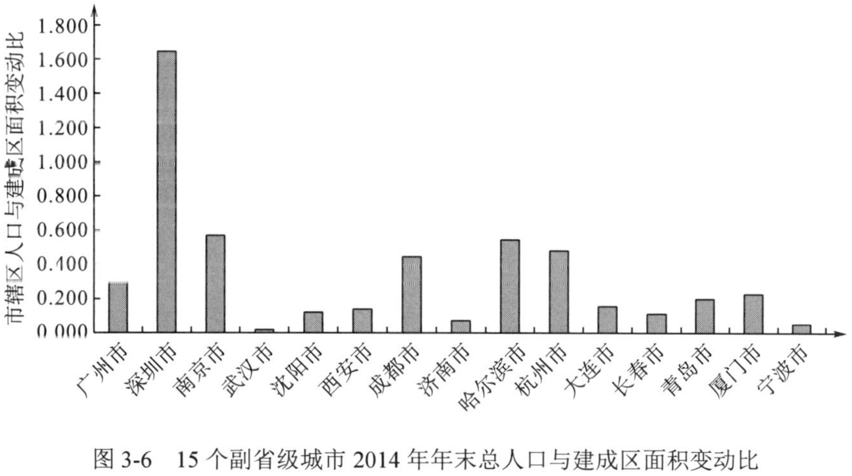

图 3-6　15 个副省级城市 2014 年年末总人口与建成区面积变动比

数据来源：根据《中国城市统计年鉴》(2005 年、2015 年)有关数据计算。

从14个省会城市2014年的市辖区总人口和建成区面积变动比来看(图3-7)，石家庄市高达1.248，11年来人口变动幅度是建成区面积变动幅度的1.248倍，属于典型的拥挤型城市，相比之下，郑州市的人口变动幅度仅为建成区面积变动的0.934倍，二者相差不大，可称为协调型城市，而其他城市的比值均小于0.700，市辖区人口变动幅度远小于建成区面积变动幅度，可称为蔓延型城市。

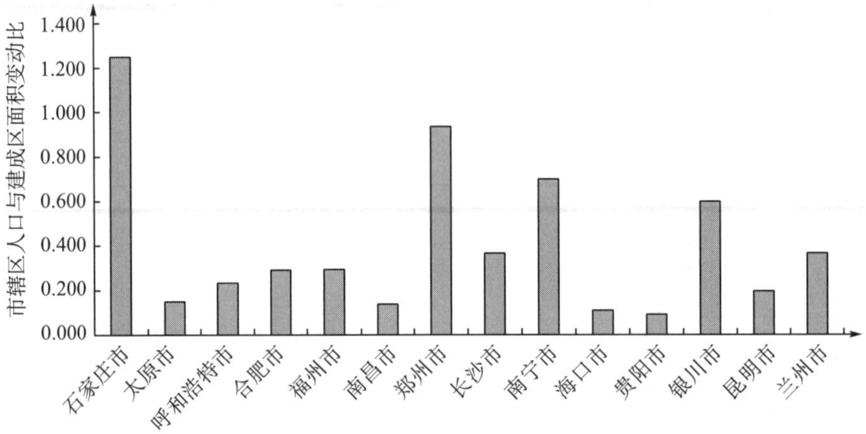

图3-7 14个省会城市2014年市辖区年总人口与建成区面积变动比

数据来源：根据《中国城市统计年鉴》(2005年、2015年)有关数据计算。

综上，在直辖市、副省级城市、普通省会城市三个行政级别的城市中，城市人口规模和土地规模变动比空间差距较大。2004年以来，土地规模变动幅度大于人口规模变动幅度的蔓延型城市占绝大多数，其中二者变动最为协调的是郑州市，人口变动较土地变动最快的是深圳市，土地较人口变动最快的是武汉市。

3.4.2 “四大板块”的城市规模变动比较

从东部地区2014年普通地级城市市辖区总人口和建成区面积变动比来看(表3-13)，相对于2004年，绝大多数城市的建成区面积变动幅度大于市辖区人口变动，为蔓延型城市；只有邯郸市、连云港市、泰州市、绍兴市、潮州市、梅州市、珠海市的市辖区人口变动幅度大于建成区面积变动幅度，为拥挤型城市。

表3-13 2014年东部地区普通地级市辖区总人口变动与建成区面积变动比

城市	变动比	城市	变动比	城市	变动比	城市	变动比
唐山市	0.33	扬州市	0.89	南平市	0.06	珠海市	1.60
秦皇岛市	0.66	镇江市	0.03	龙岩市	0.12	汕头市	0.41
邯郸市	1.17	泰州市	1.64	宁德市	0.09	佛山市	0.35
邢台市	0.74	宿迁市	0.09	淄博市	0.07	江门市	0.08
保定市	0.22	温州市	0.13	枣庄市	0.27	湛江市	0.22
张家口市	0.46	嘉兴市	0.30	东营市	0.18	茂名市	0.57
承德市	0.16	湖州市	0.03	烟台市	0.05	肇庆市	0.12

续表

城市	变动比	城市	变动比	城市	变动比	城市	变动比
沧州市	0.12	绍兴市	1.46	潍坊市	0.55	惠州市	0.12
廊坊市	0.22	金华市	0.14	济宁市	0.04	梅州市	2.04
衡水市	0.71	衢州市	0.05	泰安市	0.01	汕尾市	0.58
无锡市	0.13	舟山市	0.14	威海市	0.60	河源市	0.04
徐州市	0.60	台州市	0.53	日照市	0.13	阳江市	0.20
常州市	0.07	丽水市	0.15	莱芜市	0.02	清远市	0.17
苏州市	0.35	莆田市	0.14	临沂市	0.56	东莞市	0.01
南通市	0.65	三明市	0.00	德州市	0.42	中山市	0.05
连云港市	1.78	泉州市	0.03	聊城市	0.26	云浮市	0.03
淮安市	0.09	揭阳市	0.63	滨州市	0.39		
盐城市	0.15	潮州市	3.53	菏泽市	0.13		
三亚市	0.49	漳州市	0.25	韶关市	0.04		

数据来源：根据《中国城市统计年鉴》(2005 年、2015 年)有关数据计算。

如表 3-14 所示，从中部地区 2014 年普通地级城市市辖区总人口和建成区面积变动比来看，相对于 2004 年，芜湖市、宿州市、亳州市、漯河市、十堰市、随州市、湘潭市的市辖区人口变动幅度大于建成区面积变动，可称为拥挤型城市；相对而言，商丘市、娄底市的比值为 0.9～1.1，其人口扩张和土地扩张最协调。

表 3-14　2014 年中部地区普通地级市辖区总人口变动与建成区面积变动比

城市	变动比	城市	变动比	城市	变动比	城市	变动比
芜湖市	1.28	鹰潭市	0.40	周口市	0.39	常德市	0.04
蚌埠市	0.36	赣州市	0.66	驻马店市	0.48	张家界市	0.17
淮南市	0.82	吉安市	0.15	黄石市	0.52	益阳市	0.08
马鞍山市	0.85	宜春市	0.14	十堰市	1.64	郴州市	0.15
淮北市	0.18	抚州市	0.16	宜昌市	0.04	永州市	0.13
铜陵市	0.12	上饶市	0.33	襄阳市	0.04	怀化市	0.15
安庆市	0.18	洛阳市	0.67	鄂州市	0.11	娄底市	0.98
黄山市	0.07	平顶山市	0.54	荆门市	-0.48	大同市	0.60
滁州市	0.03	安阳市	0.26	孝感市	0.15	阳泉市	0.69
阜阳市	0.21	鹤壁市	0.35	荆州市	0.03	长治市	0.35
宿州市	1.70	新乡市	0.47	黄冈市	-0.05	晋城市	0.50
六安市	0.84	焦作市	0.36	咸宁市	0.06	朔州市	0.51
亳州市	2.22	濮阳市	0.54	随州市	1.55	晋中市	0.18
池州市	0.03	许昌市	0.04	长沙市	0.37	运城市	0.14
宣城市	0.03	漯河市	3.21	株洲市	0.74	忻州市	0.09
景德镇市	0.15	三门峡市	0.31	湘潭市	1.20	临汾市	0.07
萍乡市	-0.63	南阳市	0.09	衡阳市	0.01	吕梁市	0.67
九江市	0.13	商丘市	1.06	邵阳市	0.09		
新余市	0.18	信阳市	0.09	岳阳市	0.65		

数据来源：根据《中国城市统计年鉴》(2005 年、2015 年)有关数据计算。

如表 3-15 所示，从西部地区 2014 年普通地级城市市辖区总人口和建成区面积变动比来看，相对于 2004 年，仅有乌海市市辖区人口变动快于建成区面积变动，为拥挤型城市；而二者变动较为协调，比值为 0.9～1.1 的城市仅有宝鸡市；其余城市建成区面积变动均明显大于市辖区人口变动，为蔓延型城市。

表 3-15 2014 年西部地区普通地级市市辖区总人口变动与建成区面积变动比

城市	变动比	城市	变动比	城市	变动比	城市	变动比
包头市	0.32	内江市	0.02	昭通市	0.10	天水市	0.31
乌海市	2.49	乐山市	0.28	丽江市	0.19	武威市	0.09
赤峰市	0.17	南充市	0.04	普洱市	0.19	张掖市	0.01
通辽市	0.04	眉山市	0.29	临沧市	0.19	平凉市	0.12
鄂尔多斯市	0.05	宜宾市	0.45	铜川市	−0.02	酒泉市	0.16
呼伦贝尔市	0.14	广安市	0.27	宝鸡市	1.02	庆阳市	0.18
巴彦淖尔市	−0.01	达州市	0.82	咸阳市	0.11	定西市	−0.01
乌兰察布市	0.21	雅安市	0.71	渭南市	0.06	石嘴山市	0.05
自贡市	0.28	巴中市	0.07	延安市	0.13	吴忠市	0.07
攀枝花市	0.02	资阳市	0.04	汉中市	0.28	固原市	−0.16
泸州市	0.06	六盘水市	−0.39	榆林市	0.13	遂宁市	0.08
德阳市	0.28	遵义市	0.12	安康市	0.17	玉溪市	0.15
绵阳市	0.12	安顺市	0.13	商洛市	0.42		
广元市	−1.08	曲靖市	0.09	金昌市	0.28		
嘉峪关市	0.49	保山市	0.09	白银市	0.21		

数据来源：根据《中国城市统计年鉴》（2005 年、2015 年）有关数据计算。

如图 3-8 所示，从东北地区 2014 年普通地级城市市辖区总人口和建成区面积变动比来看，相对于 2004 年，本溪市市辖区人口规模变动超过了建成区面积变动，符号为负的，是由于市辖区总人口相对收缩引起的，可称为拥挤型城市；其他城市的比值的绝对值均在 0.8 以下，建成区面积变动快，可称为蔓延型城市。需要指出的是，由于东北地区特殊的区域环境，鹤岗市、双鸭山市表现为市辖区人口、建成区面积同时收缩，本溪市、阜新市、通化市、齐齐哈尔市、鸡西市、伊春市、佳木斯市、绥化市表现为市辖区人口收缩，七台河市表现为建成区面积收缩。

综上，从“四大板块”的城市规模变动的比较可以看出，2004 年以来，无论是东部、中部，还是西部地区，建成区面积变动远快于市辖区总人口变动，城市蔓延是绝大多数城市规模变动的特征；仅较少数城市表现为土地和人口扩张相对协调或城市拥挤的特征。此外，城市市辖区人口收缩在中西部地区已出现，东北地区总体上城市均呈慢速扩张、弱收缩并存的特征，特别是存在相邻城市市辖区人口收缩现象。

续表

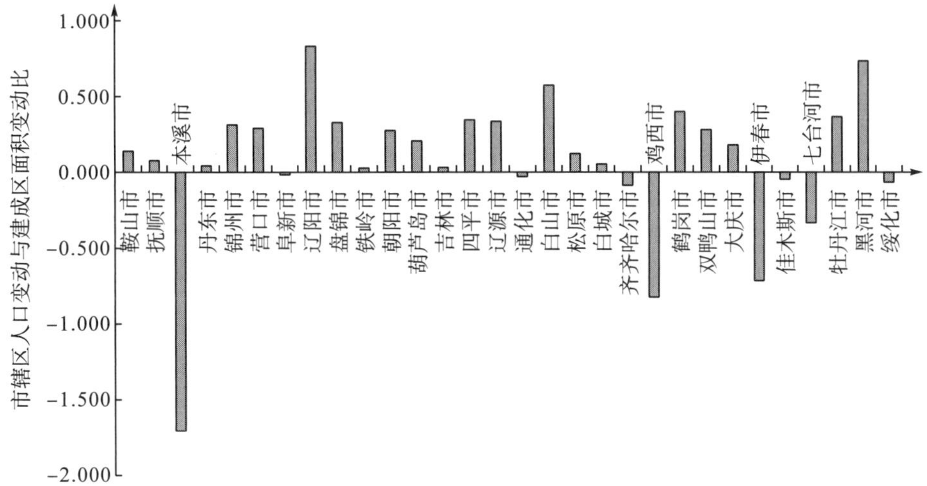

图 3-8　2014 年东北地区普通地级城市辖区人口与建成区面积变动比

数据来源：根据《中国城市统计年鉴》(2005 年、2015 年)有关数据计算。

3.5　本 章 小 结

本章回顾了城市发展战略的演变过程，分析了人力和土地视角下城市规模变动的基本现状，考察了土地和人口视角下城市规模变动间的关系。研究发现，中华人民共和国成立以来，虽然中央政府一直采取城市规模控制战略，但是由于出台的只是没有实际操作意义的战略，具体操作政策并没有相应出台，控制战略形同虚设。特别是改革开放以来，随着户籍制度的逐渐放开，财政制度、城市土地制度、住房制度的不断改革，中国大多数城市的规模飞速扩张，空间不平衡性也显现出来，由于要素空间流动不均衡性和城市先天发展的条件差异，越来越多城市规模引发的问题已经严重影响经济可持续发展。2014 年，《国家新型城镇化规划(2014—2020 年)》《关于进一步做好永久基本农田划定工作的通知》两个文件的出台标志着中央政府对处理这些问题的决心，真正意义上的控制城市规模的政策开始实施。

从直辖市、副省级城市和省会城市三个行政级别的城市规模变动可以看出，中国城市土地和人口规模变动与城市行政等级有一定的关系。从城市土地规模变动幅度来看，直辖市<副省级城市<省会城市，可见直辖市和副省级城市在土地规模扩张方面已经受到了一定的空间发展约束；省会城市虽然发展程度普遍没有前者高，行政资源也不如前者丰富，但相对普通地级城市，其在本省内具有极强的要素集聚能力，同时在地方政府官员的经济和政治的双重激励下，土地规模得以迅速扩张。从城市人口规模的变动幅度来看，省会城市>直辖市>副省级城市，副省级城市和直辖市由于较大的人口基数，增长速度也明显不如省会城市。可见，省会城市无论在土地规模扩张，还是人口规模扩张，近十年来都是最快的，直辖市和副省级城市虽有先天的发展优势，但是由于城市发展周期，以及空间局限性，这种优势对人口和要素的集聚能力已经逐渐下降。

从“四大板块”普通地级城市的规模变动看，在土地规模变动方面，相对于 2004 年，2014 年东部地区普通地级城市扩张速度最快，西部地区次之，中部地区较快，东北地区最慢；从城市个体来看，呈现东北地区多数城市微扩张和收缩并存、东部地区多数城市大幅扩张、西部地区多数城市中等扩张以及中部地区多数城市小幅扩张的局面。在人口规模变动方面，相对于 2004 年，2014 年大多数地级城市的市辖区人口都呈正增长，且表现出东高西低、中部适中、东北地区最慢的态势。

从城市人口规模和土地规模变动的关系看，在直辖市、副省级城市、普通省会城市三个行政级别的城市中，土地规模变动幅度大于人口规模变动幅度的蔓延型城市占绝大多数，其中二者变动最为协调的是郑州市，人口变动较土地变动最快的是深圳市，土地较人口变动最快的是武汉市。2004 年以来，无论是东部、中部，还是西部地区，建成区面积变动远快于市辖区人口变动，而呈现城市蔓延是绝大多数城市规模变动的特征；此外，城市市辖区人口收缩在中西部地区已经出现，东北地区总体上城市均呈慢速扩张、弱收缩并存的特征，特别是存在相邻城市市辖区人口收缩现象。

第4章 夜间灯光衡量城市规模变动的原理及特征

前一章分析了基于人口或者土地衡量的城市规模变动的基本现状。然而，用人口或者土地衡量的城市规模，由于产生机理不同，在城市规模变动的分析里很难统一。本章将探索城市规模变动的衡量方法，并分析空间特征。对于城市规模变动的衡量，当前文献主要采用“城市人口总量”和“城市建成区或建设用地面积”，采用人口或土地数量来度量城市规模，其最大的缺点是“唯数量”论，即用相对抽象的数学总量来衡量具有一定空间形态特征的城市规模，这显然是不科学的。城市建成区面积在一定程度上有“空间形态”的特征，而人口有密度高低之分，土地面积衡量的城市规模与人口总量衡量的城市规模是不能统一的。如果能构建将二者统一的指标，就能避免由于人口和土地的衡量差异对结果的影响，更有利于对城市规模变动现象展开研究。本章在分析了传统的人口和土地度量下的规模变动空间特征基础上，利用全球夜间灯光数据构建城市规模变动指数，并检验其与人口规模和土地规模间的关系。

4.1 人口总量衡量的城市规模变动空间特征

本节城市规模变动是用“人口总量”来衡量的，由于当前可查的城市人口总量一是来自《中国城市统计年鉴》户籍口径的“年末总人口”，二是来自《中国区域经济统计年鉴》里的“常住人口”，虽然后者更具现实意义，但该数据仅有2010～2013年的数据，不能满足本节长时期分析的期望。因此，本节在分析城市规模变动空间特征时，2004年依然采用“年末总人口”，2013年则用“常住人口”。

4.1.1 城市人口规模的空间分布

从地级及以上城市的市辖区人口规模上看，2004～2013年，空间分布特点发生了较大变化。相对2013年来说，2004年人口空间分布较为均匀，虽然在东北地区、成渝地区、京津冀城市群、长三角城市群、珠三角城市群出现了几个人口规模较大的城市，但是在这些城市之间，有很多人口约300万的中小城市，尤其是处于京津冀城市群和长三角城市群之间的广大中原地区的100万～300万人口的众多城市，它们对有效地缓解城市规模变动的空间失衡问题有一定作用；处于长三角城市群和珠三角城市群中间的大多数地区却鲜有300万左右人口的城市，这是周边大城市人口规模过度扩张引起的空间失衡。尽管如此，相对于2013年，仍可以认为2004年中国城市人口规模空间分布是较为平衡的，但这种平衡逐渐被快速的城市化和城市规模扩张所打破。具体表现为，原来人口基数较大的沈阳市、哈尔滨市、长春市、成都市、重庆市、北京市、天津市、上海市、广州市，其人口规模迅速扩张，导致这些城市周边的中小城市人口增长受到了挤压，大城市越来越大，300 万左右人口的城市却越来越少。成渝地区、京津冀城市群、长三角城市群、珠三角城市群中的大城市集聚能力越来越强，在空间上形成“四大区域并立”的格局，两极分化明显。

从地级及以上城市的城市人口密度(非市辖区)的空间分布来看，2004～2014 年，城市人口密度空间分布态势并没有发生太大变化。综合起来看，城市人口高密度区主要集中在三个区域：一是由北京以南、郑州以东与长三角主要城市组成的线性区域，2004 年该区域大多数城市的人口密度达 400 人/km^2，2014 年更达到了 450 人/km^2；二是由成都及其周边城市构成的小城市群，该城市群内的人口密度 2004 年达 400 人/km^2 的就有 5 个，其中成都市、自贡市、内江市、德阳市人口密度达 700 人/km^2，2014 年在此基础上又均有几十人的增量，依然是西南地区人口密度最大的区域，但当前城市个数太少，有待进一步发育；三是珠三角城市群的多数沿海城市，这些城市 2004 年和 2014 年的人口密度均在 600 人/km^2 左右。可见城市人口密度分布的空间格局并未发生太大变化，城市人口分布的“两大区域鼎立、一小区域稳定”的格局基本形成。

4.1.2 城市人口规模的空间相关性

前文已经分析了中国城市人口规模在空间上呈现的集聚不平衡特征，但仅从 2004 年和 2014 年(2013 年)两个截面的角度进行了比较分析。为了从定量上检验城市人口规模在空间分布是随机产生还是特定的空间关系，需要对其进行空间相关分析。本节使用 Anselin(1988，1995)提出的 Moran’s I 指数(莫兰指数)和 LISA(local indicator of spatial association)方法。Moran’s I 指数的定义如下：

$$\begin{cases} I=\dfrac{n\sum\limits_{i=1}^{n}\sum\limits_{j=1}^{n}w_{ij}\left(x_i-\bar{x}\right)\left(x_j-\bar{x}\right)}{\sum\limits_{i=1}^{n}\sum\limits_{j=1}^{n}w_{ij}\sum\limits_{i=1}^{n}\left(x_i-\bar{x}\right)^2}=\dfrac{\sum\limits_{i=1}^{n}\sum\limits_{j=1}^{n}w_{ij}\left(x_i-\bar{x}\right)\left(x_j-\bar{x}\right)}{S^2\sum\limits_{i=1}^{n}\sum\limits_{j=1}^{n}w_{ij}} \\ S^2=\dfrac{1}{n}\sum\limits_{i=1}^{n}\left(x_i-\bar{x}\right)^2, \bar{x}=\dfrac{1}{n}\sum\limits_{i=1}^{n}x_i \end{cases} \tag{4-1}$$

式中，x_i——空间单元的观测值；

n——空间单元数；

w_{ij}——空间权重矩阵。

因此 Moran’s $I\in[-1，1]$，大于 0 表示正相关，接近 1 说明相似的属性聚集在一起，小于 0 表示负相关，接近-1 表示相异的属性聚集在一起，接近于 0 说明属性是随机分布的，不存在自相关性(杨孟禹等，2013)。

LISA 本质上是一个局部的 Moran’s I，用来检验局部地区是否存在相似或者相异的观察值聚集在一起，区域 i 的局部 Moran’s I 用来度量区域 i 和其他领域之间的关联程度，其定义为

$$I_i = \frac{\left(x_i - \bar{x}\right)}{S^2} \sum_{j \neq i} w_{ij}(x_j - \bar{x}) \tag{4-2}$$

其中，I_i 为正说明该区域被一个与其属性相似的区域包围，I_i 为负则说明该区域被一个与其属性相异的区域包围。

由于地区间的相互作用可能随着地理距离的增加而衰减，为避免空间权重设定的主观性，本书选用相对外生的地理距离[①](D)的倒数的权重矩阵作为空间关系的表征。由于地球是曲的，如果直接用欧氏距离公式，容易导致误差，因此用地球大圆距离测度两个城市间的距离 D，如式(4-3)所示。其中 R 为地球大圆半径，ς 和 τ 分别为两个城市市中心的经度和纬度：

$$D = R \times \arccos\theta\left[\sin\varsigma_A \sin\varsigma_B + \cos\varsigma_A \cos\varsigma_B \cos\left(\tau_B - \tau_A\right)\right] \tag{4-3}$$

全域空间自相关 Moran' s I 从空间上刻画了观测对象的空间集聚情况，图 4-1 为 2004～2013 年中国城市人口规模随时间变动的柱状图，表明各年的城市人口规模均存在正向的空间自相关性，这说明城市规模空间分布并不是随机现象，而具有空间相关性特征。空间上存在人口规模大的城市相互接近、人口规模小的城市亦相互接近的空间集聚现象，十年来，中国城市人口规模变动在空间上是相互依赖的。LISA 局部相关分析能够对城市人口规模的空间集聚类型进行刻画。

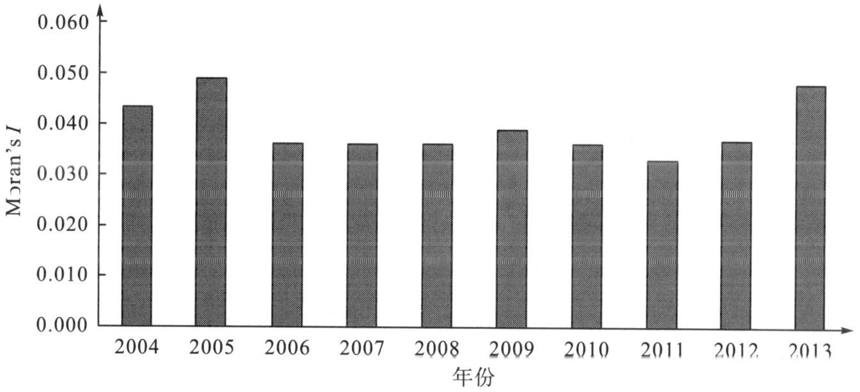

图 4-1　中国地级及以上城市人口规模分布的 Moran' s I

注：作者根据 STATA 软件计算的数据整理。为检验上述检验的稳健性，本节还使用邻接矩阵，结论与上述计量基本一致，这里仅介绍了反距离矩阵下的计算结果。

LISA 图描述的是局部的空间相关性，与 Moran 散点图是相对应的，Moran 散点图的四个象限分别对应空间单元与邻近单元的 4 种不同形式的空间邻近形式：第一象限，HH，表示高观测值被同是高观测值单元包围的空间联系形式；第二象限，LH，表示低观测值被高观测值单元包围的空间联系形式；第三象限，LL，表示低观测值被同是低观测值单元包围的空间联系形式；第四象限，HL，表示高观测值被低观测值包围的空间联

① 反距离矩阵的幂会对空间莫兰指数时间趋势有影响，绝对值越大，反距离值越小，得出的莫兰指数时间波动越大，波动幅度也越小；为此，幂的绝对值不能过大，否则将对结果产生一定的影响，所以本节中选择的幂为 2。书中其他部分，如未特殊说明，反距离矩阵的幂皆为 2。

系形式。LISA 集聚图的坐标是(z, w_z)，$z_i = x_i - \bar{x}$是空间滞后因子，w 为空间权重矩阵，w_z是对观测值的空间加权运算。与 Moran 散点图不同的是，LISA 集聚图能把通过显著性检验的地区在地图上直观显示出来，所以空间单元所属的局部空间集聚关系在 LISA 集聚图中一目了然。通过表的形式将人口规模空间集聚形式表示出来，如表 4-1 所示。

表 4-1 2013 年中国地级及其以上城市人口规模空间集聚形式

低城市规模和高城市规模集聚 LH	高城市规模与高城市规模集聚 HH
张家口市、承德市、廊坊市、广安市、达州市、安康市、十堰市、内江市、资阳市、遵义市、镇江市	天津市、唐山市、苏州市、遂宁市、泸州市
低城市规模和低城市规模集聚 LL	**高城市规模和低城市规模集聚 HL**
石嘴山市、吴忠市、固原市、阳泉市、长治市、晋城市、朔州市、晋中市、运城市、忻州市、临汾市、吕梁市、保山市、普洱市、攀枝花市、赣州市、景德镇市、鹰潭市、上饶市、池州市	太原市

资料来源：作者根据 Open GeoDa 和 GIS-ArcMap 软件的计算结果整理。其中北京、上海、广州等特大城市由于与周边的人口规模差距太多，被程序判定为异常值，所以 HH 集聚类型中并未出现以上城市，空间集聚模式是基于某城市相对于其邻近城市规模的大小。

4.2 建成区面积衡量的城市规模变动空间特征

与上一节思路类似，本节也是从城市土地规模空间分布和空间相关性两个角度展开分析的。

4.2.1 城市土地规模的空间分布

从中国地级及以上城市建成区面积空间分布来看，2004 年，建成区面积较大的几个城市分别分布在东北地区、京津冀地区、长三角城市群、珠三角城市群和成渝地区，具体而言，建成区面积在 300km^2 以上的城市有长春市、哈尔滨市、北京市、天津市、上海市、南京市、杭州市、济南市、武汉市、广州市、汕头市、佛山市、重庆市、成都市、西安市等；在这些城市之间存在少量的城市建成区面积在 135 万 km^2 以下的小城市，其中分布最多的是山东省、长三角城市群。然而到 2014 年，中国格局出现了新的趋势，一是建成区面积在 700km^2 以上的城市基本不变；中西部地区还是以传统的几个大城市如昆明市、重庆市、成都市、贵阳市、长沙市、郑州市为主，这些城市的发育较为迟缓，空间格局未发生较大变化；而在东部地区，东北城市群、京津冀城市群、山东省、长三角城市群、珠三角城市群则发生了较大的格局变动，如东北地区已经形成了四个建成区面积较大的城市，分别为哈尔滨市、长春市、沈阳市、大连市；京津冀城市群除了北京市、天津市外，河北省的唐山市、石家庄市、廊坊市等城市逐渐成长了起来；长三角城市群的南京市、无锡市、苏州市、常州市、徐州市、南通市、淮安市、杭州市等城市建成区面积较为接近，空间发展最为平衡；珠三角城市群的格局没太大变动，只是长三角城市群、珠三角城市群间出现了几个建成面积在空间上有明显增大的城市，如厦门市、福州市、莆田市。

从中国地级及以上城市建成区面积占辖区面积比的空间分布来看，2004 年建成区占辖区面积比在 0.2 以上的城市有石家庄市、秦皇岛市、邯郸市、邢台市、保定市、晋城市、乌兰察布市、鞍山市、合肥市、芜湖市、莆田市、南昌市、洛阳市、许昌市、周口市、黄石市、长沙市、湘潭市、东莞市；从某种程度上来说，可以认为这些城市在未来发展中面临着一定的局限性，但也不是绝对的，一般政府可以通过行政区划调整来实现城市建设用地的扩张；此外，其他比例较大的城市主要分布在北京市、天津市、山东省、河北省、安徽省、湖南省、长三角城市群、珠三角城市群。2014 年，建成区占辖区面积在 0.2 以上的城市有所变动，它们是邯郸市、保定市、张家口市、沧州市、廊坊市、太原市、晋城市、鞍山市、盘锦市、鹰潭市、德州市、安阳市、焦作市、黄石市、衡阳市、广州市、深圳市、成都市，但空间分布格局与 2004 年基本类似，并未发生根本性的改变。

4.2.2　城市土地规模的空间相关性

根据前文的方法，本书继续对城市土地规模进行 Moran's I 指数的计算，以检验上述空间分布是呈随机状态还是存在特定的空间分布规律。根据公式(4-1)计算的结果见表 4-2。

表 4-2　2004～2013 年城市建成区面积的 Moran's I 指数

参数	2004	2005	2006	2007	2008	2009	2010	2011	2012	2013
I	0.043	0.049	0.036	0.036	0.036	0.036	0.039	0.036	0.033	0.037
$E(I)$	−0.004	−0.004	−0.004	−0.004	−0.004	−0.004	−0.004	−0.004	−0.004	−0.004
$Sd(I)$	0.032	0.032	0.032	0.032	0.032	0.032	0.032	0.032	0.031	0.032
Z	1.435	1.613	1.247	1.247	1.244	1.232	1.350	1.246	1.169	1.273
P	0.076	0.053	0.106	0.106	0.107	0.109	0.088	0.106	0.121	0.101

注：作者根据 STATA 软件计算的结果整理，已通过邻接矩阵的稳健性检验。其中，$E(I)$表示 I 的期望；$Sd(I)$表示 I 的标准差。

表 4-2 表明，2004～2013 年，通过显著性检验的仅有 2004 年、2005 年和 2010 年，且 Moran's I 指数值比较接近零。可以认为城市建成区面积在空间上总体呈随机分布，无明显的空间相关性。

4.3　夜间灯光衡量城市规模变动的原理及特征

通常的城市规模度量方法仅考虑人口或土地的其一，将二者分开研究，这显然会降低研究的客观性，因为二者都属于“总量”指标，分开研究并没有考虑城市空间内部人口和土地间的匹配关系，如有的地方人口密度大，有的地方人口密度小，城市内部匀质化的空间假定将城市同质化，用脱离现实空间的“总量”来度量。为此探索如何将城市人口总量、用地规模和经济规模等因素综合起来的指标，以客观地反映城市规模。本节引入全球卫星夜间灯光数据，将灯光光斑划分为亮区和暗区两部分，并用亮区实际面积的变化构建的城市规模变动指数来反映城市规模变动。

4.3.1 全球卫星夜间灯光数据及其优点

全球夜间灯光数据来源于美国国防气象卫星计划(national defense meteorological satellite program，DMSP)于 1976 年开始发射的一系列观测卫星，这些卫星上面搭载了 OLS 传感器，其目的是观测夜晚月光照射下的云的密度、温度、分布等信息，因而具有较大的光电放大能力，可观测到城市灯光、火光以及车流灯光。目前在轨运行的卫星包括 F10、F12、F14、F15、F16、F18 六颗。美国国家海洋和大气管理局(National Oceanic and Atmospheric Administration，NOAA)发布的数据产品包括平均可见光(average visible)、无云覆盖次数(cloud free coverages)、稳定光(stable lights)和平均灯光(average lights)四种，其中稳定光由于提出了短暂的灯光干扰，背景噪声也被识别并用 0 进行了替换，能较好地表征城市、城镇在观测期内(一年)较为稳定的灯光；其中灯光灰度值是无云数据，排除了云层对城市灯光的干扰。

Donaldson 和 Storeygard(2016)认为夜间灯光数据的优点有以下三个：第一，数据容易获取，且可使用范围广，这能极大降低科研成本；第二，影像数据分辨率高，多数遥感数据以分辨率为 30m×30m 的栅格单位进行统计，部分以 0.5m×0.5m 的单位进行统计，这大大丰富了经济学者的研究主题，尤其在地理空间政策评估领域；第三，数据涵盖面广，部分数据收集频率较高，收集过程也不受当地的政策变动影响。

4.3.2 衡量城市规模变动的基本原理

一个理想的办法是使用城市街道的常住人口密度大小来解决土地和人口难以综合的问题，如 Fallah 等(2011)以大都市区人口密度为基础，用全美国大都市区人口密度的中位数为标准，将大都市区分为高密度区、低密度区，然后构建出城市蔓延指数；然而受到人口流动性影响，要获取城市中(例如每个街道)准确的常住人口数据是不大可能的。全球夜间灯光数据反映了人类活动的范围，越明亮(灰度值越大)的地区表明人类活动越频繁。已有研究表明，灯光灰度可以作为人类活动监测研究的数据来源(Elvidge et al.，2007)，一个地区的灯光数据与当地的经济发展水平或 GDP 呈正相关(Henderson，1974；Chen and Nordhaus，2011；徐康宁等，2015)；这为将人口、土地和经济等指标进行综合以度量城市规模提供了另一种思路。为此本节基于 Fallah 等(2011)的思想，利用全球夜间灯光数据，构建了新的城市规模变动衡量方法，以反映城市高亮度区(人口和经济密度高、产业集聚强)的规模变动。

此外，由于灯光数据亮度范围为 0～63，如果一个区域的亮度超过该值就不会叠加，所以灯光数据可能存在取值上限问题(徐康宁等，2015)，然而根据计算，中国各城市的灯光亮度并没有超过 50，与 Baum-Snow 等(2017)认为的中国很少存在取值上限问题的结论一致，故不存在该问题。针对各卫星之间的数据不统一问题，根据 Liu 等(2012)的方法进行了内部校准和同年度合并处理，以降低数据的测量误差。

杨眉等(2011)认为在对全球夜间灯光数据进行提取时，将灯光灰度阈值设定为 6 可最大限度避免灯光影像的背景噪声，因此设定临界值为 6，即将平均灰度小于 6 的城市直接剔除，并识别出城市内灯光灰度大于等于 6 的栅格对应的实际面积，记为识别区 S_i。此时如果使用 S_i 作为城市规模的代理变量是不恰当的，原因在于 S_i 的边缘区和核心区灯光灰度差距较大，边缘区经济活动少、人口密度小，与人口、经济活动密集的核心区的空间差异大，所以必须将城市内灯光灰度进行分区。思路是以 2004 年全国各城市灯光灰度排序的中位数为基准，将灰度大于等于该基准的区域称为亮区 H_i，灰度大于 6 并小于该基准的区域称为暗区 L_i，用亮区 H_i 的实际面积占 2004 年各城市的识别区 S_i 的实际面积比，来表示 t 年 i 城市的相对规模，如式(4-4)所示。这既避免了仅考虑人口和土地单一指标所固有的缺陷，也考虑了城市内部的空间特征，以全国城市平均灰度值的中位数为基准，避免了灯光灰度异常高或异常低对结果的干扰。由于灯光数据是依据城市行政边界来裁剪的，所以 H_i 和 S_i 可能完全重合，此城市规模 Ure_i 为 1，与行政边界相当，达最大值，反之当 H_i 很小时，Ure_i 接近于 0。

$$\text{Ure}_{it}=\frac{H_{it}}{S_{i,2004}} \tag{4-4}$$

为讨论城市规模变动指数在衡量城市规模时的合理性，以 2010 年为基期，2013 年为末期[①]，限于篇幅，本节仅计算了 2013 年 14 个主要城市的人口、土地和城市规模变动指数的变动率，如表 4-3 所示。例如北京，城市规模变动指数变动率与人口、土地变动幅度很接近，也就是说城市规模变动指数在衡量这类城市的规模时，与用人口、土地指标单独衡量差别不大。例如典型的鄂尔多斯市，以土地衡量的城市规模过大，以人口衡量的城市规模则过小，城市规模变动指数处于二者之间，但更靠近人口规模；例如深圳市，以土地衡量的城市规模过小，而以人口衡量的城市规模则过大，城市规模变动指数处于二者之间，但相对更靠近土地规模。所以，城市规模变动指数在一定程度上能对人口、土地指标衡量的城市规模进行折中，能够更好地排除由于单一因素城市规模变动衡量方法带来的衡量误差。

表 4-3　2013 年 14 个主要城市的规模变动

城市	土地规模变动率	人口规模变动率	城市规模变动指数
北京市	0.173	0.155	0.159
天津市	0.476	0.089	0.445
重庆市	1.856	0.910	0.625
上海市	0.134	0.063	0.096
武汉市	1.536	0.028	0.024
广州市	0.543	0.159	0.284
宁波市	1.687	0.091	0.150
南京市	0.517	0.294	0.204

① 由于灯光亮度数据与城市常住人口较为吻合，故可参考常住人口数据。但从目前可查的资料来看，地级市常住人口数据从《中国区域经济统计年鉴》中仅能查到 2010 年以后的，故选取 2010 年为基期。

续表

城市	土地规模变动率	人口规模变动率	城市规模变动指数
鄂尔多斯市	3.913	0.210	0.293
深圳市	0.615	1.012	0.627
连云港市	1.286	2.288	1.422
沈阳市	0.598	0.073	0.113
大连市	0.596	0.094	0.088
哈尔滨市	0.368	0.200	0.276

数据来源：土地变动率据《中国城市统计年鉴》的城市建成区面积计算，人口数据据《中国区域经济统计年鉴》的城市常住人口数据计算。

4.3.3 新度量法下城市规模变动的空间特征

从 2004 年的城市规模变动指数来看，规模较大(Ure>0.3)的城市有北京市、天津市、唐山市、秦皇岛市、太原市、大同市、阳泉市、长治市、呼和浩特市、包头市、乌海市、赤峰市、乌兰察布市、沈阳市、大连市、鞍山市、抚顺市、阜新市、朝阳市、长春市、通化市、哈尔滨市、大庆市、七台河市、上海市、南京市、无锡市、常州市、杭州市、宁波市、温州市、嘉兴市、金华市、台州市、合肥市、芜湖市、蚌埠市、马鞍山市、铜陵市、福州市、厦门市、泉州市、南昌市、景德镇市、新余市、鹰潭市、赣州市、宜春市、济南市、青岛市、淄博市、东营市、烟台市、威海市、莱芜市、郑州市、漯河市、武安市、襄阳市、咸宁市、长沙市、湘潭市、岳阳市、湘潭市、株洲市、广州市、深圳市、珠海市、汕头市、佛山市、江门市、肇庆市、惠州市、中山市、揭阳市、潮州市、南宁市、海口市、三亚市、重庆市、成都市、南充市、攀枝花市、遂宁市、广安市、贵阳市、昆明市、保山市、西安市、嘉峪关市等，这些城市主要分布在东北地区、京津冀城市群、长三角城市群、珠三角城市群以及中西部较为发达的省份，从这个角度而言，也基本符合中国城市人口规模分布和建成区规模分布的空间特点。其余城市规模变动指数均小于 0.3，多分布于东部省份的欠发达地区、中西部欠发达地区。

从 2013 年的城市规模变动指数来看，经过 10 年的发展，中国城市规模体系发生了巨大变化，其中规模变动指数大于 0.3 的城市明显增多，城市数量增幅最大的区域分别是长三角城市群、珠三角城市群，而东北地区、京津冀城市群、成渝地区增幅都不明显。具体而言，京津冀城市群城市规模变动指数大于 0.3 的个数不变，但唐山市出现明显的扩张速度放缓现象，廊坊市的规模则扩张近 1 倍，取而代之；东北地区城市规模变动指数大于 0.3 的也不变，但有一个显著的特点，即多数城市表现为城市扩张速度放缓，如大连市、抚顺市、阜新市、铁岭市、朝阳市、葫芦岛市、长春市、吉林市、四平市、辽源市、通化市、松原市、白城市、哈尔滨市、齐齐哈尔市、鹤岗市、大庆市、佳木斯市、七台河市、牡丹江市、绥化市；长三角城市群，只有少数几个城市未达到 0.3，如徐州市、连云港市、淮安市、盐城市、宿迁市、衢州市等；珠三角城市群也只有茂名市、肇庆市、梅州市、汕尾市、河源市等几个城市的规模变动指数未达到 0.3。可以看出，东部沿海地区始终是城市规模较大的区域，较小城市则主要分布在中西部欠发达地区。

图 4-2 为城市规模变动指数的 Moran’s *I* 指数，表明各年的城市规模变动指数间均存在正向的空间自相关性，这说明城市规模空间分布并不是随机现象，而是有空间相关性特征。

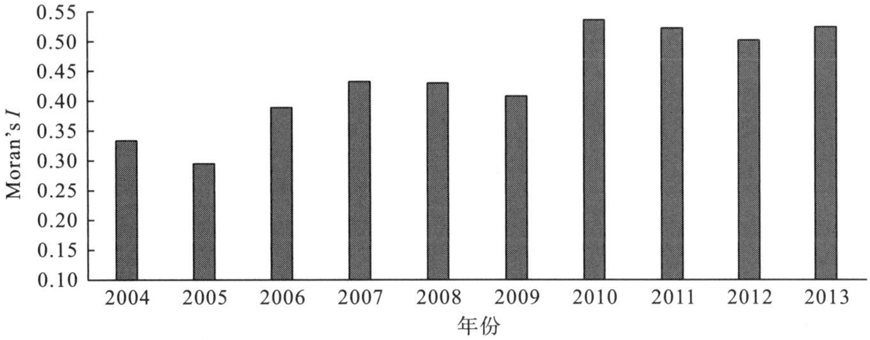

图 4-2　中国地级及以上城市规模变动指数的 Moran’s *I*

注：作者根据 STATA 软件计算的数据整理。为检验上述检验的稳健性，还使用邻接矩阵，结论与上述计量基本一致，这里仅给出反距离矩阵下的计算结果。

LISA 局部相关分析能够对城市规模的空间局部集聚类型进行刻画，通过表 4-4 可以发现，2013 年中国城市规模的空间集聚形式以 HH 集聚和 LL 集聚为主，LH 集聚和 HL 集聚各有一个城市，表明城市规模以空间正向相关为主。其中 HH 集聚类型的城市主要分布在长三角城市群和珠三角城市群；LL 集聚类型的城市主要集中在内蒙古自治区的东部、东北二省的西部交界地区、河北省南部和山东省西部、河南省部分地区、安徽省西部交界地区，以及广西壮族自治区部分地区。

表 4-4　2013 年中国地级及其以上城市规模空间集聚形式

低城市规模和高城市规模集聚 LH	高城市规模与高城市规模集聚 HH
宜春市	上海市、无锡市、南京市、苏州市、扬州市、镇江市、泰州市、杭州市、宁波市、嘉兴市、舟山市、台州市、广州市、佛山市、中山市、东莞市、汕头市、惠州市、江门市、潮州市、深圳市
低城市规模和低城市规模集聚 LL	**高城市规模和低城市规模集聚 HL**
赤峰市、朝阳市、通辽市、四平市、松原市、白城市、辽源市、吉林市、长春市、哈尔滨市、大庆市、齐齐哈尔市、石家庄市、衡水市、德州市、邢台市、邯郸市、聊城市、淮阳市、菏泽市、济宁市、开封市、商丘市、淮北市、宿州市、徐州市、周口市、阜阳市、许昌市、信阳市、随州市、南阳市、三门峡市、驻马店市、延安市、赣州市、桂林市、来宾市、玉林市、贵港市、梧州市	宣城市

资料来源：作者根据 Open GeoDa 和 GIS-ArcMap 软件的计算结果整理。

4.4 夜间灯光衡量的城市规模变动与人口、土地变动的关系

以上就是本章提出的城市规模综合度量法，但是究竟该法测算出来的城市规模变动与人口、土地总量反映的规模变动存在什么样的关系呢？本节设计了检验城市规模变动指数与城市人口和土地规模关系的计量模型，同时也构建了考虑城市地形起伏程度的计量模型，以进行稳健性检验。

4.4.1 估计方法和数据来源

一般而言，常住人口越多，城市规模越大，建成区面积越大，城市规模也越大。为此，检验的基本假设有二：一是该城市规模变动指数是否与常住人口规模、建成区面积呈正比关系；二是空间分布是否与人口、土地规模保持相对一致性。根据 Henderson 等(2012)与徐康宁等(2015)的研究思路，构建如下模型：

$$y_{it} = \alpha x_{it} + \beta c_{it} + \gamma_i + \lambda_t + \varepsilon_{it} \tag{4-5}$$

式中，y_{it}——i 城市 t 年的人口规模或者建成区面积；

x_{it}——i 城市 t 年的城市规模；

c_{it}——i 城市 t 年的控制变量集合，以控制城市区位、文化习俗、生活方式等原因可能导致的灯光亮度；

α、β——分别为x_{it}、c_{it}的影响系数；

γ_i——地区固定效应；

λ_t——年份固定效应；

ε_{it}——误差项。

在控制变量方面，主要考虑如下控制变量：①外商投资额(Fdi)，反映城市资本来源、对外开放的重要指标，该指标越大表明越依赖于外商投资，对外开放度也越强，基础设施发展越快，城市灯光面积可能越会受到影响；②每万人公共汽电车拥有量(Bus)，反映城市基础设施的主要指标，基础设施越好，灯光密度可能越大；③房地产开发投资额(Hom)，用来反映城市房地产建设密度；④人均道路面积(Roa)，道路越密集的城市，由于路灯的作用，可能导致城市灯光面积越大；⑤市场潜力(Mar)，用批发零售贸易业商品零售总额表示，该值越大，城市市场需求越旺盛。

在方程估计时，考虑到上文所指出的城市人口规模在空间上是相关的，不能用传统的回归方法，而只能采用基于权重矩阵来表示空间相关的空间计量经济学方法；同时上文分析表明，城市建成区面积在空间上不存在相关性，可以用传统的回归方法；同时为了有效地处理变量的时间依赖性、遗漏变量、空间异质性、外部性和模型的不确定性等问题，构建关于城市人口规模和规模变动指数关系的空间杜宾模型：

$$y_{it} = \rho\sum_{j=1}^{280} W_{ij} y_{jt} + \vartheta\sum_{j=1}^{280}\left(W_{ij} x_{jt} + \alpha x_{it} + \beta c_{it} + \gamma_i + \lambda_t + \varepsilon_{it}\right) \tag{4-6}$$

式中，ρ——y_{it} 的空间滞后影响系数；

ϑ——x_{jt} 的空间滞后影响系数。

根据 Elhorst 和 Sandy(2009)给出的极大似然估计方法，对上述模型进行估计。在这类模型的估计中，为得到稳健的结果，两类问题值得注意：一是空间计量模型的估计结果对权重矩阵是否敏感；二是如何处理不可观察的因素对模型结果的影响。LeSage 和 Pace(2014)认为只要空间权重矩阵是稀疏矩阵，空间计量模型对权重矩阵的设定就不敏感，估计结果就可保证稳健。图 4-3 为空间权重矩阵可视化图①，横轴和纵轴为 280 个地级城市，空白区对应矩阵中的元素为 0，非空白区的元素为非 0。显然，该矩阵中绝大多数的元素为 0，为稀疏矩阵。为了控制随城市但不随时间变动以及随时间但不随城市变动的两类不可观测因素，本书所有模型分别考虑了时间固定效应和个体固定效应。

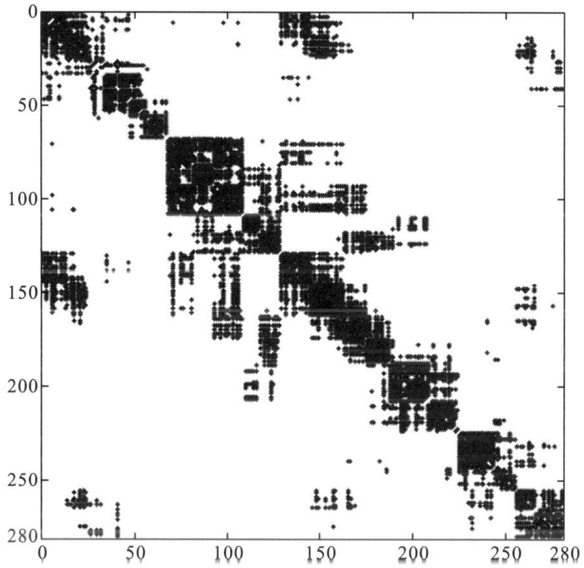

图 4-3　空间权重矩阵可视化图

4.4.2　估计结果及其比较

经过计算，各主要回归变量的统计特征见表 4-5。

表 4-5　主要回归变量的统计特征

变量	符号	平均值	标准差	最大值	最小值
城市规模变动指数	Ure	0.309	0.140	0.986	0.039
人均道路面积/m^2	Roa	9.798	6.759	108.370	0.310
房地产开发投资额/亿元	Hom	10.912	26.826	343.494	0.003
城市人口规模/万人	Pop	134.095	167.760	14.350	1787.000
市场潜力/亿元	Mar	0.435	0.466	9.623	0.084
每万人公共汽电车拥有量/辆	Bus	6.902	6.642	0	115.000
外商投资额/亿美元	Fdi	0.518	0.335	2.870	0
建成区占行政区面积的比	Lan	0.085	0.099	0.953	0.004

① 为便于比较分析，本书所有空间统计、空间计量方面的计算均采用该空间矩阵。

表 4-6 为关于城市人口规模和规模变动指数关系的空间杜宾模型回归结果，结果显示在考虑了人均道路面积、房地产开发投资额、市场潜能、城市公共汽电车拥有量、外商投资额等控制变量，以及年份固定效应、城市固定效应和随机效应后，城市人口规模(Pop)和城市规模变动指数(Ure)间的回归系数为正，在 5%、5%、1%、10%的置信水平下显著，表明人口规模和城市规模变动指数呈正相关关系。此外该估计结果显示，空间相关系数(Rho)为正且在 1%、1%、5%、10%的置信水平下显著为正，这表明城市人口规模、城市规模变动指数在空间上的分布并不是随机的，而是呈现与空间距离正相关的关系，即距离越近的城市间，城市人口规模、城市规模变动指数越相近。需要解释的是，在表 4-6 中，*W*·Fdi、*W*·Bus、*W*·Hom、*W*·Roa、*W*·Mar 分别表示除本城市之外的其他相邻的所有城市对应变量的空间加权平均值。表 4-7 显示了关于城市建成区占行政区面积的比(Lan)和城市规模变动指数(Ure)关系的普通面板数据回归结果，结果显示，在考虑了一系列控制变量后，二者间的回归系数为正，且在 5%、5%、1%、10%的置信水平下显著，表明建成区面积和城市规模变动指数呈正相关关系。综上，通过计量分析证明，城市人口规模、城市建成区面积与新构建的城市规模变动指数呈正比关系，在一定程度上，该度量法是有效的。

表 4-6 人口规模和城市规模变动指数空间杜宾模型回归结果

变量	模型 1	模型 2	模型 3	模型 4
Ure	29.165** (2.320)	17.113** (2.410)	204.099*** (2.865)	17.786* (1.789)
Fdi	2.247 (1.623)	1.402 (1.458)	45.114*** (2.650)	1.941 (1.012)
Roa	−0.560* (−1.852)	−0.553** (−2.235)	−1.956*** (−3.587)	−0.720* (−1.879)
Hom	0.852*** (2.702)	0.801*** (2.658)	4.793*** (2.695)	0.767** (2.256)
Bus	−1.049** (−2.489)	−1.095** (−2.309)	−2.312*** (−3.062)	−1.106** (−2.016)
Mar	−1.516 (−1.203)	−1.822 (−1.026)	4.843 (0.698)	−2.150 (−0.356)
W·Ure	−14.037 (−0.208)	−14.037 (−0.107)	−124.578* (−1.892)	1.421 (0.780)
W·Fdi	−6.287 (−0.265)	−6.287 (−0.309)	9.515 (0.184)	−3.231 (−0.982)
W·Roa	0.384 (1.102)	0.384 (1.025)	0.768 (0.564)	−0.829* (−0.785)
W·Hom	−0.109 (−1.250)	−0.109 (−0.879)	−0.567* (−1.906)	−0.264* (−2.015)
W·Bus	1.151** (2.386)	1.151** (2.298)	−3.929** (−2.309)	0.824 (1.426)
W·Mar	3.437 (0.906)	3.437 (0.529)	−10.375 (−0.258)	2.392 (1.489)

续表

变量	模型 1	模型 2	模型 3	模型 4
Rho	0.122*** (3.698)	0.123*** (4.506)	0.184** (2.351)	0.051* (1.907)
拟合优度(*R-sq*)	0.597	0.564	0.672	0.670
年份固定效应	不包含	不包含	包含	包含
城市固定效应	不包含	包含	不包含	包含
随机效应	包含	不包含	不包含	不包含

注：*、**、***分别表示置信水平 10%、5%、1%，本章后文各表同理。

表 4-7　城市建成区面积与城市规模变动指数的普通面板回归结果

变量	模型 1	模型 2	模型 3	模型 4
Ure	48.313*** (3.023)	18.319** (2.503)	49.186*** (2.752)	17.618* (1.806)
Fdi	4.361** (1.905)	0.979 (1.486)	5.062*** (3.209)	1.989 (1.582)
Roa	−0.487*** (−5.203)	−0.377*** (−2.908)	−0.736*** (−3.102)	−0.755** (−2.419)
Hom	1.004*** (3.829)	0.858*** (2.058)	0.941*** (2.692)	0.756** (2.872)
Bus	−0.858*** (−3.078)	−0.938*** (−4.162)	−0.965** (−2.426)	−1.097** (−2.452)
Mar	−0.177 (−0.673)	−1.242 (−0.326)	−1.051 (−0.906)	−1.956 (−1.546)
截距(*C*)	116.823*** (3.693)	129.366*** (4.365)	113.657*** (3.769)	126.777*** (4.267)
组间标准差	75.031	149.160	75.038	151.541
组内标准差	23.122	23.122	22.864	22.864
拟合优度	0.653	0.631	0.630	0.547
年份固定效应	不包含	不包含	包含	包含
城市固定效应	不包含	包含	不包含	包含
随机效应	包含	不包含	不包含	不包含

4.4.3　稳健性检验

由于灯光数据来源于太空中的卫星对城市灯光的捕捉，这种捕捉除了受到光源的影响外，其他的干扰来自两个方面：一是城市上空的云层，稳定光数据正是为了排除此项干扰而选定的；二是城市地表的起伏程度，稳定光数据并未排除该项的干扰。为此需要进一步对新构建的城市规模变动指数的可信度进行分析，以下分析使用各城市海拔最高点与最低点间的差(Heg)来表示城市地表的起伏程度，由于该项数据较为恒定，为了验证在考虑了城市地表因素之后的城市规模变动指数(Ure)是否依然与城市人口规模(Pop)、城市建成区占行政区面积的比(Lan)呈正相关关系，需要依次进行空间截面回归和截面数据回归分析。同时截面回归分析可以排除时间趋势因素对模型估计的干扰，如 2004～2013 年，中国控制城市规模的战略以及具体的政策都有所变动。考虑城市地表起伏后，人口规模和城市规模变动指数、城市建成区面积和城市规模变动指数截面数据回归结果分别见表 4-8 和表 4-9。

从表 4-8 和表 4-9 的估计结果来看，考虑了各城市的地表起伏程度后，城市人口规模和城市规模变动指数在截面上呈正相关关系，城市建成区面积和城市规模变动指数在截面上的正向相关关系也是成立的。总体而言，在不同的估计方法、不同的样本容量下，城市规模变动指数和人口规模、建成区面积均呈稳定的正相关关系，这说明从学理上城市规模变动指数可以替代人口规模、建成区面积作为衡量城市规模的变量。

表 4-8 人口规模和城市规模变动指数空间截面杜宾模型回归结果

变量	2004 年	2007 年	2010 年	2013 年
Ure	148.202*** (3.12)	101.268* (1.79)	98.021** (2.41)	72.365** (2.32)
Fdi	58.820*** (4.25)	19.252* (1.82)	47.394*** 5.19	43.427* (1.78)
Roa	−3.127*** (−3.87)	−1.258* (−1.68)	−2.589** (−2.29)	−3.015* (−1.70)
Hom	9.585*** (3.59)	4.569*** (2.85)	3.287* (1.78)	7.596** (2.25)
Bus	−2.934*** (−3.69)	−1.206** (−2.68)	−2.084* (−1.64)	−2.654** (−2.29)
Mar	4.616 (0.254)	3.615 (0.652)	2.893 (1.536)	4.364 (1.357)
Heg	−0.007 (−0.212)	−0.003 (−0.865)	−0.102 (−1.432)	−0.126 (−1.269)
截距	55.524*** (4.350)	115.362*** (3.687)	127.635*** (2.870)	89.562*** (5.893)
ρ	0.081** (2.260)	0.057*** (3.102)	0.049** (2.459)	0.062** (2.543)
模型检验	Wald 检验：11.248*** LR 检验：9.458*** LM 检验：8.754***			

注：本表仅给出了 2004 年、2007 年、2010 年和 2013 年的截面空间杜宾回归结果，“模型检验”给出的是 2004 年的检验结果，其余几年均得到了类似的结果，在此省略。

表 4-9 城市建成区面积与城市规模变动指数的截面数据回归结果

变量	2004 年	2007 年	2010 年	2013 年
Ure	0.084*** (2.920)	0.039*** (3.090)	0.025*** (2.631)	0.017*** (2.721)
Fdi	0.007*** (2.860)	0.002*** (3.127)	0.006*** (3.682)	0.004*** (4.256)
Roa	0.016** (5.120)	0.008*** (4.875)	0.012** (4.652)	0.010*** (3.938)

续表

变量	2004 年	2007 年	2010 年	2013 年
Hom	0.022*** (2.870)	0.013** (2.385)	0.019** (2.465)	0.017* (1.820)
Bus	0.024** (2.105)	0.020* (1.783)	0.062* (1.759)	0.084** (2.367)
Mar	0.014 (1.236)	0.021 (1.459)	0.065 (1.582)	0.091 (1.235)
Heg	−6.180 (−0.523)	−2.123 (−0.652)	−3.012 (−0.986)	−1.023 (−1.235)
截距	0.045*** (2.586)	0.056** (2.015)	0.023** (2.562)	0.098* (1.782)
调整后的拟合优度	0.155	0.101	0.283	0.198
均方误差	8.243	7.923	6.321	7.569

注：本表仅给出了 2004 年、2007 年、2010 年、2013 年的截面回归结果，其他年份的估计结果在此省略。

4.5　本章小结

本章首先分析了城市人口规模和土地规模变动的空间特征，进而基于这些特征的分析，提出利用全球夜间灯光数据构建新的城市规模变动的综合衡量法，并分析了城市规模变动指数与城市人口、土地规模的关系，且进行了稳健性检验。

研究表明，从城市人口和土地规模的空间分布特征来看，2004～2014 年，城市人口和土地规模分布特征都发生了变化。相对于 2014 年，2004 年的人口和土地规模分布都更为均衡，总体上城市规模发展在空间上呈现向三大城市群极化的趋势。此外，城市人口规模在空间上存在正向相关性，即城市人口规模空间分布是集聚式的。与此相反，城市建成区面积在空间上更接近随机分布。

全球夜间灯光数据的空间特征为构建城市规模变动综合衡量法提供了可能，结合相关研究，本章构建的城市规模变动指数能将城市人口、土地面积进行综合，并能在一定程度上纠正由于人口、土地的总量度量法带来的衡量偏差；城市规模变动指数在空间上也存在显著的集聚特征。基于构建的检验方程分析发现，城市规模变动指数与城市人口规模和土地规模变动之间都存在明显的正相关关系，并通过了考虑城市地形起伏程度的稳健性检验。这表明，新提出的城市规模变动的综合衡量法是合理且有效的。

第 5 章　城市规模变动的行为驱动经验分析

前一章研究发现，城市规模变动在空间上存在一定的集聚特征。本章据此将从宏观层面的区域发展战略，微观层面的地方官员行为和城市经济社会属性两个层面来分析影响城市规模变动的因素，并分析其作用机制。最后基于空间计量经济学方法和普通面板回归方法，从总体视角和个体视角两个方面对影响城市规模变动的影响因素进行计量分析。

5.1　中央政府行为对城市规模变动的影响

本节首先讨论了中国区域发展战略阶段划分的问题，进而利用数据分析说明区域发展战略对城市规模变动的影响。

5.1.1　区域发展战略的阶段划分

区域发展战略，有时也称为区域经济发展战略或区域战略。对于什么是区域发展战略，不同学者在其界定上，虽表述各不相同，但核心基本一致。如方创琳(2002)认为区域发展战略就是根据区域发展条件、进一步发展要求和发展目标所做的高层次全局性的宏观谋划；张可云(2005)认为区域发展战略是国家为实现其宏观目标而确定的经济、人口、环境等如何在空间上组织的明确计划，或者说是一个重点空间蓝图性谋划；陶良虎(2009)认为，所谓区域经济发展战略，就是对特定区域未来经济发展的全局性长远谋划。张可云(2012)进一步指出，应该注意区域发展战略的地方政府与中央政府间层次之分，区域发展战略一般是指中央政府层面的。本节主要讨论的是中华人民共和国成立以来国家层面的区域发展战略阶段划分问题。

目前学术界对国家层面的区域发展战略的阶段划分存在“三阶段划分法”“四阶段划分法”“五阶段划分法”“六阶段划分法”。首先在“三阶段划分法”方面，代表学者是陆大道(2003)，其划分依据是根据当时国家采取的战略目的。第一阶段为 1949～1978 年，在这个阶段，国家在战略上主张区域平均主义，缩小区域差距；第二个阶段是 1979～1991 年，在这个阶段，国家战略重心东移，沿海开始实施对外开放，区域矛盾和冲突加剧；第三阶段是 1992 年到现在，国家开始实施全方位的开放政策，中西部地区经济增长明显加快，但区域差异却继续扩大。这种划分法具有广泛的影响力，聂华林等(2006)将区域经济发展战略分为“区域经济均衡发展战略”“区域经济非均衡发展战略”“区域经济非均衡协调发展战略”；肖春梅等(2010)也认为中国区域经济战略经历了三次大的变动，第一次是“一五”时期的“三线建设”，第二次是改革开放后向沿海倾斜的发展战略，目前的区域协调发展战略为第三次区域经济格局调整的契机。其次是“四阶段划分法”，根据中央政府区域战略实施的目的，中国区域发展战略可以划分为四个阶段：第一阶段为中国于 20 世纪 50 年代实施的区域平衡发展战略，第二阶段为中国于 20 世纪 60 年代实施的倾向欠发达地区的反不平衡发展战略，第三阶段为中国于 20 世纪 80 年代以后实施的倾向沿海发达地区不平衡发展战略，第四阶段为 20 世纪 90 年代以来实施的不平衡发展战略。再次是“五阶段划分法”，张可云(2005)认为区域战略阶段的划分，不应只看战略实施的目的或者结果，用“均衡”和“非均衡”简单地概括区域战略实施的阶段划分有失客观性，而应该关注战略实施的背景，为此他将其划分为五个阶段，即内地建设战略阶段(1949～1964 年)、三线建设战略阶段(1965～1972 年)、战略调整阶段(1972～1979 年)、沿海发展战略阶段(1979～1991 年)和协调发展战略阶段(1992 年至今)。最后是“六阶段划分法”，该划分法是张可云(2014)根据最近几年国家区域战略实施背景的变化而在“五阶段划分法”下的扩展，他在“五阶段划分法”中增加了第六阶段生态文明的区域经济协调发展战略阶段(2007 年至今)。

由于张可云(2014)对区域战略阶段的划分摒弃了简单的“均衡”和“非均衡”的传统划分依据，原因在于“均衡”与“非均衡”难以实现对区域发展战略的区分，因为有的区域发展战略目的是实现“均衡”，但实际效果是“非均衡”，正如蔡之兵和张可云(2015b)所指出的 1953～1978 年，看似中央政府实施了“均衡”的发展战略，但实际的效果却是“非均衡”的，这样就很容易造成划分中对“均衡”和“非均衡”意义的歧义，难说是战略目的，还是战略结果，前者为实施期望，后者则是实施效果。结合本节的分析目的，从张可云(2014)的划分法来看，该划分法紧密地结合了区域发展战略的实施背景，有助于分析在这些背景下中国城市规模的变动问题。为此采用张可云(2014)的“六阶段划分法”来分析区域发展战略对城市人口、用地规模的影响。

5.1.2　区域发展战略对城市规模变动的影响

根据式(5-1)计算了 2004～2013 年城市规模变动指数变动的年均增长率，以比较不同区域发展战略下的城市规模变动。需要指出的是，在区域发展战略变动的不同时期，中国的宏观经济环境、城市经济社会属性以及空间属性都发生了变化，因此从严格的计量意义上来说，这种简单的比较是不能说明区域发展战略对城市规模的影响的。但现实情况是，随着每一阶段的战略转变，影响城市规模的社会经济因素和空间因素也会随之发生改变，并且这种改变是相互的，也就是说区域发展战略和影响城市规模的直接因素间是内生的，正是这种内生性使得这种比较成为可能。

$$\text{城市规模年均变动率} = \sqrt[\text{年份}-1]{\text{末年变动指数}/\text{初年变动指数}} - 1 \qquad (5\text{-}1)$$

由表 5-1 可以看出，从年均增长率上看，在内地建设战略阶段(1949～1964 年)，各城市的城市规模均有增加，城市规模增长最快的是广州市、上海市、北京市；在三线建设战略阶段(1965～1972 年)，北京、天津和上海的城市规模增长均出现了明显的下滑，特别是上海人口出现了负增长，而处于“三线”地区的重庆市和成都市则出现了显著的人口增长；在战略调整阶段(1972～1979 年)，北京、天津、上海的人口增长有所回升，重庆和成都的人口增长放缓，但广州的人口却在这个阶段大幅增加(作者认为这里可能存在统计数据误差)；在沿海发展战略阶段(1979～1991 年)，北京市、上海市、广州市、天津市的人口增长开始回升，重庆和成都的人口增速明显放缓；在协调发展战略阶段(1992～2007 年)，北京市、广州市的人口增速明显增加，天津市和上海市的人口增速则放缓，重庆的人口则出现了负增长，成都的人口增幅则与上一阶段基本保持相等；在生态文明的区域经济协调发展战略阶段(2007～2014 年)，北京市、天津市、上海市和成都市的人口增幅显著提高，广州市的增幅则与上阶段基本持平，重庆市的人口增幅有所回升。

表 5-1 不同区域发展战略下主要城市常住人口年均增长率

	时间/年	北京市	天津市	上海市	广州市	重庆市	成都市
第一阶段	1949～1964	4.18%	3.03%	5.27%	6.70%	0.82%	1.07%
第二阶段	1965～1972	0.40%	0.81%	-0.39%	0.77%	2.91%	2.73%
第三阶段	1972～1979	1.48%	1.32%	0.89%	7.26%	1.37%	1.49%
第四阶段	1979～1991	1.67%	1.39%	1.08%	0.99%	0.85%	1.08%
第五阶段	1992～2007	2.66%	0.58%	0.45%	1.57%	-0.31%	1.15%
第六阶段	2007～2014	4.01%	6.77%	8.41%	1.23%	0.87%	4.01%

注：根据北京市、天津市、上海市、广州市、重庆市和成都市的相关年份的统计年鉴整理而得，还参考了《新中国六十年统计资料汇编》中的北京市、天津市和重庆市的数据。

不可否认的是，虽然区域发展战略一定程度上与影响城市规模变动的诸多因素是内生的，但是也并非所有的影响城市规模的因素都能受到区域发展战略的影响。在改革开放后的三个阶段中，城市人口规模的变动除了受到区域发展战略的影响外，最大的因素应该是户籍制度改革，1979 年后中央逐步开始放开人口自由流动限制，并且实施了向东部倾斜的区域发展战略，人口东移是东部发达城市人口骤增的主要原因之一。在对外开放战略影响下，沿海城市继续扩大了在制造业方面的优势，人口集聚能力继续得以增强，进一步加剧了人口东移的趋势。因此无论在后期实施“均衡”还是“非均衡”为导向的区域发展战略，均难以扭转东部地区发达城市人口快速增长的局面。此时区域发展战略对城市规模的影响有限。

5.2 地方政府行为对城市规模变动的影响

地方政府行为是影响城市规模最关键的因素。本节从地方官员行为着手，分析了地方官员的行为特征及其对城市规模变动的影响机制。

5.2.1 地方政府行为产生机理

中国政府于 20 世纪 80 年代初期实施地方官员的晋升与地方经济发展绩效挂钩的政策。官员晋升锦标赛式的博弈，有助于解释中国长期存在的地区重复建设、产业大战等恶性竞争(周黎安，2004)，而地区重复建设、产业大战导致的产业雷同等现象的本质，实际正是城市规模的持续扩张。故而，地方官员行为与城市规模扩张有着紧密的联系。一般而言，地方政府在经济发展中有两条路径：一是粗放增长，即通过大量的要素投入来实现；二是精细增长，即通过技术创新、管理方式创新等实现经济增长，前者见效快、周期短，后者则完全相反。为了分析地方官员在政治晋升激励下的行为与经济增长绩效间的关系，本节在周黎安(2004)、Lazear 和 Rosen(1981)所建立的模型基础上进行了扩展，假定上级政府对两个城市的经济发展绩效进行考核，则每个地区的经济绩效和邻近地区经济绩效、官员个人努力程度的关系可以用式(5-2)表示：

$$G_i = e_{i1} + e_{i2} + \lambda e_{j1} + \gamma e_{j2} + \varepsilon_i \tag{5-2}$$

式中，e_{i1}——地方政府官员为了招商引资而进行的努力；

e_{i2}——地方政府官员为了实现精细增长而进行的创新努力；

λ——邻近地区的招商引资行为对本地区经济绩效的影响；

γ——邻近地区的创新对本地区经济绩效的影响；

ε_i——影响本地经济绩效的其他因素。

假定上级政府只能观测到G_i，而对官员为招商引资和创新所做出的努力一无所知，其中λ、γ的绝对值小于 1，即邻近地区政府官员行为对本地区有溢出效应，换句话说，官员行为对邻近地区的影响必定小于对本地的影响。假定随机干扰项$\varepsilon_i-\varepsilon_j$服从期望为 0、独立和相同的对称分布 F，如果地方 i 的经济绩效大于地区 j，即$G_i>G_j$，此时 i 地区的官员得到提拔，其获得的效用记为 V，地区 j 的官员晋升失败，获得效用记为 v，且 $V>v$，则地区 i 的官员得到提拔的概率可以表示为

$$\begin{aligned}
P\left(G_i>G_j\right) &= P\left[\left(e_{i1}+e_{i2}+\lambda e_{j1}+\gamma e_{j2}+\varepsilon_i\right)-\left(e_{j1}+e_{j2}+\lambda e_{i1}+\gamma e_{i2}+\varepsilon_j\right)>0\right] \\
&= P\left[\left(e_{i1}-e_{j1}\right)+\left(e_{i2}-e_{j2}\right)-\lambda\left(e_{i1}-e_{j1}\right)-\gamma\left(e_{i2}-e_{j2}\right)+\varepsilon_i-\varepsilon_j\right] \\
&= P\left[(1-\lambda)\left(e_{i1}-e_{j1}\right)+(1-\gamma)\left(e_{i2}-e_{j2}\right)-\left(\varepsilon_j-\varepsilon_i\right)>0\right] \\
&= P\left\{\left(\varepsilon_j-\varepsilon_i\right)<\left[(1-\lambda)\left(e_{i1}-e_{j1}\right)+(1-\gamma)\left(e_{i2}-e_{j2}\right)\right]\right\} \\
&= F\left[(1-\lambda)\left(e_{i1}-e_{j1}\right)+(1-\gamma)\left(e_{i2}-e_{j2}\right)\right]
\end{aligned} \tag{5-3}$$

那么，地区 i 官员的效用可以表示为

$$\begin{aligned}
U_i\left(e_{i1},e_{i2},e_{j1},e_{j2}\right) &= F\left[(1-\lambda)\left(e_{i1}-e_{j1}\right)+(1-\gamma)\left(e_{i2}-e_{j2}\right)\right]\cdot V \\
&\quad +\left\{1-F\left[(1-\lambda)\left(e_{i1}-e_{j1}\right)+(1-\gamma)\left(e_{i2}-e_{j2}\right)\right]\right\}\cdot v-C\left(e_{i1},e_{i2}\right)
\end{aligned} \tag{5-4}$$

其中，C 为地区 i 的官员为进行招商引资竞争和创新所付出的成本，对地区 i 实现效用最大化的一阶条件是

$$(1-\lambda)(1-\gamma)(V-v)f\left[(1-\lambda)\left(e_{i1}-e_{j1}\right)+(1-\gamma)\left(e_{i2}-e_{j2}\right)\right]=C'\left(e_{i1},e_{i2}\right) \tag{5-5}$$

式中，f——分布函数 F 的密度函数。

当地方 i 与 j 之间处于纳什均衡时，式(5-5)变为

$$(1-\lambda)(1-\gamma)(V-v)f(0)=C'\left(e_{i1},e_{i2}\right) \tag{5-6}$$

由 F 分布的性质并结合式(5-6)可知，当地区间的地方官员行为溢出效应λ、γ越大

时，地方官员获得的总效用越小，即地方官员的招商引资行为、创新行为的溢出效应越大，对地方官员的招商引资和创新的激励越小。更一般地，如果一个地区的官员为了发展经济而做出的努力也会对邻近地区产生积极影响，那么这会削弱该官员努力发展经济的激励。在锦标赛式的官员晋升中，地方官员都将自己努力行为的“空间溢出”当作是对自己不利的事情。

5.2.2 对城市规模变动的影响

上述结论可以进一步得出：第一，在锦标赛式的晋升激励下，地方政府的官员有很强的激励进行招商引资，发展本地经济；第二，地方政府的官员对地区间的合作或者分工的激励不强；第三，地方政府官员为了获得更好的相对政绩，很有可能特立独行，造成地区间“恶性竞争”、重复建设。政治晋升博弈的存在，使地方官员处于政治和经济双重竞争中，导致地区间的合作机会很渺小。这一定程度上可以解释为什么中国各地区之间会出现地方保护主义、产业发展雷同、重复建设以及“大而全”的地区发展战略等现象，尤其是 20 世纪 90 年代以来，中国各地区之间上演的形形色色的“大战”，从开始的原材料、土地、招商引资“大战”，逐渐变成现在的城市规模竞争。中国城市规模的变动一定程度上跟这些“大战”有千丝万缕的联系，市场封锁、地方保护主义、重复建设、产业结构雷同等的直接后果正是城市规模扩张。正如周黎安(2004)所认为的，官员晋升竞争是中国地方保护主义和重复建设问题长期存在的直接原因。

在中国中央政府治理结构的一系列制度中，任期制度是重要的一项。如果任期太短，则容易滋生官员急功近利的行为，过长则容易降低官员的晋升预期，降低其工作积极性。如果从官员任期和晋升激励角度看，官员任期和晋升激励呈倒“U”形关系，即随着官员任期的增加，官员激励首先会随之增加，而过了一定时间，官员的晋升概率会下降，预期下降，晋升激励减弱。在经济增长与官员任期层面，张军和高远(2007)的研究表明，官员任期与经济增长表现为显著的倒“U”形特征，王贤彬和徐现祥(2008)认为任期内的经济增长绩效表现为显著的倒“U”形变动，蒋德权等(2015)则认为任期越长，晋升竞争的激励影响越大，晋升与经济效率的负向关联越强。在官员任期与研发投入方面，李后建和张宗益(2014)的研究表明，官员任期与企业研发投入呈显著的倒“U”形关系。在官员任期与城市房价层面，郭峰和胡军(2014)的研究认为官员任期与城市房价存在倒“U”形关系。在官员任期与民生投入方面，罗党论等(2015)的研究认为，地方官员的民生投入与其在任年数呈现倒“U”形关系。在官员任期和产业结构方面，张先锋等(2015)认为官员任期的不稳定会导致产业结构的非适宜性增强。在官员任期与服务业发展方面，刘胜和顾乃华(2015)的研究认为，官员的任期与服务业发展呈倒“U”形关系。在官员任期与企业资源获取方面，钱先航(2012)的研究表明，官员任期越长，当地城商行的贷款投放越多，干春晖等(2015)的研究也指出，官员任期越长，尤其是在 4～5 年时，地方官员更有向企业提供相较多的土地和融资优惠方面的激励。

城市是地方政府发展经济的基本载体，也是地区经济发展的主要单位。经济增长与城市规模也有着复杂的关系，如袁凯华和徐小钦(2014)的研究表明，城市规模和经济增长之间呈非线性关系。已有的研究已经表明，官员任期与研发投入、民生投入、房价、服务业发展等方面存在倒“U”形关系，从城市对要素的吸引力上讲，民生投入越高、房价越低、服务业发展越好，人口集聚的向心力越大，城市规模也越大，由于官员任期与前者呈倒“U”形关系，所以官员任期与城市规模也很可能呈倒“U”形关系；由于官员任期有利于提升企业要素获得能力，从这个层面上看，官员任期与城市规模可能是正向关系。更一般地，从单个城市规模发展周期上看，在城市规模扩张前期，粗放式发展是主要的增长方式，大量的要素集聚成了官员们的必要选择，由于城市扩张就意味着经济增长，此时官员任期越长越有利于城市规模扩张；但到城市规模扩张的后期，粗放的经济增长方式已接近极限，地方官员不得不面对环境、资源和空间带来的约束，精细化的增长方式成了唯一选择，此时地方官员任期越长，城市规模不一定会越大。

5.3　企业、劳动力行为对城市规模变动的影响

本节从经济地理属性、企业经济和人力资本溢出、政策溢出三个角度揭示城市属性对城市规模变动的影响机制。

5.3.1　经济地理属性

城市对要素的吸引力是影响城市规模的主要因素之一。在人口集聚方面，Bosker 等(2012)进行了详细的分析，他认为中国人口流动取决于流入区域的工资与福利。根据该观点，本节认为中国人口流动取决于流入区域工资与交通、信息条件决定的迁移成本。交通越发达、工资越高，劳动力就越容易在该城市集聚，典型的例子就是北京、上海、广州与深圳等高密度的人口集聚城市。假设人口从区域 i 到 j 的效用如式(5-7)表示：

$$U_{ij} = y_j + \tau_{ij} + x_{ij} + \varepsilon_{ij} \tag{5-7}$$

式中，y_j——区域 j 的工资；

　　τ_{ij}——迁移成本；

　　χ_{ij}——信息传播条件；

　　ε_{ij}——其他因素。

根据 McFadden(1974)的处理方式，人口迁移到 i 区域的概率为

$$P\left(U_{ij} > \max_{k\neq i} U_{kj}\right) = \exp\left[\left(y_j + \tau_{ij} + x_{ij}\right)/u\right] \Big/ \sum_{1}^{k}\left\{\exp\left[\left(y_k + \tau_{jk} + x_{jk}\right)/u\right]\right\} \tag{5-8}$$

该函数的特征是，如果 u 很小，那么人口迁移的区位选择仅仅取决于工资与迁移成本；如果 u 很大，那么人口迁移选择概率为 $1/k$。当空间均衡时，式(5-8)的概率值等于 i 区域人口占总人口的份额，有

$$P_i = \exp\left[\left(y_j + \tau_{ij} + x_{ij}\right)/u\right] / \sum_{1}^{k}\left\{\exp\left[\left(y_k + \tau_{jk} + x_{jk}\right)/u\right]\right\} = L_i \Big/ \sum_{1}^{k} L_k \tag{5-9}$$

如果我们考察的是区域的相对效用，那么可以令人口迁入非i区域的总效用为 0，得

$$P_i / P_k = \exp\left[\left(y_j + \tau_{ij} + x_{ij}\right) / u\right] / 1 = L_i \Big/ \sum_1^k L_k \tag{5-10}$$

其中各参数的值为相对值，这里取i区域占所有区域平均值的比，同时两边取对数得

$$\ln(L_i \Big/ \sum_1^k L_k) = c + \alpha \hat{y}_j + \beta \hat{\tau}_{ij} + \gamma \hat{x}_{ij} + \hat{\varepsilon}_{ij} \tag{5-11}$$

可见，城市人口集聚规模取决于城市相对工资、相对交通、信息条件，可以预测，城市人口聚集规模与这些因素呈正向关系。实际上上述结论可以推广到对金融资本的流动机理的解释上，资本要素流动同样倾向于报酬高、成本小的地区，那些工资高、交通便利、信息条件发达的地区必然满足这个条件，这就导致人口集聚区同时也是资本集聚区。显然，如果假定式(5-11)中城市相对工资不变，那么社会基础设施完善程度不但会加快人口流动，而且对资本流动也具有加速作用，故而城市的经济属性对要素吸引力的大小决定了这个城市的规模。

影响城市规模的另一个因素是区位条件。首先，地理属性影响城市对要素的吸引力，东部地区无疑在经济集聚和技术集聚方面存在巨大优势，原因是随着地理距离而逐渐下降的技术、经济外部效应(符淼，2009)；而在土地要素利用方面，港口因素对其集聚规模大小也有着重要影响，离港口越近，城市土地利用效率越高，越远则土地利用效率越低(陆铭，2011)。此外中国城市规模体系在空间上呈现显著的中心-边缘模式，一是以东部沿海地区为“中心”，其他地区为“边缘”的分布模式；二是区域城市规模体系，以区域性中心城市为“中心”，其他地区为“边缘”。由此来看如果中小城市与沿海地区城市和区域性中心城市的距离越远，城市规模就越小，即如果中小城市缺乏“核心”城市的辐射带动作用，仅靠自身力量是很难发展起来的(许政等，2010)。小城市对大城市的这种依赖性存在并随着小城市规模的不同而有所不同，如 Partridge 等(2009)以美国为例的研究表明，当大城市附近的小城市规模在 25 万人口以下时，小城市可以获得显著的正效应，而当小城市的规模为 25 万～150 万人口时，大城市对小城市具有显著的负效应。皮亚彬等(2014)基于中国地级市数据，研究了城市区位对城市规模的影响，结果表明，随着与核心城市距离变远，城市长期人口数量先下降、后上升、再下降，呈现出“∽”形的非线性关系。

东低西高是中国基本地理特征，这决定了东部地区在城市发展上具有巨大优势，这种优势体现在平原地区便捷的信息传输、要素流动和经济贸易活动成本上，一旦某个城市集聚了大量劳动力、资本、土地要素，通过空间溢出效应，马上又会对附近的城市产生影响。当然这种影响存在最适宜的距离问题，不是越远越好，也不是越近越好。此外东部城市近“港口”优势则进一步强化了集聚能力。

5.3.2 企业经济和人力资本溢出

新经济地理学(Fujita et al.，1999)认为制造业生产的产品是具有差异性的，当厂商生产的任何产品的空间流动都具有运输成本时，有上下游联系的企业倾向于集聚，以节省中间投入品的中途损耗，降低运输成本，从而形成一个制造业种类繁多的大市场规模。同时厂商的集聚也引起各专业工人的集聚，厂商的制造品拥有了足够的市场规模，这种情况反过来加速了工人名义工资的提高，并导致集聚区周边的劳动力进一步集聚，市场规模进一步扩大。因而厂商也更愿意接近其他生产者、消费者进行生产。来自产业和市场两个层面引起集聚的两种力量被概括为本地市场效应和市场规模效应。当然集聚经济的负外部性也会引起分散力，导致集聚经济的资本、劳动力、土地等要素在空间上扩散。新经济地理学离心力和向心力的来源归纳为表 5-2。

表 5-2 新经济地理学离心力和向心力的来源(Fujita and Krugman，2004)

向心力	离心力
关联效应	不可流动的要素
市场规模	地租、通勤成本
知识溢出	外部不经济

具体而言，新经济地理将空间外部性产生的主体分为企业和人两类。E 关联是一种企业经济关联，主要通过商品或者服务的生产以及运输来实现。Krugman 和 Venables(1995)构建的“垂直模型”分析表明，三种不同的力量决定了区际空间关系，一是需求关联的累积因果关系或称为市场规模效应，企业在选择区位时，优先选择规模较大的市场，从而企业有趋于拥有大市场的动力，形成集聚力量；二是成本关联的累积因果关系或称为本地市场效应，一旦企业向拥有较大市场的区域集中，由于区际要素流动效果弱与这种集中趋势并存，也就意味着该区域生产成本降低，这将引发更多企业向该区域集聚。这种前后项关系形成的根本原因在于企业之间的互补性，即有些企业购买另一些企业的产品作为其投入品。一旦大量企业聚集形成大集群，随着单个企业的市场份额逐渐减少，企业间的这种互补关系逐渐被稀释，产生市场拥挤效应。这三种力量随着自由贸易程度的增大而减小，正是这三种力量的强弱决定着经济活动的空间分布模式。K 关联是通过人的行为来传导的关联方式，反映了知识或技术溢出对经济增长的影响，新经济地理学主要以局域溢出模型(LS)(Martin and Ottaviano，1999)以及全域溢出模型(GS)(Baldwin et al.，2001)来分析技术溢出对地区经济增长的影响。由于这种关联方式靠人的行为来传导，区域关系自然也与贸易自由化程度相联系，贸易自由化程度或运输成本不同，区域关联模式不同。K 关联也由上述三种力量决定着区域均衡，越接近知识源，知识溢出效应越强，资本创造的成本越低，速度也越快，资本创造导致的支出转移效果也比较明显，由于资本增加后在当地消费，有利于扩大本地市场。

5.3.3 政策溢出

本节用新经济地理学中以 E 关联、K 关联为主的“垂直关联模型”与“对称的本地溢出模型”的战斧图来分析经济政策对(城市规模)集聚经济的空间分布的影响。图 5-1 主要说明了空间溢出作用下区域政策(表现为运输成本或贸易自由度变动)对经济体的影响。

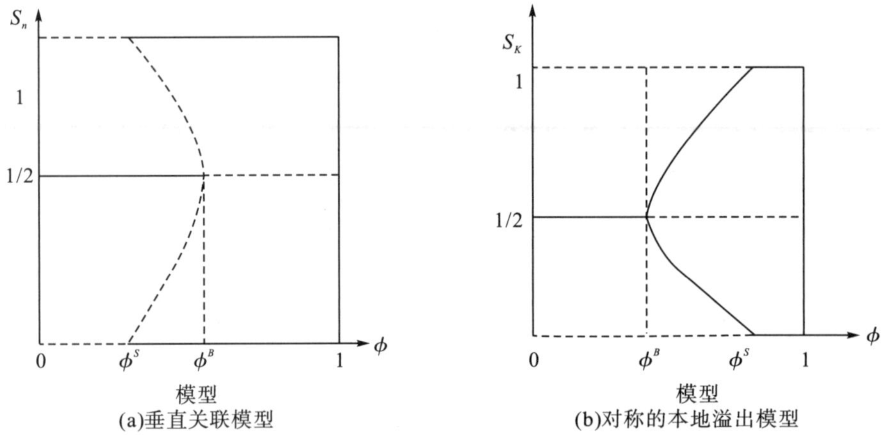

图 5-1 垂直关联模型和对称的本地溢出模型战斧图(Baldwin et al.，2001)

如图 5-1(a)所示，S_n 为企业生产的空间配置份额，$\phi=\tau^{1-\sigma}$ 表示北部地区的企业贸易自由度，τ 为冰山运输成本系数，σ 为北部企业的需求替代弹性。$S_n=1$，$S_n=1/2$，$S_n=0$ 三条实线表示任意贸易自由度下的区域均衡，虚线表示局部不稳定，实线表示局部稳定均衡，当贸易自由度为$\left[0,\phi^B\right]$时，只存在空间配额为 1/2 的对称均衡，而在区间$\left[\phi^S,1\right]$内核心外围均衡是稳定的。当两区域间的贸易自由度为$\left[0,\phi^B\right]$时，两区域企业各占一半的市场份额，若某区域在政策的冲击下，使得运输成本减小，贸易自由度增大，就会出现核心-边缘模式。显然交通条件的改善对空间演变起了重要作用。由于核心边缘模型中南北两区域的工人工资是有差异的，假定处于外围的工资低的区域为改善工人工资，欲改变空间模式，制定了某些经济政策来限制贸易自由度，提高了运输成本，如果贸易自由度由 1 降低到ϕ^B，此时经济稳定点并不会移动到$S_n=1/2$线上，而只会沿着$S_n=1$左移，政府经济政策效应与政策制定预期并不一致。要达到预期目的必须采取足够的政策力度使贸易自由度降低到ϕ^S 以下，然后再将其提高到ϕ^S 与ϕ^B 之间的某个值，此时才能回到$S_n=1/2$ 有利于外围区域发展的均衡状态。这种政策黏性特征显示，区域发展中一旦某些不利的政策实施以后，形成既定的区域利益分配格局，再想要扭转这种格局，短期内将很难实现(安虎森和邹璇，2008)。图 5-1(b)显示，由于$\phi^B<\phi^S$，假设两区域的初始状态是原始自给自足的经济，在$S_K=1/2$时经济是均衡的，如果此时贸易自由度逐渐增加，空间结构将逐渐由稳定向不稳定均衡过渡，直到超过ϕ^S，最终形成核心

-边缘模式。且在核心-边缘模式的结构中，单个区域占了社会全部资本份额，根据内生经济增长理论，该区域经济增长速度是最快的，区域不平衡是这种增长模式带来的必然结果。

5.4　总体视角下城市规模变动的影响因素

本节所谓“总体视角下城市规模变动”即为全国 280 个地级及以上城市组成的总样本的规模体系变动。本节首先从城市规模体系的衡量方法及其特征分析着手，构建计量模型，然后通过对不同衡量口径下城市规模体系演化的影响因素进行回归比较分析。

5.4.1　城市规模体系的衡量及其特征

位序-规模模型可以用来反映城市规模体系演化，尤其是 Lotka 模式受到了广泛应用(周一星和于海波，2004)，如式(5-12)所示：

$$\mathrm{Ure}_i = \mathrm{Ure}_1 \times \mathrm{Ran}_i^{-\theta} \quad (\mathrm{Ran}_i = 1, 2, \cdots, n) \tag{5-12}$$

式中，n——城市数量；

Ran_i——i 城市的位序；

Ure_i——位序 Ran_i 对应的城市规模，Ure_1 为首位城市的规模；

θ——Zipf 指数。

当θ=1 时，首位城市与最小规模城市的比刚好等于城市个数，此时城市规模体系处于最优分布状态，即满足 Zipf 准则；当θ<1 时，城市规模分布相对集中，中间位序的城市较多；当θ>1 时，城市规模分布则相对分散，首位城市的垄断性较强。因此通过计算不同时间截面下的 Zipf 系数θ在不同时期的取值变化，可以反映出城市规模体系演化的分散或集中的趋势。

为了估计系数θ，通常的做法是将式(5-12)两边取对数，得到式(5-13)，然后采用 OLS 估计。然而，城市规模体系间的城市可能存在一定的相关性，因为城市体系是一个复杂的系统，城市间很可能由于便捷的交通而产生大量的信息流、要素流、商品流，因而在一定程度上具有空间互动性。此外，城市自身的经济社会属性，如经济总量、产业发展、基础设施建设等，自身就具有很强的外部性，这种外部性为空间相关的产生创造了条件。城市系统通过集聚和扩散作用，缩小了城市规模体系中的差距，因而考虑到空间效应，城市规模体系可能会比常规条件下的观测差距要小。参考 Julie 和 Chasco(2008)的方法，本节引入关于城市规模的空间滞后变量，得式(5-14)。

$$\ln \mathrm{Ure}_i = \ln \mathrm{Ure}_1 - \theta \ln \mathrm{Ran}_i \tag{5-13}$$

$$\ln \mathrm{Ure}_i = \rho \sum_{j=1}^{n} w_{ij} \left(\ln \mathrm{Ure}_i\right) + c - \theta \cdot \mathrm{Ran}_i + \varepsilon_i \tag{5-14}$$

式中，w_{ij}——基于城市间地理距离构建的空间权重矩阵 $\boldsymbol{W}$ 的元素；

ε_i——误差项，独立同分布于 $N\left(0, \delta^2\right)$；

c——常数项；

ρ——空间相关系数。

当然空间效应也可能不仅仅只是由因变量的空间相关引起，还可能由误差项ε_i引起，这时可以建立空间误差模型，见式(5-15)。

$$\ln \mathrm{Ure}_i = c - \theta \cdot \ln \mathrm{Ure}_i + \varepsilon_i \tag{5-15}$$

$$\varepsilon_i = \gamma \cdot \sum_{j=1}^{n} w_{ij} \varepsilon_j + \varphi_i \tag{5-16}$$

由此，分别根据式(5-14)和式(5-15)求出表示每年中国城市规模体系分布的系数θ，估计方法是由 Anselin(1988)提出的最大似然估计法。

从表 5-3 的估计结果可以看出，常规的 OLS 估计(最小二乘估计)、空间自回归模型和空间误差模型估计出来的系数θ相当接近，且空间相关系数ρ也不显著，表明城市规模的空间效应对城市规模体系的形成没有显著影响。为此，基于常规的 OLS 法分别计算了用市辖区、全市年末总人口衡量的城市规模的体系特征系数θ，计算了用建成区面积、建设用地面积衡量的城市规模的体系特征系数θ，见表 5-4。

表 5-3　市辖区人口度量的城市规模 2004 年、2014 年回归结果

参数	OLS		空间自回归模型		空间误差模型	
	2004 年	2014 年	2004 年	2014 年	2004 年	2014 年
θ	0.7523*** (57.23)	0.7686*** (55.13)	0.7523*** (57.43)	0.7686*** (55.33)	0.7523*** (57.43)	0.7686*** (55.33)
C	7.9716*** (127.74)	8.2332*** (124.42)	7.9716*** (128.18)	8.2332*** (124.84)	8.0542*** (6.76)	8.1916*** (6.82)
ρ	—	—	0.0061 (0.04)	0.0031 (0.02)	0.0103 (0.07)	0.0051 (0.03)
调整后的 R^2	0.92	0.91	0.21	0.22	0.21	0.22

注：表中括号内为 T 统计量，***表示 10%的显著水平，为了比较不同估计方法下的系数差异，表中系数都保留了 4 位小数。

表 5-4　不同城市规模度量下的 Zipf 指数

年份	市辖区人口规模	全市年末人口规模	建成区面积	建设用地面积	城市规模变动指数
2004	0.7523	0.5991	0.8432	0.9009	0.3473
2005	0.7635	0.5996	0.8271	0.8507	0.3468
2006	0.7552	0.6014	0.8327	0.8606	0.3575
2007	0.7541	0.602	0.8311	0.8737	0.3612
2008	0.7550	0.6028	0.8431	0.9048	0.3672
2009	0.7554	0.6026	0.8292	0.8999	0.3645
2010	0.7575	0.6059	0.8289	0.8953	0.4623
2011	0.7653	0.6052	0.867	0.9309	0.383
2012	0.7696	0.7744	0.8198	0.8618	0.405
2013	0.7654	0.6057	0.8039	0.8503	0.4015
2014	0.7687	0.6079	0.8341	0.8662	—

从表 5-4 可以看出，在不同城市规模的度量下估算出来的 Zipf 指数都小于 1，表明总体上中国城市规模体系的特征是：城市规模分布相对集中，中间位序的城市较多。具体而言，从表示城市用地规模的城市建成区面积和建设用地面积度量的城市规模估算出来的 Zipf 指数上看，两个值最大，更接近于 1，而城市规模用市辖区人口规模度量时，Zipf 指数次之，用全市年末人口规模度量时则更小，用前文构建的城市规模变动指数度量时最小。这意味着，以市辖区人口、建成区面积和建设用地面积衡量的城市规模体系，在空间上分布更为集中，首位城市的垄断力量小；用全市人口规模和城市规模变动指数衡量的城市规模体系则表明，中国城市规模体系空间分布更加集中，首位城市的垄断作用更小。最后，从各个指标的时序变动上看，2004～2014 年，中国城市规模体系的结构基本平稳，维持在中等位序的城市较多，对结构体系影响较大的大城市个数较少。

5.4.2 城市规模体系变动的计量模型

根据 Ioannides 等(2008)的研究，基于前文对于城市规模变动的影响因素分析，可以构建关于城市规模体系变动的影响因素的面板方程：

$$\theta = c_{it} + \alpha x_{it} + \zeta_{it} \tag{5-17}$$

式中，c_{it}——城市 i 的个体固定效应；

x_{it}——i 城市 t 年的影响城市规模体系变动的因素；

ξ_{it}——随机误差。

然而，如果首先估计出城市规模体系系数θ，然后再做以上回归的话，不但效率太低，而且可能扩大误差率，所以可以将式(5-13)代入到式(5-17)中，于是得

$$\ln \text{Ran}_{it} = \pi_{it} + \chi \ln \text{Ure}_{it} + \delta x_{it} \ln \text{Ure}_{it} + \mu_{it} \tag{5-18}$$

式中，π_{it}——截距项；

μ_{it}——误差项。

其中城市规模体系的影响因素效应大小由系数 δ 来衡量，影响因素仅从区域发展战略、城市社会经济属性、城市空间区位和经济政策四个方面来考虑。其中区域发展战略主要考虑“生态文明的区域发展战略”对城市规模体系演化的影响，虽然该战略于 2007 年就已经正式确立①，但具体的实施方案直到 2010 年才出台②，从此也掀起了全国各地纷纷进行小范围的主体功能划分的浪潮。为此在区域发展战略的影响因素方面，以 2010 年为分界点，将 2010 年前记为 0，2010 年后记为 1，构建关于区域发展战略对城市规模体系演化的控制变量。为什么城市规模体系会演化？显然与城市间的要素流动和城市自我发展有着密切的联系，因此城市的经济社会属性方面主要考虑城市工资、产业因素、城市行政等级因素、财政因素、房地产投资因素等，产业因素的指标主要考虑第三产业产值占 GDP 的比、第二产业产值占 GDP 的比、城市的企业个数，城市行政等级因素则将省会以上城市赋值为 1，其余城市赋值为 0，财政因素主要考虑城市政府的财政压力，用

① 2007 年出台了《国务院关于编制全国主体功能区规划的意见》。
② 2010 年年底《全国主体功能区规划》公布。

收入和支出的差额衡量，城市房地产投资用每年房地产实际投资额来衡量。城市空间区位则主要考虑影响城市间运输成本的因素，主要考虑影响要素流动成本和信息传播的人均道路面积、固话和互联网普及率。经济政策因素则主要考虑对外开放度，用城市实际利用外资额来表示。此外，还加入城市间交通改善对城市规模体系的影响因素，自 2008 年 8 月 1 日中国第一条 350km/h 的高速铁路——京津城际铁路开通运营以来，秦沈线、京津城际线、石太客专线、杭深线、京广高速线、成灌线、郸彭线、沪宁高速线、昌九城际线、海南东环线、广珠城际线、长吉城际线、京沪高速线、合蚌高速线、沈大高速线、宁杭高速线、津秦高速线、盘营高速线、柳南客专线、武咸城际线和沪汉线合武段，沪昆高速线沪杭段，广深港高速线广深段，京哈高速线沈哈段，徐兰高速线郑西段、西宝段，宁蓉线合宁段、汉宜段，沪蓉线凉渝段，南广线根梧段等线路已开通运营。城市间的交通基础设施改善很可能对城市规模体系的变动产生影响，为此将 2008 年前的年份赋值为 0，之后的年份赋值为 1，构建影响城市规模体系变动的第二个控制变量。此外城市规模体系变动还可能与全国的经济形势有关，由于空间溢出，城市间的经济发展不可能是完全独立的，而是相互依赖，可以说城市是全国经济的细胞，全国经济形势的好坏，直接影响着城市的经济发展，用 2004～2014 年的全国 GDP 指数作为影响城市规模体系变动的第三个控制变量。数据来源于《中国城市统计年鉴》《中国统计年鉴》中 2005～2015 年各个年份，涵盖了 280 个地级以上城市。各变量及其含义用表 5-5 来表示。

表 5-5 Zipf 系数的影响因素及变量表示

变量类型	变量名称	变量符号	度量方法
社会经济属性	城市平均工资	Inc	市辖区职工平均工资(元)
	工业发展	Sec	第二产业产值占 GDP 的比(%)
	服务业发展	Thi	第三产业产值占 GDP 的比(%)
	房地产投资	Hom	市辖区房地产开发投资额(万元)
	固定资产投资	Inv	市辖区固定资产投资总额(万元)
	企业个数	Num	市辖区国有企业及年销售收入 500 万元以上非国有工业企业数(个)
	市场规模	Mar	市辖区限额以上批发零售贸易业商品销售总额(万元)
	环境因素	Env	建成区绿化覆盖率(%)
空间区位因素	人均道路面积	Roa	人均城市道路面积(平方米)
	互联网户数	Ine	市辖区国际互联网用户数(户)
	本地电话户数	Fte	市辖区本地电话年末用户数(万户)
经济政策	对外开放度	Fdi	市辖区当年实际使用外资金额(万美元)
	财政分权	Fin	市辖区地方财政一般预算内收入-地方财政一般预算内支出
控制变量	区域发展战略	Red	虚拟变量，2010 年后赋值为 1，2010 年前赋值为 0
	全国经济形势	Gdp	全国 GDP 指数
	城市间交通	Ict	虚拟变量，2008 年前的年份赋值为 0，之后的年份赋值为 1
	行政等级	Adl	省会及其以上城市赋值为 1，其他赋值为 0

根据式(5-18)，各变量的描述性统计见表 5-6。

表 5-6 模型的各变量描述性统计

变量	平均值	总体标准差	最小值	最大值
市辖区人口位序 $\ln Ran_1$	4.648	0.962	0	5.634
建成区面积位序 $\ln Ran_2$	4.639	0.962	0	5.635
建设用地面积位序 $\ln Ran_3$	4.636	0.962	0	5.635
城市规模变动指数位序 $\ln Ran_4$	4.648	0.962	0	5.635
市辖区人口规模 $\ln Ran_1$	4.548	0.762	2.663	7.488
建成区面积 $\ln Ran_2$	4.232	0.839	1.609	8.123
建设用地面积 $\ln Ran_3$	4.194	0.902	0	8.326
城市规模变动指数 $\ln Ran_4$	−1.256	0.391	−3.233	−0.013
$Inc\cdot\ln Ure_1$	134472	77817.06	0	1526180
$Sec\cdot\ln Ure_1$	232.225	62.956	36.064	428.711
$Thi\cdot\ln Ure_1$	188.843	64.051	26.346	550.863
$Hom\cdot\ln Ure_1$	6165765	1.8×10^7	0	2.4×10^8
$Inv\cdot\ln Ure_1$	2.3×10^7	5.26×10^7	987.54	5.76×10^8
$Num\cdot\ln Ure_1$	3580.567	9222.269	11.67	135114.5
$Mar\cdot\ln Ure_1$	4.64×10^7	2.22×10^8	0	4.12×10^9
$Env\cdot\ln Ure_1$	174.732	394.514	0	20501.35
$Roa\cdot\ln Ure_1$	44.607	30.914	0	356.537
$Ine\cdot\ln Ure_1$	2026214	8838369	0	3.74×10^8
$Fte\cdot\ln Ure_1$	348.818	727.423	0	7973.04
$Fdi\cdot\ln Ure_1$	2.478201	1.754	0	11.423
$Fin\cdot\ln Ure_1$	1117894	2777569	4.31×10^7	4.19×10^7
$Red\cdot\ln Ure_1$	1.837	2.302	0	7.49
$Gdp\cdot\ln Ure_1$	501.447	84.18077	291.312	840.751
$Ict\cdot\ln Ure_1$	2.746	2.319	0	7.49
$Adl\cdot\ln Ure_1$	0.628	1.824	0	7.49

注：由于估计中采用了市辖区人口规模、市辖区建成区面积、市辖区建设用地面积和城市规模变动指数四个口径的城市规模指标，所以导致估计方程(5-18)的自变量有四种类型，上述仅列出了市辖区人口规模口径下的城市规模指标，以及其相关的变量的描述性统计量。其他三种口径的相关描述性统计略。

从上述变量的描述性统计结果可以看出，四种城市规模口径下的城市规模位序的均值、总样本标准差、最小值、最大值均比较接近，这表明四种口径下中国的城市规模体系差异性不大。

5.4.3 城市规模体系变动的计量分析

根据以上分析可以看出，上述模型的面板数据时间截面变量 T=10 较小，而横截面变量 n=280 较大，这种类型的面板数据被称为短面板，所以适用于采用短面板模型的估计策略。此外，由于研究样本中每个城市的不同时期之间的扰动项一般存在自相关性，这不满足普通标准误中关于扰动项满足独立同分布的假设。为此，在估计过程中本节采用的是聚类稳健的标准误(cluster-robust standard error)。在面板模型的估计中，首先面临的问题就是是否存在个体固定效应，即应该采用混合效应模型，还是固定效应模型，通过 LSDV 法(虚拟变量法)对原解释变量、个体虚拟变量组成的方程进行了回归，发现大多数个体虚拟变量都非常显著，故拒绝了所有个体虚拟变量都为 0(即不存在个体固定效应)的原假设，因此模型存在个体固定效应，不应该使用混合面板进行回归。本节对四种不同口径下的变量组成的方程，都进行了上述检验，发现均不适宜使用混合面板回归方法。既然已经确认模型存在个体效应，那么到底该效应是以固定的，还是随机的形式存在？这需要引入豪斯曼(Hausman)检验来确认个体固定效应的存在形式。本节对四种口径下不同的模型进行了检验，发现当用市辖区人口规模来度量城市规模时，模型接受随机效应的原假设，故而选择了随机效应模型进行估计，而当用其他三个口径来度量城市规模时，模型拒绝随机效应的原假设，所以选择了固定效应模型进行估计。估计结果与豪斯曼检验结果如表 5-7 所示。

表 5-7 不同城市规模口径下的城市规模体系演化的影响因素回归结果

变量名称	市辖区人口规模	建成区面积	建设用地面积	城市规模变动指数
lnUre	−1.3843***	−1.734***	−1.293***	−0.5626*
	(−17.67)	(−14.79)	(−5.10)	(−1.87)
Inc·lnUre	1.95×10^{-7}	4.65×10^{-7}***	3.98×10^{-7}*	-9.04×10^{-7}
	(1.58)	(3.86)	(1.80)	(−1.16)
Sec·lnUre	0.0003	0.0001	−0.0030	−0.0079***
	(1.34)	(0.38)	(−1.23)	(−4.33)
Thi·lnUre	0.0005**	0.0005	−0.0021	−0.0072***
	(2.05)	(1.21)	(−0.94)	(−4.06)
Hom·lnUre	1.23×10^{-10}	-2.10×10^{-9}**	-7.90×10^{-10}**	-9.29×10^{-9}
	(0.12)	(−1.97)	(−2.58)	(−0.98)
Inv·lnUre	-1.43×10^{-9}***	-7.29×10^{-10}	-5.01×10^{-10}	-7.50×10^{-9}*
	(−2.61)	(−1.64)	(−0.99)	(−1.95)
Num·lnUre	-1.71×10^{-6}***	-3.09×10^{-6}***	-8.08×10^{-6}***	-4.40×10^{-6}**
	(−3.15)	(−3.30)	(−4.23)	(−2.48)
Mar·lnUre	3.34×10^{-10}***	-6.85×10^{-10}	-2.24×10^{-10}	-4.87×10^{-9}***
	(2.75)	(−0.63)	(−0.92)	(−3.70)
Env·lnUre	6.34×10^{-6}***	5.69×10^{-7}	-1.70×10^{-3}	−0.0004**
	(2.83)	(0.15)	(−0.54)	(−2.51)
Roa·lnUre	0.0007	−0.0007**	−0.0013***	−0.0003
	(0.60)	(−2.24)	(−2.91)	(−0.29)
Ine·lnUre	1.78×10^{-11}	1.14×10^{-9}***	1.17×10^{-9}**	-6.51×10^{-9}
	(0.07)	(3.56)	(2.39)	(−0.32)
Fte·lnUre	−0.0009***	−0.0002	−0.0001	−0.0007**
	(−2.84)	(−0.76)	(−1.45)	(−2.45)
Fdi·lnUre	0.0008	−0.0004	−.0058	−0.0158
	(0.72)	(−0.14)	(−1.17)	(−0.73)

续表

变量名称	市辖区人口规模	建成区面积	建设用地面积	城市规模变动指数
Fin·lnUre	$-9.03\times10^{-9**}$ (−2.20)	$-6.33\times10^{-9*}$ (1.92)	$-6.88\times10^{-9**}$ (−2.30)	$-1.42\times10^{-7***}$ (−4.30)
Red·lnUre	0.0025*** (2.86)	0.0079*** (5.89)	0.0119*** (4.56)	0.1778*** (10.74)
Gdp·lnUre	0.0020*** (6.37)	0.00631*** (11.10)	0.0057*** (5.60)	−0.0032 (−0.98)
Ice·lnUre	0.0172*** (8.24)	0.0542*** (12.67)	0.0607*** (11.20)	−0.0079 (−0.46)
Adl·lnUre	−0.0493*** (−3.05)	−0.0515*** (−2.96)	−0.1038 (−1.38)	−0.3761** (−2.64)
Con	9.740*** (34.84)	8.730*** (36.80)	8.371*** (20.98)	2.492*** (21.05)
R-sq	0.953	0.964	0.934	0.734
Hausman	0.000 (1.000)	56.86 (0.000)	68.01 (0.000)	248.42 (0.000)
回归模型	随机效应	固定效应	固定效应	固定效应

注：在面板模型估计中，*R-sq* 值有三种类型：总体、组内和组间。表中给出的 *R-sq* 值均为总体值。另外，表中*、**、***分别表示 10%、5%、1%的显著性水平，各变量系数后边的括号里为 *T* 统计量，“Hausman”一栏中括号外为 *T* 统计量，括号内为伴随概率 p 值。本章后表同理。

当用市辖区人口规模来衡量城市规模时，第三产业发展、市场规模、城市绿化覆盖率对 Zipf 指数的影响为正，这表明第三产业发展程度越高、城市绿化覆盖率越大、市场规模越大，越能促进城市规模体系的均衡化发展；而像工业企业个数、固定资产投资、本地电话用户数、财政压力这些因素却对 Zipf 指数有负向作用，使城市规模体系趋于集中化分布。

当用建成区面积和建设用地面积来衡量城市规模时，城市平均工资、互联网户数使城市规模体系更加均衡化，而财政压力、房地产投资、工业企业数量、人均道路面积却使城市规模体系更加集中化。

当用城市规模变动指数来衡量城市规模时，除了不显著的变量外，其他变量均使城市规模体系更加集中化。综合起来看，只有财政压力一项显著地使城市规模体系向更集中化方向发展；这意味着在城市规模体系演化进程中，城市政府的财政收支是最重要的影响因素，财政压力越大，收支越不平衡，城市规模体系演化更加集中。

另外从控制变量上看，区域发展战略能促进城市规模体系向空间均衡演化，城市行政等级使城市规模体系向空间集中演化。城市群战略仅能促使市辖区人口规模和建设用地规模口径下的城市规模体系向空间均衡演化，而除了城市规模变动指数口径以外，在其他三种口径下，全国经济形势都促进城市规模体系向空间均衡演化。

5.5　个体视角下城市规模变动的影响因素

本节所谓“个体视角下城市规模变动”指的是全国 280 个地级及以上城市组成总样本中单个城市规模的一般性变动。本节通过建立分析城市规模变动的影响因素的空间计量模型，并比较了不同口径下城市规模变动的影响因素，最后运用分位数回归法分析了不同城市规模下的城市规模变动的因素。

5.5.1 城市规模变动的计量模型及数据

基于以上分析，可以构建城市规模变动的影响因素的空间杜宾模型：

$$\mathrm{Ure}_{it} = \rho\sum_{j=1}^{280} w_{ij}\mathrm{Ure}_{jt} + \beta x_{it} + k\sum_{j=1}^{280} w_{ij}x_{jt} + \alpha + \mu_i + \lambda_t + \varepsilon_{it} \tag{5-19}$$

$$D = R\times\arccos\theta\left[\sin\varsigma_A\sin\varsigma_B + \cos\varsigma_A\cos\varsigma_B\cos\left(\tau_B - \tau_A\right)\right] \tag{5-20}$$

其中，Ure_{it} 为 i 城市 t 时期的规模变动指数；w_{ij} 为空间权重矩阵 $\boldsymbol{W}$ 中的元素，用来反映城市规模的空间作用，当 $i\neq j$ 时，值为 $1/D^2$，当 $i=j$ 时，值为 0。由于地区间的相互作用可能随着地理距离的增加而衰减，为避免空间权重设定的主观性，本节选用相对外生的地理距离(D)的倒数的权重矩阵作为空间关系的表征。由于地球是曲的，如果直接用欧氏距离公式，容易导致误差，因此用地球大圆距离测度两个城市间的距离 D，如式(5-19)所示。其中 R 为地球大圆半径，ς和τ分别为城市市中心的经度和纬度；x_{it} 为控制变量，各变量的含义如表 5-5 所示，在此添加了官员任期的变量，α为截距，u_i 和λ_t 分别表示空间固定效应和时间固定效应，ε_{it} 为误差项。表 5-8 为主要回归变量的统计特征。

表 5-8 主要回归变量的统计特征

变量	平均值	标准差	最小值	最大值
Ure_1	134.0950	167.7604	14.3500	1787.0000
Ure_2	443.8293	395.3647	16.7600	3358.4000
Ure_3	106.7897	157.3292	5.0000	1306.0000
Ure_4	114.7879	219.4603	1.0000	1505.0000
Ure_5	0.3086	0. 1406	0.0394	0.9867
Fdi	0.5209	0.3358	0	2.8700
Inc	29074.0300	14251.7300	5300.000	320626.0000
Hom	1083071.0000	2688817.0000	328.0000	3.40×10^7
Env	37.8327	75.4464	1.0000	386.64000
Fin	215211.5000	423838.5000	−6900000.0000	5600000.0000
Roa	9.7977	6.7587	1.0000	108.3700
Sec	51.1878	12.2882	8.0500	90.3800
Thi	41.2287	10.5916	8.6100	78.6600
Inv	4188159.0000	8793218.0000	302.0000	1.40×10^8
Num	662.2827	1524.6340	3.0000	29297.0000
Ine	361206.2000	1257541.0000	1600.0000	5.20×10^7
Fte	64.3127	108.2264	5.0000	1112
Mar	7735413.0000	3.20×10^7	18087.000	5.70×10^8
Red	0.4000	0.4899	0	1
Gdp	110.2700	2.1876	107.1000	114.7000
Ict	0.6000	0.4899	0	1
Adl	0.1075	0.3098	0	1
Gov	2.8642	1.6166	1	10

5.5.2　城市规模变动的计量结果的分析

由于面板数据时间截面变量 T=10 较小，而横截面变量 n=280 较大，属于短面板数据，适宜采用短面板模型的估计策略。此外，由于研究样本中，每个城市在不同时期之间的扰动项一般存在自相关性，这不满足普通标准误中关于扰动项满足独立同分布的假设，为此，采用聚类稳健的标准误(cluster-robust standard error)。在面板模型的估计中，首先面临的问题就是是否存在个体固定效应，即应该采用混合效应模型，还是固定效应模型，通过 LSDV 法对原解释变量、个体虚拟变量组成的方程进行了回归，发现大多数个体虚拟变量都非常显著，故拒绝了所有个体虚拟变量都为 0(即不存在个体固定效应)的原假设，因此模型存在个体固定效应，不应该使用混合面板进行回归，本节对四种不同口径下的变量组成的方程，都进行了上述检验，发现均不适宜使用混合面板回归方法。

为得到稳健的结果，值得注意的问题是空间计量模型的估计结果对权重矩阵是否敏感。LeSage 和 Pace(2014)认为只要空间权重矩阵是稀疏矩阵，空间计量模型对权重矩阵的设定就不敏感，估计结果就可以保证稳健。从空间权重矩阵可视化图(图 4-13)看，使用的矩阵中绝大多数的元素为 0，为稀疏矩阵。其次，为了控制检验个体效应的具体表现形式，分别对模型进行了豪斯曼检验，以判断适用于固定效应还是随机效应。同时为了控制城市社会经济属性的空间溢出效应，分别加入了 Fdi、Inc、Sec、Thi、Hom、Inv、Num、Mar、Env 的空间滞后项 *W*·Fdi、*W*·Inc、*W*·Sec、*W*·Thi、*W*·Hom、*W*·Inv、*W*·Num、*W*·Env、*W*·Mar，分别表示除本城市之外的其他相邻的所有城市对应变量的空间加权平均值。从表 5-9 可发现，从因变量的空间相关系数上看，只有市辖区人口和城市规模变动指数口径下的估计结果是显著的，这和第 3 章中 Moran's *I* 指数的相关结论是一致的，城市建成区面积和建设用地面积在空间上不存在显著的正相关性。对比四种不同口径下的估计结果，发现一致的地方在于，房地产投资额对城市规模具有正向作用，即房地产投资规模越大、城市规模越大，反之则越小；人均道路交通面积也对城市规模变动起了正向推动作用，人均道路面积越大，城市交通越发达，越有利于要素流动，对城市规模变动的作用越明显；另外，人均道路面积越大，也表明城市的基础设施投资规模越大，对城市变动的正作用是显然的；第二产业的发展对城市规模变动同样有促进作用。此外，代表城市市场潜力的社会零售品销售总额对城市规模的促进作用不明显。

表 5-9　不同口径下城市规模变动的影响因素空间计量结果

变量	市辖区人口	建成区面积	建设用地面积	城市规模变动指数
Fdi	1.9131 (1.46)	1.1305 (0.44)	−10.9107 (−0.76)	0.0069** (2.01)
Inc	0.0003 (0.35)	0.0001 (0.11)	−0.0029 (−0.79)	-1.10×10^{-7} (−1.36)
Hom	**7.12×10^{-6}**** **(2.33)**	**0.0001***** **(4.36)**	**0.0001***** **(3.33)**	**2.25×10^{-9}**** **(2.50)**

续表

变量	市辖区人口	建成区面积	建设用地面积	城市规模变动指数
Env	−0.0061** (−2.16)	−0.0278 (−1.29)	−0.0152 (−0.90)	-9.37×10^{-7} (−0.33)
Fin	0.0001** (1.85)	0.0001 (1.17)	−0.0001 −1.48)	-2.84×10^{-9} (−0.77)
Roa	**0.8037** (2.77)**	**1.6604*** (2.72)**	**1.2966** (1.94)**	**0.0004** (2.08)**
Sec	−0.0961 (−0.99)	−0.1917 (−1.51)	0.1826 (0.79)	0.0001 (0.45)
Thi	**0.1692** (2.22)**	**0.1718** (2.34)**	**0.3371* (1.73)**	**0.0001** (2.46)**
Inv	8.33×10^{-8} (0.36)	6.36×10^{-7}* (1.84)	8.03×10^{-8} (0.22)	-3.08×10^{-11} (−0.13)
Num	0.0018 (1.20)	−0.0008 (−0.34)	0.0045 (1.21)	-1.91×10^{-9} (−0.03)
Ine	-4.14×10^{-8} (−0.09)	1.13×10^{-6} (0.87)	2.72×10^{-6}** (2.34)	-5.63×10^{-11} (−0.16)
Fte	0.1042 (1.51)	0.0064 (0.08)	0.0262 (0.20)	5.73×10^{-6} (0.13)
Mar	-4.31×10^{-8} (−0.35)	-6.36×10^{-8} (−0.29)	3.37×10^{-7}** (2.22)	-1.03×10^{-10} (−0.98)
Red	0.4540 (0.18)	4.909609 (0.90)	18.1448** (2.10)	−0.0079* (−1.89)
Gdp	0.5699 (1.24)	0.6922 (1.52)	−0.2728 (−0.15)	0.0004 (0.72)
Ict	3.0663 (1.17)	12.1533*** (2.86)	21.6734** (2.50)	0.0036 (0.66)
Adl	24.0808 (1.62)	12.4541 (0.99)	−9.300*** (−4.35)	0.0071 (1.08)
Gov	−0.2787 (−1.00)	1.1155 (1.16)	2.3594 (1.64)	0.0017*** (2.86)
ρ	0.1607*** (2.80)	0.0260 (0.10)	0.0363 (1.34)	0.5323*** (18.20)
σ^2	448.700** (2.45)	416.512** (2.18)	1109.800** (1.77)	0.0014*** (10.83)
R-sq	0.7859	0.5985	0.3550	0.2874

注：加粗的变量表示在不同的回归中得出的结论是一致的。后同。

以上结果表明，影响城市规模变动的主要因素来自：基础设施投资、房地产投资和第三产业发展。而更为市场化的市场潜力因素并没有显著影响城市规模，这意味着当前中国城市规模变动的主要因素在于地方政府掌握下的基础设施投资和房地产投资，第三产业发展虽然也有一定的作用，但市场对于城市规模的影响并不如政府。这从城市政府官员任期的估计结果上可以看出来，城市政府官员的任期的估计表明，官员任期和城市规模变动间存在显著的倒“U”形关系，即存在这样的机制：在城市规模较小时，官员任期对城市规模有明显的促进作用，当城市规模达到某一临界值时，官员任期对城市规模有负向作用，即官员无法通过简单的扩张城市规模的方式来实现自我利益的最大化，而必须面临发展的转型问题。

从城市社会经济属性的空间溢出效应上看，也仅有基础设施投资和房地产投资额两个因素是显著有空间溢出效应的，且前者为正，后者为负。这意味当某个城市加大房地产投资或基础设施投资时，对其邻近的城市规模具有较大的促进或抑制作用。房地产投资的促进作用主要是由于城市地方政府间的空间竞争，这种空间竞争的来源有二，一是水平方向上的经济行为溢出效应，二是垂直方向的官员晋升竞争。正是在政治和经济的双重竞争下，房地产投资由于既能撬动地方政府垄断下的土地财政，又能直接为地方政府创造收入，成为首选的城市发展政策。此外，城市政府间共同面临的由于财政分权引起的财政支出压力，导致城市地方政府不约而同地选择了同样的方式来发展经济。

通过以上估计可以发现，在空间计量模型下，仅市辖区人口和城市规模变动指数口径下的空间相关系数显著为正。城市的社会经济属性变量的空间溢出作用也仅有两个变量显著地一致。考虑到这种空间假定可能对有些变量的估计显著性造成影响，为此本节放松空间相关的假设，假定城市在空间上是相互独立的个体，设计传统意义上的面板回归模型，所得的结果如表 5-10 所示。从四种不同城市规模口径下的估计结果可以看出，房地产投资额、人均道路面积、第三产业发展、城市间交通是影响城市规模最显著的四个因素，对城市规模均有促进作用。相对于空间计量模型，普通面板模型的估计结果基本与其保持一致。此外官员任期和城市规模依然是倒“U”形关系，不同之处在于，在后者的估计结果中，城市间交通的改善对城市规模具有显著的正效应。

以上计量分析表明，中国城市规模变动的原因来自三个方面，一方面为房地产投资和基础设施投资，另一方面是第三产业发展和城市间交通改善，最后一方面则来自官员行为的推动。实际上，中国城市规模变动由政府和市场因素造成，房地产投资和基础设施投资是在官员任期内最能展现政绩，经济发展见效最快的发展模式；市场因素则主要与中国快速的城市化有关，在城市化的冲击下，大量的农村剩余劳动力从事城市第三产业，改善了的城市间交通，加速城市规模变动。

表 5-10　城市规模变动影响因素的普通面板计量回归结果

变量	市辖区人口	建成区面积	建设用地面积	城市规模变动指数
Fdi	2.0261 (1.50)	1.2456 (0.52)	−11.0647 (−0.78)	0.0106** (2.47)
Inc	7.82×10^{-6} (0.11)	−0.0007 (−0.56)	−0.0004 (−1.09)	9.23×10^{-8} (0.90)
Hom	**6.93×10^{-6}***** **(2.28)**	**0.0001***** **(4.23)**	**0.0001***** **(3.23)**	**2.09×10^{-9}**** **(2.20)**
Env	−0.0061 (−0.003)	−0.0289 (−1.300)	−0.0132 (−0.76)	−0.0016*** (−5.96)
Fin	0.0001* (1.80)	0.0001 (1.09)	−0.0001 (−1.56)	-1.06×10^{-8} (−1.43)
Roa	**0.8412***** **(2.79)**	**1.5345**** **(2.73)**	**1.1844*** **(1.86)**	**0.0004**** **(2.32)**

续表

变量	市辖区人口	建成区面积	建设用地面积	城市规模变动指数
Sec	−0.0867 (−0.98)	−0.1084 (−0.71)	0.1880 (0.80)	−0.0003 (−1.30)
Thi	**0.1722**** **(2.32)**	**0.2158**** **(2.47)**	**0.3803*** **(1.75)**	**0.0003**** **(2.50)**
Inv	1.16×10^{-7} (0.50)	5.46×10^{-7} (1.63)	-5.27×10^{-9} (−0.01)	-3.28×10^{-10} (−1.22)
Num	0.0014 (1.20)	−0.0002 (−0.01)	0.0054 (1.48)	2.56×10^{-6} (1.40)
Ine	5.94×10^{-8} (0.12)	1.17×10^{-6} (0.88)	2.52×10^{-6}* (2.18)	1.27×10^{-9}** (2.32)
Fte	0.0913 (1.56)	−0.0058 (−0.07)	0.0225 (0.18)	0.0014** (2.51)
Mar	-5.30×10^{-8} (−0.42)	-5.97×10^{-8} (−0.27)	3.55×10^{-7}** (2.36)	2.87×10^{-10}** (2.41)
Red	0.7185 (0.34)	2.1386 (0.61)	6.7887 (1.32)	−0.0160*** (−3.95)
Gdp	0.5032 (1.30)	0.6736 (1.53)	−0.0955 (−0.06)	0.0003 (0.53)
Ict	**3.6289*** **(1.89)**	**10.7118***** **(3.57)**	**13.0727*** **(1.69)**	**0.0073**** **(2.01)**
Adl	25.9718 (1.59)	16.6517 (1.26)	−56.5300*** (−3.86)	0.0071 (0.88)
Gov	−5.3379* (−1.65)	−8.1905 (−1.49)	0.5486 (0.04)	−0.0108** (−1.82)
R-sq	0.7951	0.6055	0.3584	0.3520
F 检验	18.0275 (0.000)	11.2365 (0.000)	8.2637 (0.000)	5.3629 (0.000)

5.5.3 不同规模城市间的变动影响因素

由于 OLS 回归的参数是自变量对因变量条件期望的边际影响，其得出的结果只能描述平均城市规模下的影响因素边际效应，无法对不同城市规模下的影响因素进行比较。分位数回归可以选择任何一个分位数进行参数估计，且估计值不受样本中奇异值的影响，从而最终得到的结果也更稳健，而且运用该方法可以更好地考察同一影响因素在不同的城市规模下的影响效应。为此，本节对 2013 年城市规模变动指数、2014 年市辖区人口和 2014 年城市建成区面积三种不同口径下的城市规模的影响因素进行了分位数回归，并将 10%分位点以内的城市规模界定为小规模城市，将 50%分位点的城市规模界定为中等规模城市，将 90%分位点的城市规模界定为大城市规模，以比较同一影响因素对不同规模城市的影响差异。

在城市规模变动指数口径下，通过表 5-11 的估计结果可以看出，外商投资额(Fdi)对不同的城市规模均无显著影响。城市职工平均工资(Inc)对城市规模有显著影响，变量

Inc 在 QR_10%、QR_50%、QR_90%的分位点处分别至少在 5%置信水平下显著。随着城市规模增大，其弹性系数呈不断下降的趋势，但在大城市规模情况下，城市职工工资的影响并不显著。从城市环境水平(Env)的估计结果上看，其对中小规模城市的影响很小甚至不显著，但却对大规模城市产生显著影响。可看出，随着城市规模的增大，环境因素的弹性系数逐渐提高。从房地产投资额(Hom)的弹性系数来看，其对中小规模城市影响不显著，但是对大规模城市却很明显。从工业企业个数 Num 随城市规模变动而变动的弹性系数来看，工业企业个数对中小城市规模的弹性系数影响最大，而对大城市规模的影响较小。Roa 表示人均道路面积，随着城市规模的扩大，弹性系数也随之提高。第三产业发展 Thi 对大中等城市规模作用显著。其他因素影响不显著。

表 5-11　城市规模变动指数口径下不同城市规模下的影响因素差异比较

变量	OLS 回归	QR_10%	QR_50%	QR_90%
	平均规模	小规模城市	中等规模城市	大规模城市
Fdi	0.0447** (2.19)	−0.0119 (−0.50)	0.0349 (1.38)	0.0599 (1.32)
Inc	$2.42\times10^{-6***}$ (3.06)	$4.05\times10^{-6***}$ (4.78)	$2.85\times10^{-6***}$ (2.80)	1.26×10^{-6} (1.42)
Hom	3.04×10^{-9} (0.68)	4.28×10^{-9} (0.63)	1.39×10^{-9} (0.14)	$2.46\times10^{-8*}$ (1.77)
Env	0.0013* (1.77)	0.0009 (1.37)	0.0007 (0.76)	0.0025** (2.38)
Fin	$-1.88\times10^{-8**}$ (−2.11)	-1.50×10^{-8} (−0.86)	-1.28×10^{-8} (−0.47)	-3.22×10^{-9} (−0.07)
Roa	0.0009 (1.30)	−0.0005 (−0.55)	0.0003 (0.21)	0.0041** (2.11)
Sec	0.0015 (1.63)	0.0017 (0.15)	0.0012 (1.36)	0.0017 (0.84)
Thi	0.0026** (2.57)	0.0017 (1.32)	0.0020** (2.24)	0.0035** (2.64)
Inv	-1.91×10^{-9} (−1.45)	-7.68×10^{-10} (−0.29)	-6.86×10^{-10} (−0.26)	-4.64×10^{-9} (−1.14)
Num	0.0001*** (9.52)	0.0006** (2.33)	0.0009*** (3.35)	0.0002*** (4.12)
Ine	9.31×10^{-9} (0.65)	7.55×10^{-9} (0.42)	-2.76×10^{-9} (−0.11)	3.73×10^{-9} (0.07)
Fte	0.0001 (0.05)	−0.0002 (−0.64)	0.0001 (0.34)	−0.0007 (−1.18)
Mar	$-5.62\times10^{-10**}$ (−2.49)	-1.42×10^{-10} (−0.26)	-6.64×10^{-10} (−1.06)	-8.50×10^{-10} (−0.95)
C	−0.1155 (−1.36)	−0.1035 (−1.02)	−0.0721 (−0.89)	−0.0870 (−0.47)
调整后的 R^2	0.6109	0.2525	0.3247	0.5171

在市辖区人口规模口径下，通过表 5-12 的统计结果可以看出，Env、Fin、Ine、Num 在大中小不同规模的城市均无显著作用；Fdi 仅对中等规模城市有显著的正效应；Roa 与人口规模成正比；Sec 对中等规模城市和大规模城市有负效应；Thi 仅对大中等规模城市的规模变动有显著效果；Inv 对大中小城市规模均有显著作用，且随着城市规模的扩大而逐渐增强。Fte 对中小城市规模变动的影响最大，且对中等城市规模的促进作用大于小规模城市；Mar 仅对小规模城市有显著的促进作用。

表 5-12 城市市辖区人口规模口径下不同城市规模下的影响因素差异比较

变量	OLS 回归	QR_10%	QR_50%	QR_90%
	平均规模	小城市规模	中等城市规模	大规模城市
Fdi	3.6512 (0.27)	14.0218 (1.34)	16.2507* (1.67)	0.0124 (0.00)
Inc	−0.0008 (−1.64)	0.0005** (2.20)	0.0002** (2.43)	0.0004** (2.04)
Hom	5.34×10^{-6}* (1.79)	2.30×10^{-6}** (2.35)	4.49×10^{-6}* (1.82)	0.0001** (2.47)
Env	0.2477 (0.51)	0.1102 (0.31)	0.2840 (1.04)	−0.8561 (−1.24)
Fin	0.0004*** (6.75)	6.03×10^{-4} (0.26)	0.0004 (1.43)	0.0004 (1.33)
Roa	2.2755*** (4.63)	1.5946** (2.11)	2.0890*** (3.18)	2.3427* (1.75)
Sec	−1.4653** (−2.32)	0.0299 (0.08)	−1.7342*** (−2.77)	−2.1982* (−1.66)
Thi	2.0648*** (2.95)	0.1406 (0.28)	2.1248*** (3.22)	2.1464** (2.42)
Inv	7.35×10^{-6}*** (8.35)	5.97×10^{-6}** (3.22)	6.53×10^{-6}*** (3.13)	1.00×10^{-5}*** (2.84)
Num	0.0027 (0.39)	−0.0168 (−1.17)	−0.0024 (−0.21)	0.0521 (1.55)
Ine	0.0001 (1.55)	-3.63×10^{-6} (−0.30)	1.50×10^{-6} (0.09)	2.00×10^{-5} (0.62)
Fte	0.4900*** (3.27)	0.3076** (1.96)	0.4323*** (2.79)	0.3386 (0.92)
Mar	-2.60×10^{-8} (−0.17)	8.60×10^{-7}* (1.68)	2.29×10^{-7} (0.53)	-1.15×10^{-6} (−1.36)
C	227.0082*** (4.00)	48.500 (1.19)	213.1756 (3.96)	292.6907** (2.27)
调整后的 R^2	0.8767	0.4516	0.6009	0.7691

通过比较市辖区人口规模和城市规模变动指数两种口径下分位数回归的结果(表 5-13)，可以发现，对外开放度(Fdi)仅对市辖区人口为中等规模的城市有显著促进作用，对灯光数据下的城市规模无显著影响；可能的原因是，规模大的城市的 Fdi 已接近上限，而小规模城市可能由于区位、基础设施等原因没有足够的条件加大对外开放力度，但对于中

等规模的城市而言，Fdi 是有效提升市辖区人口规模的手段之一。城市职工平均工资(Inc)对市辖区人口规模都有显著正影响，且对灯光数据下中小规模城市有促进作用，市辖区人口规模增长依赖于城市职工平均工资的提高，工资也是劳动力集聚的主要动力，特别是对于中小城市更是如此。房地产投资(Hom)对不同规模的城市均有显著正影响，且随着城市规模的扩大，弹性系数随之提高。城市规模越大，房地产投资对城市规模的冲击越大，这意味着城市规模越大，房地产投资激励越大，城市规模变动也越快。环境的改善有利于大规模城市的变动，当前中国特大城市的城市病问题对要素集聚和产业发展产生了影响，环境质量的改善有利于进一步加速要素和产业集聚。城市基础设施的投资(Roa)加速了城市规模变动，一方面是对城市变动有直接的促进作用，另一方面则会吸纳更多的要素与企业集聚。第三产业发展(Thi)对大中等规模城市的城市规模有显著的正影响，且随着城市规模扩张，其促进作用越强。本地电话户数(Fte)对中小规模城市变动有促进作用，信息传播基础设施的改善，有利于市场促进城市市场商品、市场、就业等信息的传播，也有利于要素和企业集聚于市辖区，引起城市规模变动。市场潜力(Mar)对高分位城市规模的影响不显著，但是对低分位区的城市规模有显著影响。具体而言，市场潜力对小规模城市变动有显著的正效应。可能的原因是，随着城市规模扩张，市场拥挤效应增强，城市规模扩张受到抑制，当城市规模达到某个临界值，市场潜力作用开始下降甚至变得不明显。

表 5-13　两种口径下城市规模影响因素的比较

变量	市辖区人口规模			城市规模变动指数		
	小	中	大	小	中	大
Fdi	/	+	/	/	/	/
Inc	+	+	+	+	+	/
Hom	+	+	+	/	/	+
Env	/	/	/	/	/	+
Fin	/	/	/	/	/	/
Roa	+	+	+	/	/	+
Sec	−	−	−	/	/	/
Thi	/	+	+	/	+	+
Inv	+	+	+	/	/	/
Num	/	/	/	+	+	+
Ine	/	/	/	/	/	/
Fte	+	+	/	+	+	/
Mar	+	/	/	+	/	/

注：“−”表示负向影响，“/”表示影响不显著，“+”表示正向影响。

5.6 本章小结

本章从中央政府行为、地方官员行为、企业行为、劳动力行为四个角度分析了影响城市规模变动的主要因素，并分析了其作用机制。分析表明，长期来看，中央政府行为会对城市规模变动产生显著影响，但这种影响在各种制度变迁的冲击下，对城市规模变动的作用较为微弱。由于锦标赛式的官员晋升体制，地方政府官员都将努力发展行为的“空间溢出”当作对自己不利的事情，城市政府间通过合作携手渡过难关的激励不强，一旦城市发展遭受区域性的外生负向冲击，空间上就很容易形成城市局部扩张放缓的局面。由于城市的经济地理属性、企业经济和人力资本溢出、政策溢出会产生空间联系，其会对城市规模的变动产生影响，经济地理属性决定了城市在空间中对要素吸引的比较优势。此外，城市规模可能存在由于企业上下游和人力资本流动而产生联系，这种联系对城市规模空间变动和城市规模体系的演化都有较大的影响。

计量分析表明，从市辖区人口衡量的城市规模变动来看，第三产业发展、市场规模、城市绿化覆盖率能引导城市规模体系更加均衡化，而像工业企业个数、固定资产投资、本地电话用户数、财政压力这些因素却使城市规模体系趋于集中化分布。从建成区面积衡量的城市规模方面来看，城市平均工资、互联网户数使城市规模体系更加均衡化，而财政压力、房地产投资、工业企业数量、人均道路面积则使城市规模体系更加集中化。从更加综合的城市规模变动指数来看，仅有人均道路面积使城市规模体系更加均衡化，财政压力、工业企业个数、第二产业发展、第三产业发展、固定资产投资、市场规模、绿地覆盖率、本地电话用户则使城市规模体系更加集中化。综合起来看，财政压力、工业企业个数显著使城市规模体系集中化。这意味着在城市规模体系演化进程中，城市政府财政压力和制造业发展是最重要的影响因素，财政压力越大，收支越不平衡，城市规模体系演化更加集中。此外，中央政府行为促进城市规模体系均衡化，城市行政等级使城市规模体系集中化。城市群战略能促进市辖区人口规模和建设用地规模口径下的城市规模体系均衡化。

综合看，中国城市规模变动主要与房地产投资、基础设施投资、第三产业发展、城市间交通改善和官员任期等因素有关。中国城市规模变动与政府、市场等个体行为因素相关，房地产投资和基础设施投资是官员任期内最能展现政绩，见效最快的发展方式；市场因素则主要与中国快速的城市化有关，在城市化冲击下，大量的农村剩余劳动力从事城市第三产业和逐渐完善的城市间交通，加速了城市规模变动。从不同规模的城市变动的影响因素比较来看，对外开放度仅对中等规模的城市有显著促进作用；市辖区人口规模增长依赖于城市职工平均工资的提高，工资同时也是劳动力集聚的主要动力，特别是对于中小城市更是如此；房地产投资对不同规模的城市均有显著正影响，且随着城市规模的扩大，弹性系数随之提高，即城市规模越大，房地产投资对城市规模变动的正向作用越大；城市基础设施投资加速了城市规模变动；第三产业发展对大中等规模城市的城市规模变动有显著的正影响，且随着城市规模扩张，其促进作用越强；本地电话户数对中小规模城市变动有促进作用；市场潜力对小规模城市扩张有显著的正效应。

第 6 章　城市规模变动的空间驱动经验分析

上一章分析了城市规模变动的行为驱动因素，本章将实证分析引起城市规模变动的空间驱动因素及其形成机制。基于理论分析，本章通过建立空间计量经济学模型，对城市规模空间竞争的来源进行识别，并计量分析城市规模空间竞争的基本态势，分析城市规模空间竞争在不同城市规模、不同区位条件、不同行政等级下的非对称效应，最后分析了城市规模变动的空间演化态势。

6.1　城市规模变动与地方政府竞争的关系

城市规模空间竞争的本质是地方政府间竞争，地方政府经济行为对城市规模变动有重要影响。本节主要内容包括城市规模是地方政府竞争的结果、城市规模变动的基本空间竞争形态两部分。

6.1.1　城市规模是地方政府竞争的结果

根据 Breton(1998) 的定义，地方政府竞争是指区域内部不同经济体的政府利用税收、环境政策、教育、医疗等手段，吸引资本劳动力和其他流动性要素进入，以增强经济体自身竞争优势的行为。地方政府间竞争是公共经济学领域的一个经典话题，对于其形成机制，当前主要从三个层面进行解释：第一个层面是财政政策的外溢机制，代表文献是 Wilson(1986)，该观点认为区域内实施财政政策会改变邻近区域的政府财政政策偏好，从而导致地方政府行为在空间上具有空间依赖性；第二个层面是财政竞争机制，代表文献为 Tiebout(1956)、Wilson(1999)、Brueckner(2000)，该观点认为地方政府间互动的根源是地方政府通过财政手段展开对空间要素的竞争而形成的；第三个层面是标尺竞争机制，代表文献是 Salmon(1987)、Besley 和 Case(1995)，该观点认为在政府行为实施过程中，由于信息外溢性和相似的政治体制，公众往往会以邻近政府行为的标准来评判本地政府行为，从而使本地政府在实施政策过程中不得不考虑邻近的政府行为。

在中国当前的政治体制和财政体制下，除了以上三种机制外，还存在两种典型的地方政府竞争：官员晋升竞争和财政竞争。地方政府官员晋升竞争是“锦标赛式”的(周黎安，2004)，一个人获得晋升则意味着另一个人失去了机会，这种激励促使地方政府为了完成中央的经济增长目标考核而竭尽全力。但分税制的制度设计，使地方政府缺少足够的资金进行经济发展，在这种情况下，中国特殊的土地制度为地方政府展开竞争创造了条件。正是地方政府对土地供给市场的垄断地位，使得地方政府不断降低土地价格以换取厂商入驻。由于空间上的要素和厂商毕竟是有限的，因此地方政府间就展开了“要素争夺战”“厂商争夺战”，不断压低土地价格，在土地市场上形成“逐底竞争”的局面。从政治角度来讲，由于中国的官员产生方式与西方国家有巨大差异，所以中国不存在基于选民监督官员的自下而上的标尺竞争。由于中国地方政府官员的委任权由上级政府所有，地方政府也可能为了政绩或者升迁而展开标尺竞争，张晏等(2010)称其为“自上而下的标尺竞争”。总而言之，对于中国地方政府而言，晋升制度和财政制度是地方政府竞争产生的基础，为了政绩考核和财政增收的双重目标，地方政府通过土地出让的“逐底竞争”，不断使得空间资本、劳动力要素向城市集聚，这种集聚的过程必然导致城市用地规模、产业规模和人口规模扩张。王健等(2015)通过建立从财政制度、晋升制度因素到城市扩张影响路径的框架，对地方政府竞争的城市规模扩张效应进行了实证分析，结果表明前者对后者具有正效应。用图 6-1 表示地方政府间竞争和城市规模竞争的关系。

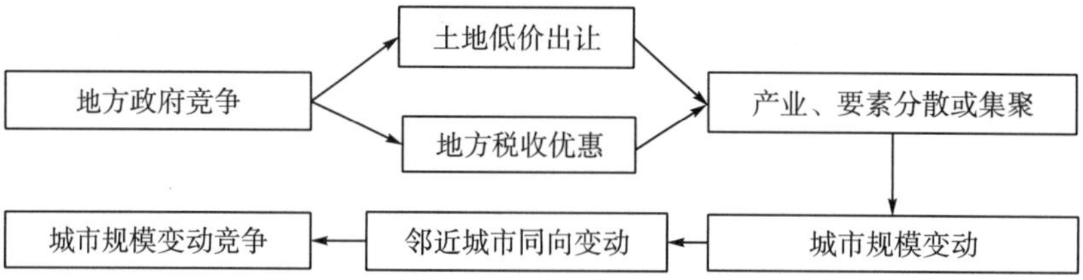

图 6-1 地方政府竞争到城市规模竞争的传导路径

由于制度的激励作用，地方政府之间必然在空间中进行产业争夺、要素争夺，因为只有足够的产业、足够的要素才能完成其经济增长考核目标，才能完成财政增收；土地低价出让、地方税率优惠成了地方政府仅有的撒手锏，对于企业而言这意味着生产成本的节约，当然对其具有足够的吸引力，最终导致企业集聚进而引起人口集聚。当拥有足够的要素规模、优惠的资本价格、大规模的市场需求时，其自身就能产生很大的集聚力，促使房地产业、金融业、零售业等服务业迅速发展；地方政府则利用手中的土地资源和房地产企业联合，在房地产市场发展中实现政绩考核和财政收入增长的双丰收，并乐此不疲。一定程度上，城市规模变动就成了地方政府空间竞争中成败的“晴雨表”，地方政府在竞争中获取的优势越大，城市规模扩张就越快，否则扩张就越慢。

从以上分析可以看出，城市规模的空间竞争的来源可以从两个方面进行概括，即水平方向和垂直方向。水平方向指的是地方政府经济行为或者政策的溢出效应，其产生的根源是经济活动的外部性，而垂直方向是指上级政府为了对下级政府进行考核而展开的标尺竞争。

6.1.2 城市规模变动空间竞争基本形态

给定某个城市，假设该城市对规模小的城市的响应系数为ρ_1，对规模大或相同规模城市的响应系数为ρ_2，当ρ_1 和ρ_2 不相等时，给定城市对空间冲击的反映是非对称的，城市规模变动的空间竞争形态可以通过ρ_1 和ρ_2 的不同取值组合来表征，具体见表 6-1。

表 6-1 城市规模变动空间竞争的不同形态

ρ_1	ρ_2	竞争形态	ρ_1	ρ_2	竞争形态
正	不显著	遇弱则强，遇强则无响应	负	负	竞争到底
正	负	遇弱则强，遇强则弱	不显著	正	竞争向上
正	正	竞争向上	不显著	负	遇弱无响应，遇强则弱
负	不显著	遇弱则弱，遇强无响应	不显著	不显著	无空间竞争
负	正	模仿			

当ρ_1 为正、ρ_2 不显著时，表示给定城市对规模小的城市采取跟随策略，对规模大的城市则无明显策略行为，竞争形态表现为“遇弱则强，遇强则无响应”；当ρ_1 为正、ρ_2 为负时，竞争形态表现为“遇弱则强，遇强则弱”；当ρ_1 为正、ρ_2 为正时，竞争形态表现为“遇弱则强，遇强则强”的“竞争向上”；当ρ_1 为负、ρ_2 不显著时，竞争形态表现为“遇弱则弱，遇强无响应”；当ρ_1 为负、ρ_2 为正时，竞争形态表现为“遇弱则弱，遇强则弱”的“模仿”；当ρ_1 为负、ρ_2 为负时，竞争形态为“遇弱则弱，遇强则弱”的“竞争到底”；当ρ_1 为不显著、ρ_2为正时，竞争形态表现为“遇弱无响应，遇强则强”的“竞争向上”；当ρ_1 为不显著、ρ_2 为负时，竞争形态表现为“遇弱无响应，遇强则弱”；当ρ_1、ρ_2均不显著时，竞争形态表现为“无空间竞争”。

6.2 空间竞争识别的基本方程与竞争形态

为了对城市规模空间竞争是否存在进行计量分析，本节建立了识别空间竞争的基本方程，以分析城市规模空间竞争的基本形态。

6.2.1 空间竞争识别的基本方程

要识别城市间的空间竞争，首先必须确定空间竞争的对象。本节将空间上所有除了给定城市外的城市作为其竞争对象。由于经济发展竞赛带来的城市规模竞争，不仅存在于邻近城市间，还存在于相似的规模、相似的城市属性、相似的经济总量的城市间，所以空间上各个城市间都可能存在一定程度的竞争关系，这种关系随着两个城市间的距离的增加而逐渐减少，当然也可能随着两个城市间的经济总量、产业结构相似性而逐渐增加。空间距离对城市间竞争强度的影响主要体现在：空间距离越远，要素流动的成本越高，城市间难以形成很强的交互式竞争。经济总量或产业结构对城市间竞争强度的影响主要体现在：经济总量、产业结构越相似，城市规模可能越接近，对要素的争夺很可能越激烈。如何将空间上的不同城市规模根据一定的权重进行加总，以表示空间竞争中不同城市对给定城市带来的差异性影响，是空间竞争识别面临的首要问题。当前主要存在两种类型的加总方法，一是社会经济权重法，主要以各城市的 GDP 占总全国总量的比进行加权，其特点是每年的权重都会随 GDP 的变化而变化，有时间趋势；二是反空间距离加权法，其特点是由于城市间的距离是给定的，不具有时间趋势。根据 LeSage 和 Pace(2014)的观点，用非空间概念来定义的空间权重矩阵在估计时可能对空间溢出效应形成干扰陷阱，故选择反距离空间权重矩阵。

基于以上分析可知，对于给定的城市，其规模不但受到自身经济社会属性的影响，还受到来自竞争对手的规模冲击。这种由空间竞争引起的城市规模空间依赖性，可以用空间计量模型进行识别。需要特别解释的是，给定城市的当期规模可能并不是取决于竞争对手的前期行为，原因在于城市规模竞争的特殊性。城市规模竞争是地方政府间为了政绩考核而展开的一系列招商引资竞争，如税收优惠政策、提供优良的公共产品政策等。本节认为这种地方政府间的调整在地方政府引进企业的“讨价还价”过程中就完成了城市间的博弈，因为企业同样面临多个目标地的选择，一旦选择了某个城市，对另一个城市意味着竞争失败，其在下一轮的招商引资中就会吸取教训，进行策略矫正。综上，城市规模是这些竞争过程的综合作用的结果，笔者不赞同给定城市的规模受到竞争对象前一期的规模的影响的观点，如上文所述，给定城市的规模与竞争对象的前一期规模没有关系，地方政府并不会看到前一期竞争对手城市的规模比自己大、招商引资政策比自己更具吸引企业而采取相应的措施。实际上此时已经是空间均衡的结果，不存在竞争博弈了。相反，竞争博弈行为发生在地方政府招商引资过程中，在研究单期内城市间的竞争博弈时就已经结束。实际上，除了城市规模具有空间依赖性外，影响城市规模的城市自身的经济社会属性在一定程度上也具有空间依赖性，原因在于这些公共服务条件、基础设施投资具有外部性，在城市间是有溢出效应的。另外城市发展模式的雷同性，也很容易造成城市经济社会属性的相似性。与此同时，为了能有效地处理变量之间的时间依赖、模型构建中可能带来的遗漏变量问题，以及部分城市变量的空间异质性、城市之间的外部性以及模型选择的不确定性等问题，构建了空间杜宾模型(SDM)。其综合了空间自回归模型和空间误差模型的特点，加入了自变量和因变量的空间滞后项，根据 Pace 和 LeSage(2009)的分析，在绝大多数可能误设的模型中，SDM 是唯一能够得到无偏系数估计结果的模型。式(6-1)为空间竞争识别的基本方程：

$$\mathrm{Ure}_{it} = \rho\sum_{j=1}^{280} w_{ij}\mathrm{Ure}_{jt} + \alpha x_{it} + \theta\sum_{j=1}^{280} w_{ij}x_{jt} + \mu_i + \lambda_t + \varepsilon_{it} \tag{6-1}$$

式中，Ure_{it}——i 城市 t 时期的城市规模；

w_{ij}——对空间竞争城市进行加权的权重；

x_{it}——城市 i 在 t 时期的经济社会属性；

μ_i——城市固定效应；

λ_t——年份固定效应；

ε_{it}——误差项；

ρ——空间竞争强度系数，如果为正，则表明城市与其竞争对象间存在正向的空间竞争，如果为负，则为负向空间竞争，如果不显著则表明空间竞争不存在；

θ——城市经济社会属性的空间溢出效应强度。

6.2.2　数据来源与变量说明

为了最大限度地排除制度因素对城市规模竞争的干扰，在样本选择时，尽量避开了最近几次制度变革时间点，如财政分权改革(1994 年)、户籍制度改革(2001 年)和城市土地制度改革(2002 年)。最后选取了 2004～2013 年制度体系相对稳定的时段。核心变量是由前文构建的 2004～2013 年城市规模变动指数，样本包含 280 个地级及其以上城市，数据来自《中国城市统计年鉴》。

同时考虑到城市变动可能还受到城市经济社会属性的影响，在模型中考虑的控制变量有基础设施、投资活跃程度、财政压力、市场潜能、利用外资能力和土地利用规模等，具体而言：①人均道路面积(Roa)，用来度量城市基础设施水平，以控制城市基础设施对产业集聚、要素集聚的影响；②房地产开发投资额(Hom)，用房地产开发投资额来度量城市房地产投资活跃程度，以控制房地产开发对城市建设用地面积扩张的影响；③财政压力(Fin)，用地方财政支出和收入的差来度量，地方政府财政压力越大，土地财政激励越大，由此控制地方政府财政激励对城市规模的影响；④市场潜能(Mar)，用市辖区批发零售贸易业商品销售总额与 GDP 的比表示，市场潜能会影响城市对企业的吸引力，故加以控制；⑤经济发展(Gdp)，用市辖区人均 GDP 来表示，以控制城市对资本的吸引力对城市规模变动的影响；⑥城镇化率(Urr)，用市辖区人口占总人口的比表示，用来控制城市未来人口集聚的潜力因素对城市规模竞争的影响；⑦外商投资额(Fdi)，用当年实际利用外资额表示，以控制开放度对城市规模的影响；⑧建成区占行政区面积的比(Bap)，用来控制土地利用潜力对城市规模的影响。表 6-2 为主要变量的统计特征。

表 6-2　主要回归变量的统计特征

变量/单位	符号	平均值	标准差	最大值	最小值
城市规模变动指数	Ure	0.308	0.141	0.986	0.039
人均道路面积/m^2	Roa	9.797	6.758	108.370	0.310
房地产开发投资额/亿元	Hom	10.919	26.826	343.494	0.003
财政压力/亿元	Fin	21.521	42.375	558.462	−685.898
市场潜能/亿元	Mar	0.435	0.466	9.626	0.084
经济发展/万元	Gdp	7.196	9.258	147.059	0.227
城镇化率	Urr	0.337	0.235	1.000	0.038
外商投资额/亿美元	Fdi	0.519	0.335	2.871	0.000
建成区占行政区面积的比	Bap	0.085	0.099	0.953	0.005

6.2.3　城市规模空间竞争的基本形态

对于方程式(6-1)，根据 Pace 和 LeSage(2009)提出的方法进行估计。为得到稳健的结果，首先必须确定空间计量模型的估计结果对权重矩阵是否敏感，其次是如何处理不可观察的因素对模型结果的影响。LeSage 和 Pace (2014) 认为只要空间权重矩阵是稀疏矩阵，空间计量模型对权重矩阵的设定就并不敏感，估计结果就可保证稳健[①]。最后，为了控制随城市但不随时间变动以及随时间但不随城市变动的两类不可观测因素，分别考虑了个体固定效应——模型 (1)、随机效应——模型 (2)、时间固定效应——模型 (3)、双向固定效应——模型 (4)。具体估计结果如表 6-3 所示。

表 6-3 城市规模空间竞争基本态势估计结果

变量	模型 (1)	模型 (2)	模型 (3)	模型 (4)
Roa	0.002 (0.102)	0.003 (0.253)	0.002** (0.156)	0.002 (0.982)
Hom	0.097 (1.523)	0.022** (2.359)	0.002*** (2.789)	0.001 (1.623)
Fin	−0.005 (−1.253)	−0.006 (−1.026)	−0.001 (−1.296)	−0.005 (−0.963)
Mar	0.096 (0.653)	0.001 (0.365)	0.025** (1.905)	0.002 (0.423)
Gdp	0.004 (0.102)	0.009 (0.206)	0.011 (0.603)	0.006 (0.987)
Fdi	0.018** (2.096)	0.014*** (3.961)	0.091*** (3.785)	0.009** (2.603)
Urr	0.102*** (4.362)	0.202*** (3.801)	0.231** (2.403)	0.238** (2.530)
Bap	0.039 (1.630)	0.045** (1.962)	−0.003 (−1.365)	0.043 (1.021)
W·Roa	−0.002 (−0.256)	−0.001 (−0.238)	−0.002 (−0.365)	−0.001 (−0.294)
W·Hom	0.055 (0.757)	0.005 (0.908)	0.038 (0.693)	0.006*** (2.807)
W·Urr	0.027 (1.023)	0.033 (1.369)	0.032 (1.568)	0.052 (1.635)
W·Fin	−0.002 (−0.409)	−0.001 (−0.537)	−0.102 (−0.389)	−0.030 (−0.736)
W·Mar	0.081** (2.458)	0.063** (2.563)	0.021* (1.784)	0.019* (1.862)
W·Gdp	0.005 (0.602)	−0.001 (−0.105)	0.011 (0.756)	0.003 (0.509)
W·Fdi	0.010 (0.937)	0.008 (1.036)	0.002 (1.368)	0.001 (1.523)
W·Bap	0.060 (1.506)	0.032 (1.087)	0.029 (1.578)	0.023 (1.602)
ρ	0.577*** (3.125)	0.601*** (3.586)	0.572*** (3.428)	0.567 (3.169)
年份固定效应	不包含	不包含	包含	包含

① 可参见第 2 章中有关文字说明，以后的类似模型估计不再赘述。

续表

变量	模型(1)	模型(2)	模型(3)	模型(4)
城市固定效应	包含	不包含	不包含	包含
$R\text{-}sq$	0.125	0.355	0.341	0.257
δ^2	0.001	0.002	0.009	0.001
Log-L	5101.456	4302.053	2628.472	5104.439

注：由于本估计只关心ρ，为节约篇幅，省去了模型(4)常数项。表中括号内为T统计量，*表示 10%的显著水平，**表示 5%的显著水平，***表示 1%的显著水平。本章后表同理。

为了验证以上估计的稳健性，还继续用人口规模、土地规模替换城市规模变动指数进行以上回归，发现估计结果与表 6-3 的ρ是一致的，即在 1%的水平下显著为正。这表明城市规模之间存在正的空间关联。主要表现是，当竞争对手城市的城市规模加速扩张时，本城市也会采取相应的对策，以展开对空间要素、空间产业的竞争；城市规模间的这种正相关性，实际上是地方政府在空间竞争中采取“跟随”策略的结果，这种“跟随”策略是城市规模空间竞争中的最优策略。

6.3　城市规模空间竞争来源的计量识别

政治晋升和经济增长竞争是引起城市规模空间竞争的根本原因。本节从政治晋升体制引起的地方政府行为纵向(垂直方向)共同反应和为增长而竞争引起的横向(水平方向)策略互动两个方面来识别城市规模空间竞争的来源。

6.3.1　水平方向空间竞争识别的基本命题

城市规模在水平方向上的空间竞争，主要是招商引资竞争，地方政府的招商引资主要采取三个策略：税收优惠、土地低价出让和提供公共物品，它们与税收制度、城市土地制度密切相关。从 1994 年的分税制改革以来，中国的税制变动幅度不大，其中在本章的研究期内，如 2006 年，中国正式取消农业税；2007 年，新通过的《企业所得税法》将内外资企业所得税进行合并，《城镇土地使用税暂行条例》将外商投资企业和外国企业也纳入了城镇土地使用税的纳税人范围，并提高了税额标准；2007 年之后，中国的税收制度相对稳定。在城市土地制度方面，2004 年，《国务院关于深化改革严格土地管理的决定》明确提出“禁止非法压低地价招商”，并要求加快工业用地进入市场配置速度；2006 年，国务院出台的《关于加强土地调控有关问题的通知》规定了工业用地必须采用招拍挂方式出让，且价格不能低于公布的最低标准；2007 年，《中华人民共和国物权法》对土地招拍挂的范围进行了明确，“工业、商业、旅游、娱乐和商品住宅等经营性用地以及同一土地有两个以上意向用地者，应采取招标、拍卖等公开竞价的方式出让”，规范了城市建设用地的使用权的市场配置制度；2008 年，《国务院关于促进节约集约用地的通知》提出，对国家机关办公和交通、能源、水利等基础设施、城市基础设施以及各类公共事业用地必须积极探索实行有偿使用制度；2008 年，国土资源部发布的

《全国土地利用总体规划纲要(2006—2020 年)》，对不同地区不同性质的土地进行了方向性的规定，实施差别化的土地利用政策。

通过政策梳理，不难发现，2004～2008 年中国城市土地政策、税收制度有多次的调整，相对于 2008～2013 年，政策是不稳定的。由于地方政府的招商引资策略跟上述两个制度息息相关，因此随着城市土地政策和税收制度政策越来越透明化、市场化，地方政府暗中操作的空间将越来越小，企业、劳动力在空间转移中的选择越来越多，城市间的招商引资竞争也会越来越激烈。也就是说，以 2008 年为分界点的前后两段时间内，城市规模空间竞争的强度很可能由于政策的稳定性差异、市场化差异而不同，这种空间竞争强度的变化，在以往关于地方政府竞争的研究中早有涉及，如王守坤(2010)、王美今等(2010)通过增加虚拟变量的方法，并用工具变量法对面板、空间面板模型进行估计；然而这种处理方式是有明显缺点的。首先是引入工具变量的方法，由于工具变量的不确定性，容易对估计结果产生不必要的干扰，其次是政策变动的前后两段时期，城市间的空间竞争强度截然不同，在以空间关联矩阵表征城市规模空间联系的空间计量模型中，尽管增加了表示制度变迁的虚拟变量，但实际上两段时间内城市之间模型中假定的空间竞争强度依然是同一系数ρ。显然这种估计方法引起了理论分析与证明方法不匹配的矛盾。

其实对于此类问题的处理方法，国外学者 Elhorst 和 Sandy(2009)已经进行了系统研究，他们提出了用两区制(two-regime)模型来处理研究期内空间关系差异带来的竞争非对称性。结合本章具体而言，相对于 2008～2013 年，2004～2008 年，由于政策不稳定、法律不完善，地方政府很可能因此在招商引资上有更大的操作空间，因此地方政府间的竞争可能并不是那么激烈；而后一段时期内，法律更完善、政策更稳定，市场化机制更健全，地方政府间的招商引资竞争可能更加激烈。因而城市规模的竞争强度也发生了变化。由于传统的在空间面板方程中增加虚拟变量的前提假设是，城市间的空间关系是不变的，这显然不适用于城市规模在水平方向上竞争的来源识别分析。

为了识别城市规模竞争在水平方向上的来源是否存在，鉴于制度稳定性、完善性对地方政府间的招商引资竞争有着重要影响，将 2008 年作为分界点。这里提出的基本命题是：如果地方政府间存在为了争夺要素、产业而展开的招商引资竞争，那么在城市土地政策、税收制度政策的影响下，2008 年前后两段时间内，地方政府的招商引资策略反应强度会发生明显的变化。提出本命题的依据是：城市土地政策、税收政策会对地方政府招商引资政策产生正向或负向激励，对于那些政府管理更透明、市场化程度强的区域，可能影响不大；但对于政府管理水平不高、市场化程度弱的区域可能就会产生很大的影响。所以，如果能证明城市规模空间竞争在这两段时间内发生了显著改变，就能证明城市规模存在水平方向上的空间竞争，而这种改变究竟是促使空间竞争减弱还是增强了，取决于两段时间前后对地方政府招商引资竞争影响的正负效应总和。

6.3.2 水平方向空间竞争来源识别及结果

基于以上分析，建立以下空间竞争来源识别的计量模型：

$$\text{Ure}_{it} = \rho\sum_{j=1}^{280} w_{ij}Ure_{jt} + \beta x_{it} + k\sum_{j=1}^{280} w_{ij}x_{jt} + \alpha + \mu_i + \lambda_t + \varepsilon_{it} \tag{6-2}$$

$$D = R \times \arccos\theta\left[\sin\varsigma_A \sin\varsigma_B + \cos\varsigma_A \cos\varsigma_B \cos\left(\tau_B - \tau_A\right)\right] \tag{6-3}$$

其中，Ure_{it} 为第 i 城市 t 时期的城市规模变动指数；w_{ij} 为空间权重矩阵 $\boldsymbol{W}$ 中的元素，用来反映城市规模的空间溢出关系，当 $i \neq j$ 时，值为 $1/D^2$，当 $i = j$ 时，值为 0；x_{it} 为控制变量；α 为截距；μ_i 和 λ_t 分别表示空间和时间固定效应；ε_{it} 为误差项。由于地区间的相互作用可能随着地理距离的增加而衰减，为避免空间权重设定的主观性，选用相对外生的地理距离(*D*)的倒数的权重矩阵作为空间关系的表征。由于地球是曲的，如果直接用欧氏距离公式，容易导致误差，因此用地球大圆距离测度两个城市间的距离 *D*，如式(6-3)所示。其中 *R* 为地球大圆半径，ς 和 τ 分别为两个城市市中心的经度和纬度。

正如前文的分析，首先为了检验制度变迁对水平方向的空间竞争强度产生的影响，也即为检验水平方向上的空间竞争是否存在，将样本分为两个阶段进行回归分析，如果两阶段中城市规模空间竞争强度没有显著发生变化，则表明制度变迁对城市规模竞争强度没有显著影响，即城市规模的空间竞争的来源在水平方向上并不存在。具体方法是，以研究期内水平方向上可能引起空间竞争的税收制度和城市土地制度相对稳定与否，对城市规模变动的时间段进行划分，以 2008 年为分界点，对 2004～2008 年、2009～2013 年两个时段分别进行空间面板回归分析。

为了得到较为稳健的估计结果，从两个方面进行考虑，一是空间权重矩阵方面，正如第三章所指出的，本文构建的基于距离的空间权重矩阵是稀疏矩阵，稀疏矩阵已经解决了由于空间权重设置差异所带来的模型估计结果不稳健的问题；二是控制随城市但不随时间变动以及随时间但不随城市变动的两类不可观测因素，分别考虑了时间固定效应、个体固定效应和随机效应模型。两个时段的估计结果见表 6-4 和表 6-5。

表 6-4　2004～2008 年面板空间杜宾模型估计结果

变量	模型(1)	模型(2)	模型(3)	模型(4)
Roa	0.001 (0.32)	0.004 (0.29)	0.001 (0.37)	0.004 (0.26)
Hom	0.004** (2.43)	0.001** (2.55)	0.004** (2.49)	0.009*** (2.97)
Fin	−0.008 (−0.72)	−0.002 (−0.93)	−0.001 (−0.87)	0.000 (0.74)
Mar	0.003 (0.13)	0.028** (2.47)	0.003 (0.18)	0.010 (0.24)
Gdp	−0.009 (−1.43)	0.016*** (2.89)	−0.001 (−1.27)	0.001** (2.31)
Fdi	0.004 (0.62)	0.014 (0.69)	0.004 (0.73)	0.085** (2.42)
Bap	0.001 (0.18)	0.022 (0.16)	−0.003 (−0.09)	0.042 (0.13)
Urr	0.136** (2.43)	0.195*** (2.94)	−0.002 (−1.67)	0.097 (1.70)

续表

变量	模型(1)	模型(2)	模型(3)	模型(4)
W·Roa	−0.006 (−1.20)	−0.001 (−1.35)	−0.007 (−1.48)	−0. 003 (−1.52)
W·Hom	−0.003 (−0.93)	−0.008 (−1.02)	−0.003 (−1.39)	−0.005 (−1.60)
W·Urr	0.006 (0.21)	0.009 (0.17)	−0.009 (−0.29)	0.033 (0.33)
W·Fin	−0.008 (−1.49)	0.002 (1.58)	−0.001*** (−3.07)	−0.009*** (−3.58)
W·Mar	0.013 (0.96)	0.001 (0.82)	0.009 (0.77)	0.007 (0.87)
W·Gdp	0.073 (1.72)	0.028 (1.61)	0.004 (1.53)	0.002 (1.44)
W·Fdi	0.038 (0.68)	−0.020 (−0.85)	0.006 (0.88)	0.009 (0.71)
W·Bap	0.102 (1.46)	0.088 (1.34)	0.078 (1.45)	0.098 (1.36)
ρ	0.503*** (4.23)	0.363*** (3.85)	0.489*** (3.87)	0.493*** (3.63)
年份固定效应	不包含	包含	包含	不包含
城市固定效应	包含	不包含	包含	不包含
R-sq	0.243	0.670	0.011	0.643
δ^2	0.006	0.005	0.001	0.008
Log-*L*	3177.632	1717.226	3181.945	2461.182

表 6-5　2009～2013 年面板空间杜宾模型估计结果

变量	模型(1)	模型(2)	模型(3)	模型(4)
Roa	0.001 (1.45)	0.007 (1.78)	0.003 (1.23)	0.008** (2.04)
Hom	−0.073 (−1.58)	0.006*** (3.01)	0.001 (0.59)	0.002** (2.55)
Fin	0.001 (1.50)	−0.002** (−2.49)	0.002 (1.42)	−0.022 (−1.66)
Mar	0.002 (0.91)	0.017*** (2.79)	0.002 (1.18)	0.039 (0.58)
Gdp	0.001 (1.36)	0.002** (2.35)	0.001 (1.88)	0.004*** (3.17)
Fdi	0.005 (0.96)	0.004 (0.85)	0.006 (1.54)	0.048 (1.12)
Bap	0.021 (0.91)	0.107** (2.35)	0.026 (1.77)	0.093*** (3.64)
Urr	0.014 (1.47)	0.306*** (4.12)	0.022 (0.26)	0.276*** (3.33)
W·Roa	−0.007 (−1.29)	−0.018 (−0.99)	0.003 (0.56)	−0.007 (−1.38)

续表

变量	模型(1)	模型(2)	模型(3)	模型(4)
W·Hom	0.001 (0.28)	0.007 (1.94)	0.004 (1.01)	−0.003 (−0.71)
W·Urr	0.025 (0.75)	−0.036 (−1.11)	0.098 (0.97)	−0.021 (−1.49)
W·Fin	−0.006 (−1.73)	−0.001 (−0.99)	−0. 003 (−1.82)	−0.012 (−1.39)
W·Mar	−0.003 (−0.25)	0.016 (0.78)	−0. 002 (−1.33)	0.005 (0.85)
W·Gdp	0.004** (2.53)	0.003 (0.19)	0.003 (1.55)	0.006 (1.48)
W·Fdi	−0.007 (−0.71)	−0.011 (−0.93)	−0.004 (−1.24)	−0.057 (−0.38)
W·*Bap*	−0.004 (−1.95)	−0.017 (−1.84)	0.072 (0.47)	0.062 (1.11)
ρ	0.585*** (3.19)	0.603*** (2.97)	0.541*** (3.08)	0.615*** (3.54)
年份固定效应	不包含	包含	包含	不包含
城市固定效应	包含	不包含	包含	不包含
R-*sq*	0.383	0.606	0.388	0.560
δ^2	0.001	0.006	0.001	0.002
Log-*L*	2766.693	1561.710	2780.556	2163.254

从表 6-4 和表 6-5 的估计结果可以看出，无论是城市固定效应、年份固定效应、双向固定效应，还是随机效应，表示空间竞争强度的系数ρ在 2009～2013 年段的值都比 2004～2008 年的值大，且在 1%的置信水平下显著。这说明在 2008 年后地方政府招商引资竞争的制度不断完善，如税收制度、城市土地制度等，使得地方政府间的竞争更加激烈，导致城市规模间的竞争强度发生了显著变化，验证了地方政府间存在水平方向上的空间竞争。换句话说，就全国各个城市平均而言，以税收制度和城市土地制度为代表的影响地方政府行为的制度变迁，加剧了地方政府间的竞争，且没有对城市规模空间竞争产生负激励作用，即中国的制度变革有利于地方政府市场化竞争。

6.3.3　垂直方向空间竞争识别的基本命题

国外文献一般使用选举的政治制度特征来检验标尺竞争，如 Besley 和 Case(1995)、Elhorst 和 Sandy(2009)。虽然中国的政治体制跟西方国家存在着巨大的差异，但前文分析表明，由于特殊的官员任命和晋升机制，中国地方政府间很可能存在自上而下的标尺竞争。中国官员的人事任免机制与几个重要“大会”有关，一是中国共产党全国代表大会，根据十八大刚通过的《中国共产党章程》第三章第十九条的规定，中国共产党全国代表大会的职权是听取和审查中央委员会的报告、提取和审查中央纪律委员会的报告、讨论并决定党的重大问题、修改党的章程、选举中央委员会、选举中央纪律检查委员会；二是中华人民共和国全国人民代表大会，根据《中华人民共和国宪法》第三章第六十二条规定，全国人民代表大会的职权是审查和批准国民经济和社会发展计划和计划执行情况的报告、审查和批准国家的预算和预算执行情况的报告、选举和罢免部分国家主要职能部门的官员；三是中华人民共和国地方各级人民代表大会，地方各级政府的法律法规和人事任免是其主要职能，2015 年第十二届全国人民代表大会常务委员会第十六次会议修改的《中华人民共和国地方各级人民代表大会和地方各级人民政府组织法》的第二章第八条规定，县级以上的地方各级人民代表大会行使下列职权：审查和批准本行政区域内的国民经济和社会发展计划、预算以及它们执行情况的报告、讨论，决定本行政区域内的政治、经济、教育、科学、文化、卫生、环境和资源保护、民政、民族等工作的重大事项，选举本级人民代表大会常务委员会的组成人员，选举省长、副省长，自治区主席、副主席，市长、副市长、州长、副州长，县长、副县长，区长、副区长，选举本级人民法院院长和人民检察院检察长，选出的人民检察院检察长，须报经上一级人民检察院检察长提请该级人民代表大会常务委员会批准等。

Edmark 和 Ågren(2008)认为地方官员产生制度，即西方国家地方选举制度对地方政府的政策有显著的影响，并通过在模型中加入虚拟变量的方法来刻画这种影响。方法是将选举年份设置为 1，其他年份设为 0。王守坤和任保平(2008)、王美今等(2010)也采取了类似的处理方法。与上一节分析水平方向的空间竞争识别问题一致，笔者认为通过添加虚拟变量的方法来识别与经济现象发生的机理不一致。为此，可以假定在“大会” 期间和非“大会”期间，地方政府的招商引资竞争带来的城市规模竞争强度在空间上存在明显差异。这样的决策机制很可能是存在的：地方政府的主要官员为了获取晋升或者连任，会在“大会”召开的前一年展开更为激烈的招商引资竞争，从而引起城市规模的垂直竞争。一般而言每五年一届的中国共产党全国代表大会及每一届的全国人大第一次代表会议是人事任免、调整的重要时间点。中国共产党的全国代表大会一次会议在当年的下半年举行，下一年的上半年举行各省代表大会与全国人民代表大会。在本章 2004～2013 年的研究期内，中国共产党第十七次全国代表大会于 2007 年 10 月 15 日至 21 日在北京召开，2008 年 3 月 18 日中华人民共和国第十一届全国人民代表大会第一次会议在北京召开；2012 年 11 月 8 日中国共产党第十八次全国代表大会在北京召开，2013 年 3 月 5 日中华人民共和国第十二届全国人民代表大会第一次会议在北京召开。

为了检验垂直方向城市规模空间竞争是否存在，以 2007 年和 2008 年、2012 年和 2013 年两对时间点为界限，假定在除了这两对年份外的年份，地方政府的招商引资竞争引起的城市规模竞争强度没有实质性的差异，相反在这两对年份中，地方政府主要官员为了彰显政绩，获取晋升或连任的政治筹码，空间上展开引起城市规模变动的招商引资竞争的激励更强烈。如果能够证明在这两对时间点内，相对于其他年份而言，城市规模空间竞争强度发生了显著变动，或者在这两对时间点和其他年份之间，城市规模空间竞争策略反应系数存在显著差异，就能证明城市规模自上而下的标尺竞争是存在的。

6.3.4　垂直方向空间竞争来源识别及结果

为了检验垂直方向的空间竞争来源，建立横截面的空间自回归模型：

$$\text{Ure}_i = \rho \sum_{j=1}^{280} w_{ij} \text{Ure}_j + \beta x_t + k \sum_{j=1}^{280} w_{ij} x_j + \varepsilon_i \tag{6-4}$$

其中，各变量的解释如式(6-2)，空间权重矩阵的生成如式(6-3)。正如前文分析，如果在研究期内的两“大会”召开年份的城市规模空间竞争强度显著增强，则可以证明城市规模的空间竞争来源在垂直方向是存在的，反之并不存在。具体方法是，以研究期内垂直方向可能引起空间竞争强度变动年份，即中国共产党的全国代表大会一次会议、各省代表大会与全国人民代表大会发生的主要年份，2007 年、2008 年、2012 年、2013 年为主要官员的人事调整的关键期，分别对上述四年与其他年份组成的样本进行空间截面回归分析。分析结果见表 6-6。

表 6-6　2004～2013 年横截面空间杜宾模型估计结果

变量	2004	2005	2006	**2007**	**2008**	2009	2010	2011	**2012**	**2013**
Roa	0.028^{**}	0.021	−0.003	**−0.002**	**−0.001**	−0.027	−0.016	−0.005	**−0.002**	**0.003**
	(2.53)	(1.01)	(−0.89)	**(−0.97)**	**(−1.54)**	(−1.63)	(−1.78)	(−1.93)	**(−1.37)**	**(1.29)**
Hom	0.009	0.001^{*}	0.011^{*}	**0.014^{***}**	**0.015^{**}**	0.049	0.008	0.003	**0.008**	**0.004**
	(0.47)	(2.13)	(2.07)	**(2.81)**	**(2.53)**	(0.89)	(0.93)	(0.27)	**(1.21)**	**(1.36)**
Fin	0.002	−0.035	−0.027	**-0.011^{**}**	**-0.016^{*}**	−0.019	−0.004	-0.024^{*}	**−0.005**	**−0.002**
	(1.14)	(−0.98)	(−0.93)	**(−2.48)**	**(−2.09)**	(−0.64)	(−0.85)	(−1.98)	**(−0.27)**	**(−0.93)**
Mar	0.013	0.046^{**}	0.041^{**}	**0.042^{***}**	**0.014**	0.010^{*}	0.025^{**}	0.091	**0.065^{**}**	**0.080^{***}**
	(0.85)	(2.39)	(2.47)	**(3.24)**	**(0.68)**	(2.07)	(2.46)	(0.73)	**(2.56)**	**(2.74)**
Gdp	0.024^{***}	0.022^{***}	0.023^{***}	**0.021^{***}**	**0.020^{**}**	0.021^{*}	0.018^{***}	0.033^{**}	**0.034^{*}**	**0.029^{***}**
	(3.12)	(2.85)	(2.74)	**(3.09)**	**(2.55)**	(1.99)	(2.87)	(2.38)	**(2.03)**	**(3.43)**
Fdi	0.019	0.018^{***}	0.019	**0.210^{***}**	**0.022^{**}**	0.024^{**}	0.028^{**}	0.038	**0.039**	**0.039**
	(0.25)	(2.79)	(1.54)	**(2.78)**	**(2.49)**	(2.26)	(2.53)	(0.52)	**(0.73)**	**(0.92)**
Bap	0.036	0.039^{**}	0.018	**0.028**	**−0.017**	-0.029^{**}	−0.018	−0.016	**−0.011**	**−0.017**
	(0.43)	(2.60)	(0.26)	**(0.33)**	**(−0.72)**	(−2.61)	(−0.08)	(−1.26)	**(−0.99)**	**(−0.86)**
Urr	0.221^{***}	−0.001	−0.013	**−0.027**	**0.030**	0.073	0.0016	0.010	**0.086**	**0.074**
	(3.47)	−(0.93)	(−0.68)	**(−0.97)**	**(1.44)**	(1.59)	(1.62)	(1.19)	**(1.43)**	**(1.77)**
W·Roa	0.003	0.088	0.003	**−0.002**	**−0.001**	−0.004	−0.002	0.005	**−0.002**	**0.003**
	(0.52)	(0.68)	(−1.31)	**(−0.46)**	**(−0.89)**	(−0.71)	(−1.66)	(1.21)	**(−1.59)**	**(1.28)**
W·Hom	0.001	0.005^{*}	0.001^{**}	**0.008^{***}**	**0.005^{**}**	0.010	0.003	0.001	**0.003**	**0.001**
	(0.63)	(1.98)	(2.32)	**(3.16)**	**(2.49)**	(1.29)	(1.35)	(0.80)	**(0.94)**	**(0.59)**
W·Urr	0.054	−0.018	−0.013	**−0.027**	**−0.030**	0.073	0.064	0.010	**0.086**	**0.073**
	(0.60)	(1.23)	(1.46)	**(−1.54)**	**(−1.67)**	(0.51)	(1.11)	(1.24)	**(1.33)**	**(1.49)**
W·Fin	0.035	−0.001	−0.002	**-0.001^{***}**	**-0.007^{*}**	−0.002	−0.004	−0.004	**−0.005**	**−0.003**
	(0.94)	(−0.52)	(−1.22)	**(−2.98)**	**(−2.03)**	(−0.09)	(−1.05)	(−1.17)	**(−1.55)**	**(−1.17)**
W·Mar	0.003	0.011^{***}	0.022^{**}	**0.003^{**}**	**0.017**	0.001	0.025	0.017	**0.001**	**0.004^{***}**
	(0.07)	(3.58)	(2.54)	**(2.59)**	**(0.51)**	(1.15)	(0.66)	(0.23)	**(1.78)**	**((3.39)**
W·Gdp	0.038	0.002^{***}	0.005^{**}	**0.001^{***}**	**0.006^{*}**	0.001^{**}	0.003^{*}	0.005^{**}	**0.006^{**}**	**0.017^{***}**
	(1.19)	(3.79)	(2.53)	**(3.82)**	**(2.06)**	(2.67)	(2.06)	(2.44)	**(2.37)**	**(4.04)**

续表

变量	2004	2005	2006	**2007**	**2008**	2009	2010	2011	**2012**	**2013**
W·Fdi	0.074 (0.07)	0.086** (2.40)	0.022** (2.57)	**0.011***** **(3.99)**	**0.013** **(0.19)**	0.005 (1.11)	0.028 (0.26)	0.038 (1.23)	**0.039** **(1.54)**	**0.012** **(0.23)**
W·Bap	0.028* (2.09)	0.039** (2.43)	0.018 (1.84)	**0.003** **(1.74)**	**−0.017** **(−1.15)**	−0.029 (−1.67)	−0.086 (−1.71)	−0.016 (−1.50)	**−0.011** **(−1.08)**	**−0.077** **(−1.58)**
ρ	**0.106**** **(2.64)**	**0.108**** **(2.59)**	**0.104*** **(2.03)**	**0.126*** **(1.99)**	**0.153**** **(2.47)**	**0.115*** **(2.01)**	**0.119*** **(2.12)**	**0.117**** **(2.45)**	**0.162**** **(2.49)**	**0.178***** **(2.99)**
Wald 检验	9.912	9.862	9.770	**9.661**	**9.950**	9.716	9.490	9.749	**9.622**	**9.597**
LM 检验	7.049	5.086	3.857	**2.698**	**2.658**	2.359	6.962	8.172	**2.583**	**2.989**
Log-L	334.901	322.374	337.843	**328.284**	**310.592**	306.860	240.837	255.887	**251.395**	**250.812**

根据表 6-6 横截面空间杜宾模型的估计结果可知，2004～2013 年，表示空间竞争强度的ρ在 10%、5%和 1%水平下显著；中国城市规模的空间竞争强度总体上呈愈来愈强的态势。这种愈来愈强的空间竞争，可以认为是规范地方政府行为，将地方政府行为逐渐引向透明化、市场化的制度变迁的直接后果。从每年空间竞争强度系数的变动中，可以发现，从 2004 年到 2008 年，由于制度相对不完善，空间竞争强度是逐渐加剧的，到 2007 年和 2008 年达到了高峰；在 2009～2013 年的制度相对完善阶段，城市规模竞争强度明显增强了，到 2012 年和 2013 年竞争强度达到了最大值。结合表 6-4 和表 6-5 可以发现，从 2004～2008 年、2009～2013 年两个时段来看，空间竞争强度的差异是水平方向和垂直方向的空间竞争共同作用的结果，且 2007 年和 2008 年、2012 年和 2013 年空间竞争强度都分别达到了对应阶段下的最大值，两段时期间无论是面板估计，还是截面估计，城市规模空间竞争强度都为递增；且从空间竞争强度的年均变化率上看，晋升年份的变化最大。这进一步表明水平方向和垂直方向的空间竞争确实存在，且在晋升年份，垂直方向的竞争为主导，在其他年份则以水平方向的竞争为主导。

以上分析的结论无法完全排除那些随时间变化但不随城市变化的因素对结果的干扰，并且如果方程遗漏了共同影响中央政府和地方政府决策的变量，就可能造成中央政府政策变量与包含共同冲击的扰动项相关，产生内生性。本节在模型中增加 2004～2013 年内两类不随个体变动但随时间变动的因素。第一类是反映中央政府的治理结构的因素，即财政分权(Fid)，用各地方政府财政收入占全国财政收入的比重来表示；第二类因素是全国经济形势，用 GDP 指数来反映。另外，关于中央制度的变量可能存在的内生性问题，由于在中央政府和地方政府关系中，中央政府扮演着类似斯塔克伯格领导者的角色(王守坤和任保平，2008)，其政策制定具有先行者特征，不可能对各地方政府的决策做出反应(Esteller-Moré and Solé-Olle，2001)，所以可将中央政府或上级政府的决策看作是外生的。基于此，对式(6-2)和式(6-4)进行重新估计。对于式(6-2)，通过比较 2004～2008 年、2009～2013 年两段时期的空间面板估计结果可以发现，表示空间竞争强度指标的ρ均显著增大，以城市固定效应为例，2004～2008 年ρ为 0.327，在 5%的水平上显著，2009～2013 年ρ为 0.397，在 10%的水平上显著；对于式(6-4)，各年的ρ均至少在 10%的水平上显著，并且无论是 2004～2013 年，还是 2004～2008 年、2009～2013 年的两个时间段上，其变化规律均与上述结果一致，结论稳健[①]。

6.4　城市尺度下城市规模空间竞争非对称效应

城市尺度即为城市间关系，这里指单个城市间一般关系。非对称效应是指城市规模空间竞争中不同类型城市间的竞争效应差异。本节首先建立了识别空间竞争非对称效应的空间计量经济学模型，接着从城市规模差异、城市区位、城市行政等级三个层面展开对非对称效应的计量分析。

6.4.1　空间竞争非对称效应识别模型

空间竞争的非对称性是指，在城市规模的空间竞争过程中，对于给定城市而言，其与周边竞争城市的竞争强度并不相同，而是具有差别性的；这种差别性的产生是由于城市对于不同竞争对手会制定不同的对策。而以上分析是基于城市对其所有竞争对手的反应是相同的，这显然不符合实际情况。空间是不平衡的，城市规模尤其如此。空间上各个城市的属性各不相同，产生这种非对称性的主要因素有：官员晋升预期差异、行政等级差异、产业结构差异、经济总量差异、地理区位差异、发展战略差异等。地方政府对那些主要属性与自己类似的城市，关注度最高，竞争更为激烈。在计量方法上，空间竞争的非对称性一般采用“两区制”模型来分析(Elhorst and Sandy，2009；张文彬等，2010；龙小宁等，2014)。该方法摈弃了传统线性空间计量模型中所有地区的空间相关系数相同的假定，而考虑了不同区域城市间的空间相关系数存异的可能。回归方程设定为：

$$\mathrm{Ure}_{it} = \rho_1 d_{it}\sum_{j=1}^{280} w_{ij}\mathrm{Ure}_{jt} + \rho_2\left(1-d_{it}\right)\sum_{j=1}^{280} w_{ij}\mathrm{Ure}_{jt} + \beta x_{it} + k\sum_{j=1}^{280} w_{ij}x_{jt} + \alpha + \mu_i + \lambda_t + \varepsilon_{it} \quad (6\text{-}5)$$

$$D = R\times\arccos\theta\left[\sin\varsigma_A\sin\varsigma_B + \cos\varsigma_A\cos\varsigma_B\cos\left(\tau_B-\tau_A\right)\right] \quad (6\text{-}6)$$

其中，Ure_{it} 为第 i 城市 t 时期的城市规模变动指数；w_{ij} 为空间权重矩阵 $\boldsymbol{W}$ 中的元素，用来反映城市变动行为的空间作用过程，当 $i\neq j$ 时，值为 $1/D^2$，当 $i=j$ 时，值为 0；x_{it} 为控制变量；α 为截距；μ_i 和 λ_t 分别表示空间和时间固定效应；ε_{it} 为误差项；d_{it} 为二元指示变量。由于地区间的相互作用可能随着地理距离的增加而衰减，为避免空间权重设定的主观性，选用相对外生的地理距离(D)的倒数的权重矩阵作为空间关系的表征。由于地球是曲的，如果直接用欧氏距离公式，容易导致误差，因此用地球大圆距离测度两个城市间的距离 D，其计算方法如式(6-6)所示。其中 R 为地球大圆半径，ς 和 τ 分别为两个城市市中心的经度和纬度。

本节从影响城市规模空间竞争的自身差异化特征及其对地理区位、行政等级的敏感性来构建指示变量。首先，假设某城市规模大于或小于等于其他地区，其策略性反应就会存在差异，令城市规模大于其他地区加权规模时，$d_{it,1}$=1，否则 $d_{it,1}$=0。其次，由于单

① 由于重点关注空间竞争强度ρ，不关注各个变量的估计结果，因而稳健性分析的结果不另行分析。

个城市规模变动会受到竞争环境的影响，如京津冀、长三角和珠三角城市群的规模竞争强度可能与其他城市有差异：如有相对统一的发展目标、相似的区位、相似的经济规模，很可能加剧城市规模竞争，但更深化的城市分工、更精细的发展模式、更成熟的要素市场却可能减弱城市规模竞争；因此城市群对城市群内城市规模的竞争的作用大小，取决于以上两个因素中谁为主导。城市处于三大城市群中时，令 $d_{it,2}=1$，否则 $d_{it,2}=0$。最后，空间竞争除了具有空间传递性外，行政等级高的城市与行政等级低的城市规模竞争强度可能存在差异。其他条件不变，如果直辖市和省会城市间官员晋升更激烈，那么规模竞争也将更激烈。但还可能存在另一种情况，即这些城市的经济水平、城市化水平已经相对较高，粗放地通过扩张城市以促进经济发展已不是竞争的主题，这些城市的发展竞争已经转向教育、创新等更精细化的领域，所以可能城市规模的空间竞争反而较弱；因此，最终呈现的竞争差异程度取决于上述两种力量的权衡。行政等级为省会及其以上时，令 $d_{it,3}=1$，否则 $d_{it,3}=0$。计量中将根据 $d_{it,1}$、$d_{it,2}$ 和 $d_{it,3}$ 三种情况建立相应的模型分别估计[式(6-7)]。

$$\begin{cases} d_{it,1}=\begin{cases}1,\ y_{it}>\sum\limits_{j=1}^{279} w_{ij,t-1}y_{i,t-1},\ i\neq j \\ 0,\ \text{其他}\end{cases} \\ d_{it,2}=\begin{cases}1,\ \text{长三角、珠三角和京津冀城市群中的城市} \\ 0,\ \text{其他}\end{cases} \\ d_{it,3}=\begin{cases}1,\ \text{省会及以上城市} \\ 0,\ \text{其他}\end{cases} \end{cases} \tag{6-7}$$

6.4.2 城市规模变动的非对称空间竞争形态

为了从总体上判断中国城市规模空间竞争的性质和程度，先对全样本 280 个城市规模变动指数变动进行空间计量估计。表 6-7 模型(1)列为单区制空间杜宾模型，估计时选择了个体固定效应，估计结果表明空间相关系数显著为正。模型(2)～(4)列给出了城市规模小于和大于其他地区加权的竞争强度时，空间竞争形态的估计结果(ρ_1 为小于，ρ_2 为大于)。比较三个模型可发现，城市在人均道路投资、房地产投资、城市化三个方面存在负向的空间溢出，表明城市在固定资产投资和城市化方面的竞争很激烈，并呈现不良之势。从中还可以发现，在区制指示变量 $d_{it,1}$ 的设定下，三个模型均在 1%的显著性水平下拒绝区制 1 和区制 2 的空间相关系数相等的原假设，说明采用该模型对城市变动空间竞争差异在不同条件下进行识别是合理的。ρ_1 和 ρ_2 在 1%的水平下显著为正，且前者较大。一方面表明，对于给定城市，无论面对比其规模小还是大的城市竞争，均采取城市跟随策略；另一方面，$\rho_1-\rho_2$ 衡量了给定城市对其周边不同城市规模变动的响应差异，显然对小规模城市的响应要比大规模城市激烈。具体而言，城市对于其周边城市竞争的反映分为两种情况：对比本城市规模小的城市，本城市的响应系数约为 0.64；对比本城市规模大的城市，本城市的响应系数约为 0.38，这表明相对于大规模城市，规模小的城市对空间变动的冲击更大。即在研究期内，当城市面临相对规模较小的周边城市扩张竞争时，该城市便会加快其城市扩张进程；当面临规模较大的周边城市扩张竞争时，该城市同样会出现扩张行为，只是强度比前者要弱；扩张成为城市应对空间竞争的“占优策略”，城市收缩竞争亦如此。最终，城市扩张在空间上陷入“较小规模城市快速扩张、较大规模城市持续扩张”的“竞争向上”的发展态势，或者形成城市连片收缩的格局。空间竞争的这种加速作用，一定程度上可以解释中国城市规模扩张“一发不可收拾”的原因。

表 6-7　城市规模的空间竞争估计结果

变量	模型(1)	模型(2)	模型(3)	模型(4)
Roa	0.0002 (1.09)	0.0013*** (4.54)	0.0012*** (4.11)	0.0012*** (4.17)
Hom	0.0008 (0.73)	0.0008*** (10.07)	0.0008*** (9.94)	0.0007*** (9.98)
Fin	−0.0005 (−1.28)	−0.0001** (−2.23)	−0.0001*** (−2.94)	−0.0008* (−2.13)
Mar	0.0009 (0.41)	0.0169*** (5.10)	0.0162*** (4.77)	0.0173*** (5.13)
Gdp	0.0005 (0.24)	0.0020*** (8.71)	0.0011*** (5.92)	0.0022*** (9.52)
Urr	0.0316 (1.39)	0.2250*** (23.92)	0.2201*** (23.33)	0.2302*** (24.21)
Fdi	0.0080** (2.13)	−0.0029 (−0.54)	0.0016 (0.30)	−0.0033 (−0.62)
Bap	0.0457 (1.60)	0.0850*** (4.55)	0.0922*** (4.82)	0.0925*** (4.89)
W·Roa	−0.0020** (−2.65)	−0.0012** (−2.26)	−0.0010* (−1.90)	−0.0014** (−2.74)
W·Hom	0.0005 (1.51)	−0.0006*** (−4.38)	−0.0006*** (−4.15)	−0.0006*** (−4.61)
W·Fin	−0.0038 (−1.77)	−0.0002** (−2.35)	−0.0001 (−1.21)	−0.0001* (−1.72)
W·Mar	0.0077 (1.62)	−0.0018 (−0.31)	0.0008 (0.13)	0.0008 (0.13)
W·Gdp	0.0005 (1.36)	0.0010** (1.98)	0.0013*** (3.10)	0.0016*** (3.05)
W·Urr	0.0386 (0.41)	−0.1386*** (−9.19)	−0.1196*** (−7.57)	−0.1221*** (−7.71)
W·Fdi	0.0099 (0.96)	0.0054 (0.60)	−0.0115 (−1.15)	−0.0480 (0.49)
W·Bap	0.0766 (0.77)	−0.0990*** (−3.42)	−0.0396 (1.25)	−0.0759 (2.31)
ρ_1	0.5767*** (19.43)	0.6452*** (34.07)	0.6428*** (26.78)	0.6427*** (26.78)
ρ_2		0.3680*** (14.20)	0.3790*** (14.03)	0.3960*** (14.92)

续表

变量	模型(1)	模型(2)	模型(3)	模型(4)
ρ_1-ρ_2 差异检验	—	0.3372***	0.2638***	0.2467***
城市固定效应	包含	包含	不包含	包含
年份固定效应	不包含	不包含	包含	包含
R^2	0.3902	0.7751	0.7397	0.7708
调整后的 R^2	0.5249	0.7483	0.7371	0.7425
δ^2	—	0.0044	0.0051	0.0045
Log-L	5103.5810	3540.2266	3342.7567	3518.1325

6.4.3 城市群内外的非对称空间竞争形态

由于京津冀、长三角、珠三角三大城市群经济发展水平高、有统一的发展战略规划和更完善的分工体系，因此其内部的城市规模空间竞争与非城市群城市间的空间竞争可能存在较大差异。针对这种可能，需要分析城市群内部的城市间与非城市群城市间空间竞争的非对称性效应。表 6-8 的模型(2)～(4)列汇报了城市群内外城市规模空间竞争形态的估计结果(ρ_1 为城市群内，ρ_2 为城市群外)。结果显示：城市群内城市对邻近城市空间竞争的反应系数为 0.41 左右，而城市群以外的城市对邻近城市空间竞争的反应系数为 0.63 左右，从系数的大小来看，城市群内城市间的变动竞争不如后者激烈。在区制指示变量 $d_{it,2}$ 的设定下，ρ_1-ρ_2 差异检验通过了 1%的显著性检验，系数为正，且前者小于后者。回归结果表明城市群内外的城市都会对其邻近城市的竞争做出响应，城市变动的正向竞争是普遍存在的现象；城市群内的城市间变动响应系数小于城市群外的城市间的响应系数，意味着城市群对城市规模空间竞争存在抑制作用。具体来说，城市群内的城市具有相对统一的经济社会发展目标，一体化程度强，分工合作机制更为成熟，城市变动受到了约束，而城市群以外的城市则面临着更为开放的政治环境、差异性更强的发展战略，由此形成了激烈的空间竞争；另一方面城市群内的城市发展起步早，三大城市群是中国经济空间发展的三极，社会经济发展已经达到了较高水平，城市发展空间有限。最后，从城市间行政等级差异上看，三大城市群均只有 1～2 个行政等级高的城市为核心城市，其他均为低等级的城市，城市群内的城市间合作多于竞争。

表 6-8 城市群内外城市规模空间竞争估计结果

变量	模型(1)	模型(2)	模型(3)	模型(4)
Roa	0.0002 (1.09)	0.0016*** (5.23)	0.0016*** (5.13)	0.0016** (5.10)
Hom	0.0008 (0.73)	0.0008** (10.68)	0.0009*** (10.81)	0.0009*** (10.59)
Fin	−0.0005 (−1.28)	−0.0001*** (−2.99)	−0.0002*** (−4.17)	−0.0001** (−2.90)

续表

变量	模型(1)	模型(2)	模型(3)	模型(4)
Mar	0.0009 (0.41)	0.0195*** (5.43)	0.0194*** (5.32)	0.0202*** (5.58)
Gdp	0.0005 (0.24)	0.0023*** (9.33)	0.0011*** (5.31)	0.0023*** (9.33)
Urr	0.0316 (1.39)	0.2946** (30.08)	0.2858** (29.18)	0.2955** (30.16)
Fdi	0.0080** (2.13)	0.0028 (0.49)	0.0094 (1.60)	0.0029 (0.50)
Bap	0.0457 (1.60)	0.1156*** (5.70)	0.1171*** (5.67)	0.1153*** (5.68)
W·Roa	−0.0020* (−2.65)	−0.0008 (−1.51)	−0.0007 (−1.19)	−0.0012 (−2.18)
W·Hom	0.0005 (1.51)	−0.0005** (−4.05)	−0.0004*** (−3.27)	−0.0005** (−3.95)
W·Fin	−0.0038 (−1.77)	−0.0003** (−4.05)	−0.0003*** (−3.38)	−0.0003** (−3.51)
W·Mar	0.0077 (1.62)	−0.0024 (−0.40)	0.0022 (0.34)	0.0022 (0.36)
W·Gdp	0.0005 (1.36)	0.0007 (1.24)	0.0007 (1.61)	0.0008 (1.55)
W·Urr	0.0386 (0.41)	−0.1375*** (−8.35)	−0.1266*** (−7.41)	−0.1317*** (−7.41)
W·Fdi	0.0099 (0.96)	0.0054 (0.55)	−0.0057 (−0.53)	0.0034 (0.32)
W·Bap	0.0766 (0.77)	−0.1217*** (−3.86)	−0.0617** (−1.78)	−0.1041** (−2.92)
ρ_1	0.3767*** (19.43)	0.4137*** (15.67)	0.4020*** (14.93)	0.4125** (15.58)
ρ_2		0.6520*** (25.25)	0.6290*** (23.04)	0.6170** (22.50)
ρ_1-ρ_2差异检验	—	−0.2383*** (−3.125)	−0.2770*** (−3.632)	0.2045*** (−3.540)
城市固定效应	包含	包含	不包含	包含
年份固定效应	不包含	不包含	包含	包含
R^2	0.3902	0.7350	0.6963	0.7353
调整后的 R^2	0.5249	0.7034	0.6933	0.7027
δ^2	—	0.0052	0.0060	0.0052
Log-L	5103.5810	3321.6598	3135.2462	3518.1325

6.4.4 行政等级高低的非对称空间竞争形态

根据中国中央-地方的行政逻辑，重要的城市政策基本是从行政级别高的城市向行政级别低的城市逐渐铺开的，依次是直辖市实验—副省级城市推广—省会城市推广—地方城市推广。由行政级别差异带来的城市发展政策差异，很可能对城市规模变动产生影响。表 6-9 给出了高低行政等级间城市规模空间竞争形态估计结果(ρ_1 为高行政等级，ρ_2 为低行政等级)。可以发现，ρ_1 和ρ_2 的估计结果很接近，但ρ_1-ρ_2 差异性检验的估计结果并不显著；在区制指示变量 $d_{it,3}$ 的设定下，对高低行政级别间的城市规模空间竞争响应差异进行识别是有问题的，这说明在高低行政等级间的城市规模变动行为无显著差异，无论是直辖市、省会城市，还是普通的城市，城市规模变动行为及其空间竞争行为是雷同的。其原因可能与政绩考核和官员晋升竞争主导下相同的城市经济发展路径、雷同的地方政府决策模式有关。这也表明中国城市还处于低级的“圈地”“圈人”式扩张阶段，高等级城市在经济密度、人口密度和城市发展竞争方面与低等级城市无明显差异，这也是中国正处于城市化快速时期应有的特征。

表 6-9 高低行政等级间城市规模空间竞争估计结果

变量	模型(1)	模型(2)	模型(3)	模型(4)
Roa	0.0002 (1.09)	0.0016*** (4.99)	0.0015*** (4.82)	0.0015*** (4.70)
Hom	0.0008 (0.73)	0.0009** (10.82)	0.0009*** (10.75)	0.0009** (10.64)
Fin	−0.0005 (−1.28)	−0.0001*** (−2.85)	−0.0001*** (−3.80)	−0.0001** (−2.56)
Mar	0.0009 (0.41)	0.0210*** (5.65)	0.0209*** (5.56)	0.0219*** (5.87)
Gdp	0.0005 (0.24)	0.0024*** (9.77)	0.0011*** (5.78)	0.0025** (10.04)
Urr	0.0316 (1.39)	0.2985** (29.23)	0.2867*** (27.95)	0.2995** (29.34)
Fdi	0.0080** (2.13)	0.0005 (0.09)	0.0058 (0.96)	−0.0007 (−0.12)
Bap	0.0457 (1.60)	0.1321*** (6.23)	0.1338*** (6.21)	0.1373*** (6.46)
W·Roa	−0.0020** (−2.65)	−0.0011** (−2.09)	−0.0006 (−1.06)	−0.0014* (−2.39)
W·Hom	0.0005 (1.51)	−0.0006*** (−4.35)	−0.0005*** (−3.51)	−0.0006** (−4.35)
W·Fin	−0.00038 (−1.77)	−0.0003*** (−3.75)	−0.0002** (−2.29)	−0.0002** (−2.44)
W·Mar	0.0077 (1.62)	−0.0002 (−0.03)	0.0038 (0.58)	0.0034 (0.53)
W·Gdp	0.0005 (1.36)	0.0012** (2.28)	0.0013 (2.84)	0.0016*** (2.95)

续表

变量	模型(1)	模型(2)	模型(3)	模型(4)
$W\cdot$Urr	0.0386 (0.41)	−0.1447*** (−8.69)	−0.1176* (−7.411)	−0.1252** (−7.25)
$W\cdot$Fdi	0.0099 (0.96)	0.0029 (0.29)	−0.0203* (−1.86)	−0.0099 (−0.93)
$W\cdot$Bap	0.0766 (0.77)	−0.1251*** (−3.88)	−0.0341 (−0.97)	−0.0641** (−1.78)
ρ_1	0.5767*** (19.43)	0.6099** (30.18)	0.5672*** (26.03)	0.5700** (30.18)
ρ_2		0.6148** (15.85)	0.5142*** (11.35)	0.5265** (15.85)
$\rho_1-\rho_2$ 差异检验	—	−0.0049	0.0529	0.0435
城市固定效应	包含	包含	不包含	包含
年份固定效应	不包含	不包含	包含	包含
R^2	0.3902	0.7240	0.6844	0.7250
调整后的 R^2	0.3249	0.6911	0.6813	0.6911
δ^2	—	0.0055	0.0062	0.0054
Log-L	5103.5810	3221.2131	3052.0814	3243.2937

6.5　区域尺度下城市规模变动的空间态势

区域尺度即为具有某一个共性特征的多个城市间的关系。为分析城市规模变动的空间演化态势，本节首先识别出了城市规模变动类型及对应的城市名单，然后进行空间态势分析。

6.5.1　城市规模变动类型识别

为讨论城市规模的变动，定义 L 为灯光亮度大于 6 且小于 2004 年全国城市灯光亮度排序的中位数 17 区域的面积，即人口低密度区；定义 H 为亮度大于 17 的区域面积，即人口高密度区。以 2004 年为基期，2013 年为末期，那么城市规模变动可能出现八种情况，如表 6-10 所示。

表 6-10　城市规模变动类型划分[①]

H 和 L 变动方向	变动幅度的比较	城市规模变动类型	城市个数
H 增加，L 增加	H 增加幅度大于 L 的增加幅度	绝对扩张 I	28
	H 增加幅度小于 L 的增加幅度	绝对扩张 II	235

① 可能存在误差，产生原因有三：第一，人口低密度区灯光亮度范围限定为 6～17，有可能有的城市灯光亮度小于 6，且收缩或者扩张以后也小于 6；第二，有的地区灯光亮度低于 6，由于地形以及低空云雾等原因，无法被卫星准确测度，但很可能实际的灯光亮度较大；第三，灯光光斑的栅格面积的计算过程也可能产生误差。

续表

H和L变动方向	变动幅度的比较	城市规模变动类型	城市个数
H减少，L减少	H减少的幅度大于L的减少幅度	绝对收缩Ⅰ	0
	H减少的幅度小于L的减少幅度	绝对收缩Ⅱ	0
H增加，L减少	H增加的幅度大于L减少的幅度	相对扩张Ⅰ	15
	H增加的幅度小于L减少的幅度	相对收缩Ⅰ	1
H减少，L增加	H减少的幅度小于L增加的幅度	相对扩张Ⅱ	1
	H减少的幅度大于L增加的幅度	相对收缩Ⅱ	0

根据2013年和2004年的L和H数据，以地级及以上280个城市为样本。对每一种变动类型的城市进行了识别发现，相对于2004年，绝对扩张Ⅰ型的城市有28个，分别是黄山、芜湖、福州、莆田、泉州、广州、惠州、江门、深圳、三亚、焦作、武汉、常州、南京、南通、泰州、扬州、西安、淄博、成都、德阳、杭州、湖州、金华、宁波、绍兴、台州、温州；绝对扩张Ⅱ型的城市有235个；绝对收缩Ⅰ型和绝对收缩Ⅱ型的城市有0个；相对扩张Ⅰ型的城市有13个，分别是舟山、嘉兴、天津、上海、镇江、无锡、苏州、廊坊、珠海、汕头、佛山、厦门、北京；相对收缩Ⅰ型的城市有1个，为东莞；相对扩张Ⅱ型的城市有1个，为乌海；相对收缩Ⅱ型的城市有0个。可见，相对于2004年，2013年的城市规模变动主要以绝对扩张Ⅱ型为主，以绝对扩张Ⅰ型和相对扩张Ⅰ型为辅的变动格局。

另外，限于文章篇幅，根据式(4-4)的衡量原理，中国280个地级城市2004～2013年的城市规模指数，本节只给出2013年城市规模指数测算结果，其中图6-2为2013年280个城市城市规模指数的散点图，表6-11是城市规模指数位于前50和后50位的城市。

在得到城市规模指数后，可以将2013年城市规模指数与2004年城市规模指数之比作为判断城市是否收缩的基准指标。正常情况下，可以将1作为判断标准，即比值大于1的为扩张城市，而小于1的则为收缩城市。然而在运用这个思路进行城市甄别过程中，发现这种标准对于那些行政区域面积较小，但是经济发展起步较高的城市不适用，

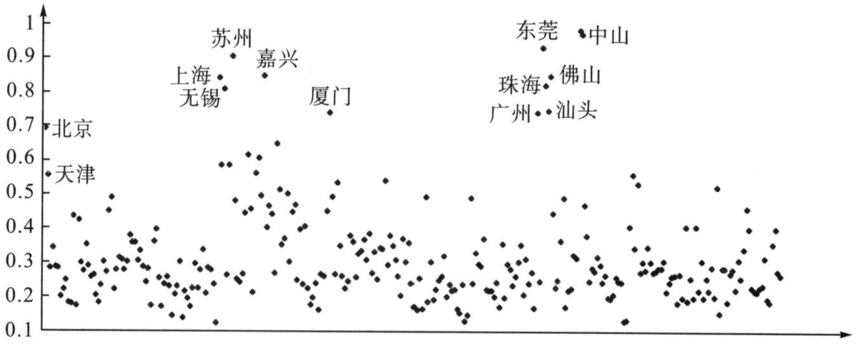

图6-2 2013年中国280个城市城市规模指数散点图

表 6-11　2013 年城市规模指数前 50 位和后 50 位城市

城市规模指数前 50 位城市				城市规模指数后 50 位城市			
城市	城市规模指数	城市	城市规模指数	城市	城市规模指数	城市	城市规模指数
东莞	0.982	台州	0.514	宿迁	0.211	承德	0.180
中山	0.971	芜湖	0.500	佳木斯	0.207	忻州	0.180
深圳	0.932	温州	0.496	辽源	0.206	沧州	0.177
苏州	0.906	郑州	0.493	益阳	0.206	阜阳	0.176
佛山	0.849	莆田	0.491	玉林	0.204	阜新	0.173
嘉兴	0.849	惠州	0.490	运城	0.201	衡水	0.171
上海	0.843	乌海	0.490	泰安	0.201	梅州	0.170
珠海	0.823	武汉	0.489	黄冈	0.200	朝阳	0.169
无锡	0.809	南通	0.480	濮阳	0.198	随州	0.169
汕头	0.747	潮州	0.468	邢台	0.198	齐齐哈尔	0.168
广州	0.742	马鞍山	0.468	临沧	0.198	德州	0.168
厦门	0.740	绍兴	0.465	资阳	0.197	娄底	0.165
北京	0.693	嘉峪关	0.459	宿州	0.196	菏泽	0.162
舟山	0.648	泰州	0.457	钦州	0.196	南阳	0.162
镇江	0.616	包头	0.451	郴州	0.196	聊城	0.160
宁波	0.605	福州	0.450	宝山	0.195	亳州	0.159
常州	0.586	淮南	0.446	安顺	0.194	铜川	0.151
南京	0.585	江门	0.444	庆阳	0.193	商丘	0.150
杭州	0.561	扬州	0.443	哈尔滨	0.192	驻马店	0.146
三亚	0.558	金华	0.441	贵港	0.192	四平	0.141
天津	0.556	廊坊	0.434	平顶山	0.188	松原	0.137
淄博	0.541	太原	0.422	六盘水	0.186	崇左	0.130
泉州	0.535	昆明	0.405	定西	0.184	来宾	0.128
成都	0.530	黄山	0.405	渭南	0.184	周口	0.126
西安	0.523	海口	0.405	开封	0.183	绥化	0.119

如深圳市从 2004～2013 年的城市规模指数变动很小，但实际城市规模却扩张了很多。笔者认为造成这种情况的原因有两个：一是在城市数据裁剪处理过程中造成的误差，但是经过不同精度的裁剪处理，本节排除了该因素的影响，二是设定最低灯光提取亮度 6 带来的误差，由于设定了最低灯光亮度为 6，很可能由于该值太低而导致 2004 年所观测到的深圳市规模较大，到 2014 年虽然实际规模扩张了，灯光亮度也增加了，但灯光所覆盖的面积却变化不大。如果以末期和基期的比是否大于或小于等于 1，来判断 2004 年到 2013 年城市规模究竟是扩张还是收缩，就很容易误将实际城市规模扩张的城市认为是收缩的。为了避免此类误差，定义末期和基期的比小于等于 0.9 为城市收缩。计算发现，截至 2013 年，中国共有 86 个收缩的城市，涉及 20 个省、自治区(表 6-12)。

表 6-12 2004～2013 年城市规模收缩的城市名单

收缩($Ure_{2013}/Ure_{2004}\leqslant 0.9$)	所属省、自治区	个数
承德市、衡水市	河北省	2
大同市、阳泉市、晋城市、运城市、临汾市	山西省	5
呼和浩特市、乌海市、赤峰市、乌兰察布市	内蒙古自治区	4
抚顺市、阜新市、铁岭市、朝阳市、葫芦岛市	辽宁省	5
长春市、吉林市、四平市、辽源市、通化市、松原市、白城市、齐齐哈尔市	吉林省	8
哈尔滨市、鹤岗市、大庆市、佳木斯市、七台河市、牡丹江市、绥化市	黑龙江省	7
徐州市、淮安市、宿迁市	江苏省	3
合肥市、淮北市、阜阳市、六安市、亳州市	安徽省	5
南昌市、景德镇市、赣州市、宜春市、上饶市	江西省	5
泰安市、德州市、聊城市、菏泽市	山东省	4
开封市、平顶山市、漯河市、三门峡市、南阳市、商丘市、信阳市、周口市、驻马店市	河南省	9
黄石市、荆门市、荆州市、咸宁市、随州市	湖北省	5
长沙市、岳阳市、益阳市、株洲市、永州市、娄底市	湖南省	6
梅州市、河源市	广东省	2
南宁市、玉林市	广西壮族自治区	2
海口市	海南省	1
攀枝花市、遂宁市、南充市、广安市、资阳市	四川省	5
保山市、丽江市	云南省	2
铜川市、渭南市、榆林市	陕西省	3
嘉峪关市、白银市、平凉市	甘肃省	3
合计		86

通过表 6-12 发现，截止到 2013 年中国共有 86 个城市处于收缩状态，同时发现中国的收缩城市具有连片、集中的特征，其中收缩城市个数较多的省份是河南省、吉林省、黑龙江省、湖南省、辽宁省、内蒙古自治区、四川省和山西省。

6.5.2 城市规模变动演化态势

空间依赖性越强，则越有可能存在更强路径依赖，而路径依赖越强，发展的趋势就越难以改变。考虑到不同变动类型的样本在满足回归分析要求上不一样，本节以样本最多的城市收缩和城市扩张变动为例，来进行空间演化态势分析。

基于前文城市扩张和收缩分类，根据式(6-5)和式(6-6)，以 2004 年为基期，将城市扩张标记为$d_{it}=1$，城市收缩标记为$d_{it}=0$，以构建两区制的空间杜宾模型，ρ_1、ρ_2 分别为扩张和收缩城市的空间依赖系数，估计结果见表 6-13。

表 6-13　城市扩张和城市收缩空间依赖估计结果

变量	模型(1)	模型(2)	模型(3)	模型(4)
Roa	0.0017*** (5.37)	0.0018*** (5.68)	0.0016*** (5.17)	0.0016*** (5.14)
Hom	0.0008*** (9.84)	0.0009*** (10.25)	0.0009*** (10.54)	0.0008*** (10.27)
Fin	−0.0001** (−3.01)	−0.0001** (−2.50)	−0.0002** (−3.58)	−0.0001** (−2.41)
Mar	0.0231*** (6.28)	0.0202*** (5.58)	0.0198*** (5.36)	0.0213*** (5.82)
Gdp	0.0012*** (5.85)	0.0023*** (9.51)	0.0012*** (5.87)	0.0025*** (9.93)
Urr	0.2831*** (28.23)	0.2919*** (29.56)	0.2835*** (28.53)	0.2942*** (29.58)
Fdi	0.0096 (1.60)	0.0006 (0.105)	0.0043 (0.72)	−0.0012 (−0.28)
Bap	0.1249*** (5.94)	0.1277*** (6.26)	0.1324*** (6.33)	0.1299*** (6.31)
W·Roa	0.0004 (0.64)	−0.0008 (−1.57)	−0.0005 (−0.82)	−0.0012** (−2.10)
W·Hom	−0.0009** (−7.03)	−0.0006*** (−4.05)	−0.0005*** (−3.32)	−0.0006*** (−4.05)
W·Fin	−0.0001 (−1.24)	−0.0002*** (−3.28)	−0.0002** (−2.30)	−0.0002** (−2.32)
W·Mar	0.0140** (2.32)	−0.0004 (−0.08)	0.0029 (0.44)	0.0028 (0.44)
W·Gdp	0.0013*** (2.79)	0.0010** (1.91)	0.0012** (2.58)	0.0016*** (2.83)
W·Urr	−0.1333*** (−8.05)	−0.1347*** (−8.20)	−0.1143*** (−6.66)	−0.1229*** (−7.19)
W·Fdi	0.01668 (1.65)	−0.0041 (−0.42)	−0.0215** (−1.97)	−0.0127 (−1.20)
W·Bap	−0.0793** (−2.47)	−0.0988 (−3.11)	−0.0085 (−0.24)	−0.0425 (−1.18)
ρ_1	0.5941*** (26.37)	0.3834*** (12.26)	0.3994*** (12.39)	0.4250*** (13.64)
ρ_2	0.6619*** (32.91)	0.6891*** (33.09)	0.6289*** (26.85)	0.6267*** (26.95)
ρ_1-ρ_2 差异检验	−0.0677*** (−3.29)	−0.3057*** (−9.75)	−0.2295*** (−6.81)	−0.2017*** (−6.25)
城市固定效应	不包含	包含	不包含	包含
年份固定效应	不包含	不包含	包含	包含
R^2	0.6832	0.7317	0.6885	0.7280
调整后的 R^2	0.6812	0.699	0.6853	0.694
δ^2	0.0063	0.0053	0.0062	0.0054
Log-*L*	3018.1979	3272.9501	3076.2352	3263.7011

结果发现，在模型(1)～(4)中，ρ_1 显著地小于ρ_2，且通过了 1%显著性水平下的$\rho_1-\rho_2$差异检验。这表明，城市收缩的空间依赖比城市扩张的空间依赖更强，收缩的城市间有更强的空间强化或传染效应。2004～2013 年，城市规模竞争更多表现为“城市规模的低密度扩张”。这意味着中国的城市发展对土地的开发是掠夺式的，至少在产业和人口匹配层面是远远滞后的，而且这已经成为多数城市实现经济增长的主要方式，这很可能在空间上出现连片式的人口低密度区蔓延，而对人口高密度区的要素挤占过多，引起经济社会问题。在未来中国城市规模变动演化进程中，呈现扩张的城市规模扩张速度较快、收缩的城市收缩更快的两极化态势。而且具有较强的空间传染性，并不断使越来越多的城市卷入其中，这种不同变动类型城市间的两极化态势，以及空间自强化效应，是制定城市协调发展战略必须考虑的问题。

6.5.3 外部引力和内部推力

拟采用因子分析方法对城市规模收缩原因进行分析。在选取相关指标时，除了遵循数据可得性要求以外，还必须充分考虑指标的全面性，选取的指标必须既与城市自身影响城市规模的因素相关，又需反映全国层面影响城市规模变动的影响因素。根据这种思路，最后选取了 16 个能够反映影响城市规模变动的因素，具体指标如表 6-14 所示。

表 6-14 城市规模变动的影响因素指标

指标	含义	单位
X_1	城市经济与国家经济增速之比	%
X_2	人均道路面积	平方米
X_3	房地产开发投资额	亿元
X_4	财政压力	亿元
X_5	市场潜能	亿元
X_6	特大城市数量	个
X_7	经济增长率	%
X_8	职工平均工资	元
X_9	交通条件改善情况	%
X_{10}	外商投资额	亿美元
X_{11}	建成区占行政区面积的比	%
X_{12}	全国城乡差距	—
X_{13}	全国区域差距	—
X_{14}	万人图书数量	本
X_{15}	城市绿化率	%
X_{16}	固定资产投资额	亿元

由于指标体系中包含一些无法直接获得或易混淆的指标，在此进行解释。

(1)全国城乡差距与全国区域差距：城乡差距用城镇居民可支配收入与农村居民人均纯收入之比来衡量，地区差距用区域基尼系数衡量，两大指标测算结果如表 6-15 所示。

表 6-15　2004～2013 年中国城乡差距和区域差距测算结果

年份	城乡差距	区域差距
2004	3.212	0.071
2005	3.224	0.073
2006	3.281	0.075
2007	3.333	0.078
2008	3.314	0.081
2009	3.334	0.083
2010	3.332	0.082
2011	3.137	0.080
2012	3.109	0.079
2013	3.037	0.786

(2)财政压力：用地方财政支出和收入的比值来度量，地方政府财政压力越大，土地财政激励越大。

(3)市场潜能：用市辖区批发零售贸易业商品销售总额与 GDP 的比表示，市场潜能影响城市对要素的吸引力。

(4)特大城市数量：采用 2014 年城市规模划分标准，即城区常住人口 500 万以上的城市数量，数据来源于《中国城市建设统计年鉴》。

(5)城市经济与国家经济增速之比(经济增长率)：城市当年的 GDP 增速与国家 GDP 增速的比值，用来衡量城市经济增长速度在整个国家城市体系中的地位。

(6)交通条件改善情况：城市在 2004～2013 年是否有高铁线路通过并设立站点，有的话，该指标值为 1，没有则为 0，该指标数据通过手动整理得到。其他指标数据来源于历年《中国城市统计年鉴》。

进行因子分析前需要先检验变量之间的相关程度。对 16 个变量进行 KMO 检验和 Bartlett's 球形检验，KMO 检验值分别为 0.795 和 0.891，Bartlett's 球形检验显著概率都为 0，说明该因子分析模型具有良好的效果。一般来说，确定主成分的个数以特征根大于 1 的个数为宜，根据此原则，一共提取了 3 个公共因子，其单个方差贡献率和累计方差贡献率如表 6-16 所示。

表 6-16　主因子方差贡献率

主因子	特征值	方差贡献率/%	累计方差贡献率/%
F_1	12.189	35.07	35.07
F_2	8.226	31.81	66.88
F_3	3.994	17.91	84.79

因子分析结果表明在影响城市收缩的 16 个指标中可以提取 3 个公共因子进行解释，各因子的方差解释度分别为 35.07%、31.81%、17.91%，3 个因子总贡献率为 84.79%，因此这 3 个公共因子很好地解释了城市收缩的原因。进一步利用旋转因子载荷矩阵，得到 3 个公共因子的较高相关度指标分布情况，可发现公共因子 1 与 X_1、X_6、X_9、X_{12}、X_{13} 高度相关，这些指标都是反映城市与外部差距的指标，与外部差距越大意味着城市要素的流失越严重，因此可以将公共因子 1 命名为外部引力影响因子；公共因子 2 与 X_2、X_5、X_7、X_8、X_{10}、X_{14}、X_{15} 高度相关，这些指标反映了城市自身对要素的吸引能力，故可命名为内部推力因子；公共因子 3 与 X_3、X_4、X_{11}、X_{16} 高度相关，这些指标反映的是中国城市空间扩张的机制。由于采取的是综合性城市规模衡量指标，故缺少人口增长的空间扩张并不意味城市在扩张，恰恰相反，具有这种特征的城市是在收缩。实际上在得到的 86 个收缩城市中，空间扩张而人口减少的城市收缩不在少数，因此可以将公共因子 3 命名为收缩的动力机制因子(表 6-17)。

表 6-17 因子含义以及对应的主要变量

因子编号	因子名称	所包含的主要变量
F_1	外部引力因子	城市经济与国家经济增速之比、特大城市数量、交通条件改善情况、全国城乡差距、全国区域差距
F_2	内部推力因子	人均道路面积、市场潜能、经济增长率、职工平均工资、万人图书数量、城市绿化率
F_3	收缩机制因子	房地产开发投资额、财政压力、建成区占行政区面积的比、固定资产投资额

6.5.4 本地区和跨地区虹吸

通过因子分析发现，影响城市规模变动的主要因素包括“外部引力因子”“内部推力因子”和“收缩机制因子”，这与张学良等(2016)认为的中心城市虹吸、产业结构转换和人口结构变迁是影响城市收缩三要素不谋而合。根据新经济地理学理论，中心—外围结构在经济发展前期集聚力强，带动力弱，总体上中心对外围城市的虹吸作用明显，在经济发展后期，中心会对外围城市有较强的带动效应，但转折点在哪里，不同的区域可能并不相同。根据简单的经济发展阶段判断，以及前文关于 2013 年城市收缩的甄别，可以发现城市收缩基本都出现在经济发展相对滞后的中西部和东北地区。

为此，本部分的研究对象正是上述出现城市收缩的地区，自变量是到距离其最近的高一行政等级城市的时间(t_1)，以及到北京、上海、广州的最短时间(t_2)，因变量是上述收缩的城市 2004～2013 年的城市规模指数(Ure_{it})。按照新经济地理学理论，外围地区产业越发达，越有利于缓解中心地区的虹吸效应，为进一步验证这种影响，构建城市与最近的高一行政等级城市的产业分工结构($\mathrm{fd1}_{it}$)，以及到北京、上海、广州(三者中挑选距离最近的)的产业分工结构($\mathrm{fd2}_{it}$)两个变量与 t_1、t_2 的交互项，控制变量主要考虑人口结构差异(Age_{it})、城市规模差异(Pop_{it})、职工平均工资差异(In_{it})等。用爬虫技术分别搜集了普通公路、高速公路、普通铁路、高速铁路的最短交通距离，并根据《公路工程技术标准》(JTG B01—2014)限速标准来计算交通时间，如普通公路的速度按 60km/h 计算，高速公路按 100km/h 计算；由于铁路提速因素，2005 年普通铁路按 110km/h 计算，2006 年按 120km/h 计算，2007 年按 140km/h 计算；高速铁路交通时间按照各年中国高速铁路开通运营线路、沿线设站城市和《全国铁路旅客时刻表》等信息整理。用“中心城市生产性服务业从业人员/制造业从业人员”和“外围城市生产性服务业从业人员/制造业从业人员”来测度产业分工结构。计算方法如式(6-8)所示：

$$\mathrm{fd}_{it}=\frac{\sum_{k=1}^{n} l_{cks,t} \Big/ \sum_{k=1}^{n} l_{ckm,t}}{\sum_{k=1}^{n} l_{pks,t} \Big/ \sum_{k=1}^{n} l_{pkm,t}} \tag{6-8}$$

其中，$\sum_{k=1}^{n} l_{cks,t}$ 表示第 t 年中心城市(c)所有(k)服务业(s)的从业人数，以此类推；p 为群内其他城市；m 表示制造业。城市产业划分则根据《行业分类国家标准》和《中国城市统计年鉴》，将二位数代码 51～62，以及 68～78 的行业确定为生产性服务业，将 13～43 的行业确定为制造业。fd_{it} 越大，中心城市与外围城市功能分工程度越高。

基于上述变量，本部分使用面板数据固定效应模型进行估计，为控制可能存在的自变量和应变量间可能存在的双向互动，将所有白变量包括控制变量取滞后一期，结果如表 6-18 所示。从模型(1)～(4)可以看出，在只控制个体固定效应以及个体固定效应和时间固定效应均控制后，模型(1)～(4)的符号是一致的，且 F 值均大于 10，面板固定效应模型显著。不难发现，最近的高一行政等级城市，以及最近的东部发达城市的虹吸作用是城市收缩的主要原因。值得一提的是，城市参与高一行政等级城市及东部发达城市的产业分工程度越深，则越有利于缓解这种收缩的趋势。

表 6-18　本地区和跨地区的虹吸效应估计

变量	模型(1)	模型(2)	模型(3)	模型(4)
t_1	−0.204***	−0.198***	−0.138***	−0.115***
	(2.98)	(−3.20)	(−3.59)	(−3.08)
t_2	−0.426**	−0.414***	−0.273**	−0.258***
	(−2.56)	(−2.87)	(−2.44)	(−2.81)
$t_1 \cdot \mathrm{fd1}_{it}$	—	—	−0.081*	−0.075***
			(−2.01)	(−2.95)
$t_2 \cdot \mathrm{fd2}_{it}$	—	—	−0.185**	−0.164***
	—	—	(−2.40)	(−3.15)
控制变量	控制	控制	控制	控制
个体固定效应	包含	包含	包含	包含
时间固定效应	不包含	包含	不包含	包含
F 值	17.37	19.39	27.49	33.01

6.6 本章小结

城市规模空间竞争的本质就是地方政府竞争。本章通过分析地方政府竞争与城市规模变动的关系发现，在中国现有的财政制度、土地制度、官员晋升制度背景和城市化背景下，城市规模扩张是地方政府间为增长而竞争的必然结果。基于此，本章对城市规模空间竞争的存在性进行了空间计量检验，进而展开对城市规模空间竞争在水平方向和垂直方向的两个来源进行识别，最后一部分则从四种不同角度检验了城市规模空间竞争的非对称效应。

研究表明，在现阶段，一定程度上城市规模变动成了地方政府空间竞争中成败的“晴雨表”，地方政府在竞争中获取的优势越大，城市规模扩张越快，否则扩张越慢。当前城市规模竞争的基本形态是，当竞争对手城市实行扩张性的城市政策时，本城市也会采取相应的对策，以展开对空间要素、空间产业的竞争。

当竞争对手城市规模扩张放缓时，本城市也会采取相应的政策，因为地方政府一旦面临负的无可避免地外部性冲击，比如东北地区的整体性发展衰退，为了获得相对好的政绩，地方政府就可能采取“只要你不比我好” 的“逐底竞争”形式。因此相互间合作的激励很弱，这就导致城市间本可以通过合作来抵消某些外生冲击的机会散失，从而陷入更大的空间竞争中。城市规模变动间的这种正相关性，实际上是地方政府在空间竞争中采取“跟随”策略的结果，这种“跟随”策略是城市规模空间竞争中的最优策略。

中国城市规模空间竞争的空间来源主要为水平方向的地方政府间策略互动和垂直方向的由于晋升体制而存在的共同反应。计量分析表明，在官员晋升的主要年份(即决定地方官员升迁与否的主要年份)，城市规模空间竞争的主要来源为垂直方向的共同反应，而在非官员晋升年份，城市规模空间竞争的主要来源为水平方向的策略互动。在城市规模空间竞争中，小规模城市向空间释放的竞争信号会更强烈，城市群内的城市规模竞争不如城市群外的城市间竞争那么激烈，高低行政等级间的城市规模竞争差异性不显著。

2004～2013 年，城市规模竞争更多以“低密度人口区扩张比高密度人口区更快”的双扩张模式。“低密度区面积”扩张更快，意味着中国的城市发展对土地的开发是掠夺式的，至少在产业和人口匹配层面是远远滞后的，而且这已经成为多数城市实现经济增长的主要方式。从而很可能在空间上出现连片式的人口低密度区蔓延，而对人口高密度区的要素挤占过多，引起经济社会问题。在未来中国城市规模变动演化进程中，人口高密度区扩张幅度慢于低密度区扩张幅度的双扩张格局，极可能成为常态，并不断使越来越多的城市卷入其中。

城市作为一种特殊的空间组织，其发展路径有独特的规律，城市发展战略首先应该尊重这种规律，如适当的规模带来效率是城市经济发展的铁律，这一点必须得到保障。因此从这个角度分析，当前鼓励建设成千上万的中小城市和小城镇的发展战略可能是不合适的。实际上在本章 86 个收缩城市中，绝大部分都是中小城市，因此顶层城市发展战略应该坚持正确的城市发展规律。与此同时，本章的研究证明中国城市体系发展呈现截然不同的两种类型：城市扩张和城市收缩。城市的无序扩张会导致城市病等问题，而城市的严重收缩则会带来更为严重的经济萧条问题，当前我国东北部分城市遇到的发展困境，实际上就是城市收缩的问题。这两种问题的特征、成因以及解决思路是完全不同的，因此在制定城市发展战略时应该统筹考虑城市经济发展的整体目标，并根据该目标对处于不同发展阶段的城市进行针对性的发展布局。

在区域发展中，城市收缩所代表的萧条病是比城市扩张代表的膨胀病更为严重的区域发展问题。国外经验表明，陷入收缩阶段的城市具有很强的路径惯性，很容易由城市收缩陷入严重的萧条病中，与此同时治理萧条这种区域病是极为困难的，不仅需要中央政府投入大量的人力、物力，同时见效极慢，国内外存在大量的陷入萧条病后而长期无法实现复苏的城市。因此，一定要高度重视城市收缩现象，应该基于包括人口、资金、企业、产业流失、经济增速下滑、财政收入下滑、基础设施老化、产业结构单一等多种城市收缩的典型特征来构建可量化的城市收缩预警机制，由专门的政府组织定期发布城市收缩风险指数，争取在收缩现象萌芽期就采取针对性的措施予以解决。

本章研究证明外部引力和内部推力、主要核心城市的虹吸效应，是导致城市收缩的两大原因。市场经济条件下，自由迁移的劳动力会“用脚投票”，城市是否具有吸引力将直接反映在它对各种要素的吸入量上，城市吸引力越大，流入的要素就越多，城市收缩的风险就越小。因此，一方面城市发展应该重视自身发展能力的提升，既提高政府服务意识和办事能力，同时也必须提高如城市的生活环境、基础设施、公共产品质量等硬件环境，以提高城市吸引力，促进要素流入；另一方面中小城市应该重视经济发展，采取健康的、创新的发展方式努力缩小与发达城市的各种差距，积极参与中心城市的产业分工，城市收缩现象才可能得到遏制。

空间扩张而人口减少式的城市在中国整个城市体系中占据一定比例，究其原因：一是地方政府与中央政府在财权事权上的严重失衡，地方政府为了获得可支配的财政收入，只能选择通过推动空间扩张来获得土地财政；二是地方官员的晋升与其辖区内的经济发展指标密不可分，而以基建投资为主的空间扩张无疑是刺激经济发展见效最快的手段，在这种情况下，地方政府自然而然会忽略能够留住人的其他社会公共产品支出，最终导致城市收缩现象出现。因此，想要改变空间扩张而人口减少的城市收缩现象，必须改变当前的财政收入分配比例和地方官员政绩考核制度，建立起以人为核心、地方和中央财权事权匹配的城市发展机制。

毋庸置疑，中国城市发展取得了举世瞩目的成就，但是在这个过程中，部分城市开始出现了严重的收缩现象。本章基于全球夜间灯光数据对城市规模和收缩情况进行分析，发现在中西部和东北地区已经有 86 个城市出现了收缩现象。这表明当前中国城市体系发展已经出现了比较明显的分化特征，整体的发展质量并不高。进一步地，本章对引起城市收缩的原因进行全面分析，发现外部引力、内部推力和收缩动力机制，以及中心城市的虹吸效应，是当前城市出现收缩的主要原因。基于此，一方面提出了未来城市发展战略的总体思路，另一方面也强调要高度重视城市收缩现象，应该尽快构建城市收缩预警机制，从而避免城市发展陷入严重的收缩泥淖。

第 7 章　城市规模变动对城市效率的影响

城市效率是影响政府公共政策选择的主要因素之一。分析城市规模变动对城市效率的影响，对于提升城市效率、促进城市经济可持续发展具有重要意义。城市是一个特殊的经济集聚体，城市规模能反映该集聚体大小。理论上，由于向心力和离心力的共同作用，城市效率和城市规模必然呈现一定的联系，厘清这种联系有助于政府通过采取适当的公共政策，实现高效率、低成本的城市发展。

7.1　城市效率的测算与区域比较

如果将城市看作一个生产单位，那么城市经济效率指的就是该生产单位的投入产出比，城市效率是城市集聚经济规模效应最集中的体现。城市效率是城市发展“质”和“量”的直接体现，可以将其理解为劳动生产率，本文将城市效率定义为不同点城市投入和产出的比较状态。

7.1.1　测算方法选择

对于城市效率的测算，当前学术界共存在五种基本方法，分别是指标体系法、索洛(Solow)余值法、随机前沿分析(stochastic fhontier analysis，SFA)法、生态足迹评价法和数据包括分析(DEA)法。

第一，指标体系法是基于一定的理论和城市效率在不同方面的表征性指标，利用一定的加权方法将这些指标进行数据合成，从而得出城市效率的评价值，较早见于王嗣均(1994)的研究中，此后随着 21 世纪中国定量分析工具的广泛传播，类似的研究可谓汗牛充栋。该方法的最大弊端在于不同指标在合成过程中的随意性，虽然不同的学者都说明了自己的理由，但毕竟不同的数据合成方法造成了不同的评价，结果难以比较是事实；优点是评价指标可能更接近现实，更能反映直观的现象。

第二，Solow 在《经济学与统计学评论》杂志上发表了题为《技术变化与总量生产函数》一文，他认为经济增长中无法用劳动和资本的贡献来说明的那部分“余值”是由技术进步带来的。索洛余值法的前提是生产单位的规模收益不变、希克斯(Hicks)中性和所有的生产单位都能达到最优生产效率；一般的生产函数反映的是各投入要素和产出间的关系，前沿生产函数反映了在给定技术条件和生产要素组合下投入产出间的关系，通过生产单位实际产出与最优产出间的差距可以反映生产单位的综合效率。

第三，DEA 是 Charnes、Cooper 和 Rhode 三位学者于 1978 年提出的，是一种利用非参数的线性规划在多投入和多产出的情况下测算生产单位投入产出比的方法，不同于

SFA、索洛余值法，它不需要事先设定特定的生产函数类型，而是构建出一个包含若干个生产单位的处于相对有效前沿的效率面，然后计算出给定的生产单位相对于前沿面的生产单位的效率水平。最早的 DEA 模型只能处理生产规模报酬不变的生产单位的效率评估问题。直到 1984 年 Banker、Charnes 和 Cooper 才开发了用于估计生产规模报酬可变的生产单位效率的模型。

第四，生态足迹(ecological footprint)由 Rees(1992)最早提出，并首先运用在城市经济发展研究中。它是通过计算维持人类生产和发展的自然资源消耗和吸纳人口社会产生的废弃物所需的土地面积的大小，并与给定的区域生态承载能力比较后，评估人类社会对生态环境的影响，从而测度区域可持续发展状况的方法(Wackernagel et al.，2004)。

第五，SFA 是利用随机前沿生产函数进行效率估计的方法。该方法由 Aigner、Lovell 和 Schmidt，以及 Meeusen 和 van den Broeck 于 1977 年各自独立提出。是一种效率估计的参数方法，其通过对误差项的分解对决策单元的技术效率做出估计，误差项分为两部分，一项表示随机误差，另一项表示技术无效性(technical inefficiency)。其思想是通过生产函数构造前沿面，并采用技术无效率项的条件期望来作为技术效率，其结果受特殊点的影响较小，且不会出现效率值为 1 且相同的情况。缺点是对多产出的处理不如 DEA 方法效率高，且指标过多时，指标间的相关关系也会对结果产生影响。

第六，通过以上分析可发现，只有索洛余值法和 SFA 法测算的效率是绝对值，而其他方法测算出的效率均为相对值，当然这种相对值还是绝对值的区分，并不会对现实问题的研究产生太大影响。索洛余值法的一个致命的缺点在于无法对多产出的情形进行效率估算，SFA 方法在处理多产出时则需要将产出数据合并成单产出类型，如果投入指标较多也很容易对估计结果产生影响。当然 DEA 也并非完整无缺，当样本中存在特殊样本的时候，DEA 估计的结果会受到较大影响。生态足迹方法在对城市效率进行测算时则更倾向于分析城市发展的可持续性问题。因此，鉴于本章分析的是城市集聚体规模经济的效率问题，不涉及城市生态环境方面，故而不选用生态足迹法；由于研究的是多投入多产出情形，更适宜选择 DEA 法。下文将基于 DEA-Malmquist 指数法测算 280 个城市的效率。

7.1.2　测算指标设计

第一，投入指标。城市的主体是人，城市发展的目的就是为了给人民提供更好的经济条件、工资待遇、医疗条件，更便捷的交通、更优美的环境。故而，可以将城市看作是一个执行基本生产决策的单位，产出分为经济、社会和环境三个方面，投入指标主要包括劳动力、土地和资本，其中劳动力用市辖区人口衡量，土地用市辖区建设用地面积衡量，经济产出用市辖区实际 GDP 衡量，社会产出用市辖区职工平均工资、医院和卫生院床位数、年末实有城市道路面积、年末实有公共汽(电)车营运车辆数来衡量，环境产出用市辖区绿地面积来衡量①。具体的投入产出指标如表 7-1 所示。

① 需要说明的是，仅采用“绿地面积”是因为《中国城市统计年鉴》的统计口径下，市辖区层面的环境指标仅此一个，其他指标[如三废(废水、废气、废渣)、二氧化硫、二氧化碳等]均为非市辖区的指标。

表 7-1 城市效率测算的投入产出指标

投入指标	经济产出指标	社会产出指标		环境产出指标
市辖区人口/万人	实际 GDP /万元	职工平均工资/元	年末实有城市道路面积 /10^4m^2	绿地面积 /hm^2
建设用地面积 /km^2		医院和卫生院床位数 /张	年末实有公共汽(电)车营运车辆数/辆	
资本存量/亿元				

第二，实际 GDP 的估算。用 GDP 平减指数来估计城市市辖区的实际 GDP，由于同一个省内的城市间的物价差异无法完全获取，故假定每个省内各城市的 GDP 平减指数相等。其中 GDP 平减指数的估算方法是，首先搜集各个省区的 GDP 指数(上年取值 100)，再通过累乘得出 GDP 指数(以 1978 年为基期)，然后以 1978 年的可比价平减得各省区实际 GDP，最后根据搜集的各省区按现价计算的名义 GDP 数据，按照“GDP 平减指数=名义 GDP/实际 GDP”的公式求出各省区的 GDP 平减指数。

第三，城市资本存量的估算。对于城市资本存量的估算，柯善咨和向娟(2012)利用有关数据进行了系统的研究，他们利用不同固定资产的折旧年限对城市的资本存量进行了估算，但他们在提出该估算方法后，并未随文公布估计结果，且由于估算过程较为复杂，涉及参数和数据多，仅得出了中国城市资本存量数据估算准确性判断的上下限，并未给出有效的资本存量估计的相关参数。为此，本章采用永续盘存法对 280 个城市的资本存量进行估算。使用单豪杰(2008)的方法首先估计出 2004～2014 年各省区的资本存量，然后用城市 GDP 占省份 GDP 的比乘以全省的总资本存量，折旧率则采用 Hall 和 Jones(1999)在计算 127 个国家的资本存量时设定的 6%，最终得到 280 个城市的 2004～2014 年的资本存量。以上各个投入产出变量的统计描述如表 7-2 所示。

表 7-2 投入产出指标的统计描述

指标	平均值	标准差	最小值	最大值
市辖区人口/万人	134.095	167.760	14.350	1943.000
建设用地面积/km^2	117.353	219.9125	5.000	2429.000
资本存量/亿元	1750.814	3421.015	12.626	36043.140
职工平均工资/元	31422.270	16297.840	1969.570	320626.300
医院和卫生院床位/张	8008.522	11473.510	232.000	113395.000
年末实有城市道路面积/10^4m^2	1399.558	1959.855	14.000	21490.000
年末实有公共汽(电)车营运车辆数/辆	1188.567	2573.748	8.000	31349.000
绿地面积/hm^2	5649.106	13569.420	2.420	168027.000

资料来源：《中国城市统计年鉴》(2005～2015 年)。

7.1.3 “四大板块”比较

利用 DEAP 软件对 2004～2014 年全国 280 个城市的 Malmquist 指数进行测度，假设为产出导向，且规模报酬可变，以此估计出的全要素生产率作为城市效率的代理指标。

根据国家统计局 2011 年 6 月 13 日的划分办法，将中国划分为东部、中部、西部和东北四大地区(简称“四大板块”)，为此本章从“四大板块”和不同城市规模两个角度考察了城市效率现状。

第一，东部地区包含北京市、天津市、上海市、河北省、山东省、江苏省、浙江省、福建省、台湾地区、广东省、香港特别行政区、澳门特别行政区、海南省，在本研究样本内合 87 个城市。由图 7-1 可发现，经济效率大于 1 的城市只有北京、天津、上海、南京、杭州、珠海、海口和三亚 8 个城市，其余 79 个城市均偏离了前沿面，城市发展的经济效率不高，这表明东部地区大多数城市通过不断创新可以大幅提高经济效率。从东部地区各城市的社会效率来看(图 7-2)，大于 1 的城市主要有天津、秦皇岛、邢台、沧州、南京、无锡、徐州、常州、苏州、南通、盐城、宿迁、宁波、嘉兴、湖州、衢州、舟山、丽水、厦门、莆田、三明、漳州、南平、宁德、济南、枣庄、东营、济宁、日照、德州、聊城、菏泽、韶关、珠海、茂名、肇庆、惠州、汕尾、中山和三亚等 40 个城市，其余 47 个城市均偏离了前沿面，城市发展的社会效率不高，这意味着通过机制体制改革创新，提升城市发展的社会效率的空间较大。

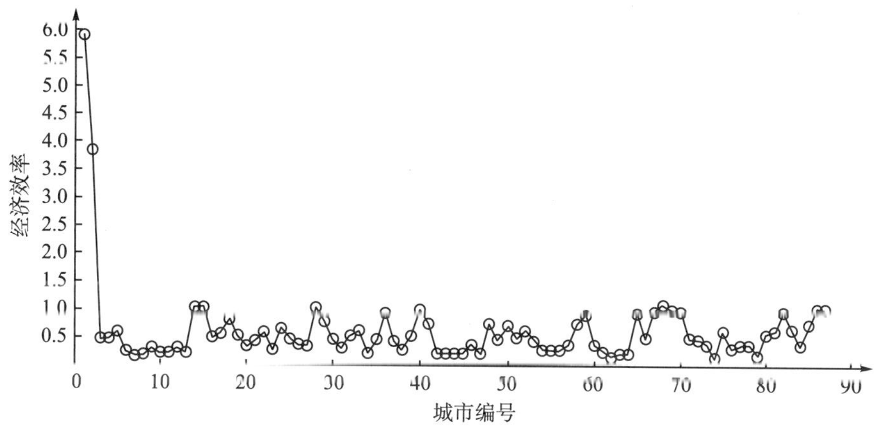

图 7-1　东部地区 2014 年城市经济效率散点图（城市编号对应城市见附表 3-1）

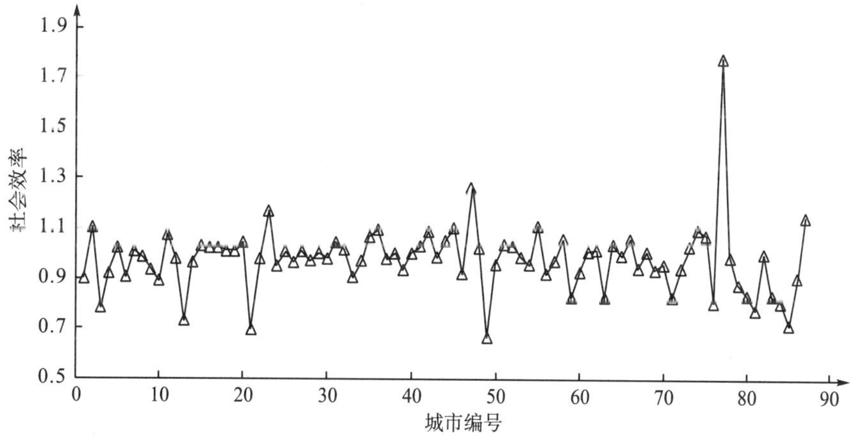

图 7-2　东部地区 2014 年城市社会效率散点图（城市编号对应城市见附表 3-1）

从东部地区各城市的环境效率来看(图 7-3)，大于 1 的城市主要有北京、天津、秦皇岛、邯郸、盐城、镇江、宁波、福州、三明、宁德、枣庄、东营、烟台、德州、菏泽、韶关、珠海、中山、云浮和三亚等 20 个城市，其他 67 个城市的环境效率都偏离了前沿面，效率不高。

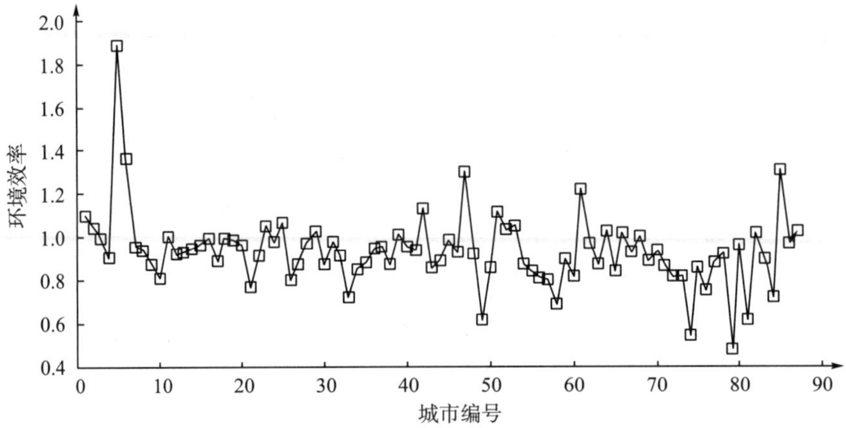

图 7-3 东部地区 2014 年城市环境效率散点图（城市编号对应城市见附表 3-1）

第二，中部地区为山西省、河南省、湖北省、安徽省、湖南省、江西省，在本研究样本内合 80 个城市。从城市经济效率来看(图 7-4)，中部地区仅有太原、鄂州、铜陵、新余等 4 个城市较为接近 1，其余 76 个城市均偏离前沿面较大。

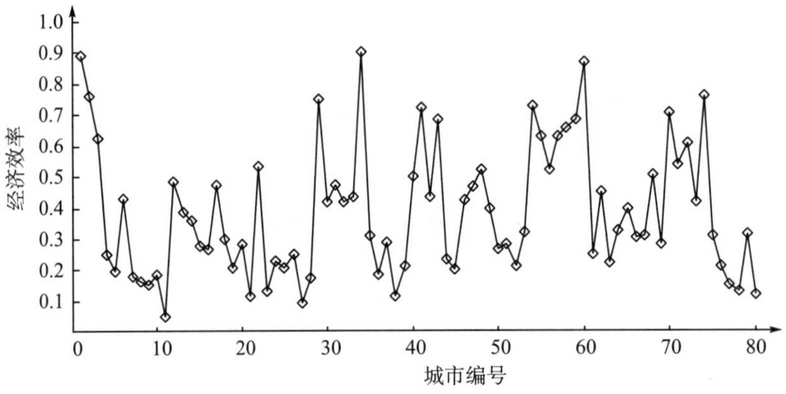

图 7-4 中部地区 2014 年城市经济效率散点图（城市编号对应城市见附表 3-2）

从中部地区的城市社会效率上看(图 7-5)，大于 1 的城市主要有晋中、开封、濮阳、三门峡、南阳、驻马店、荆门、黄冈、咸宁、随州、长沙、株洲、湘潭、邵阳、常德、郴州、怀化、娄底、合肥、芜湖、马鞍山、铜陵、滁州、池州、宣城、南昌、景德镇、萍乡、鹰潭、抚州、上饶等 31 个城市，其余 49 个城市均不同程度地偏离了前沿面。

从中部地区的城市环境效率来看(图 7-6)，大于 1 的城市主要有阳泉、三门峡、驻马店、宜昌、随州、长沙、湘潭、益阳、怀化、娄底、合肥、马鞍山、铜陵、宣城等 14 个城市，其余城市均处于前沿面以下。

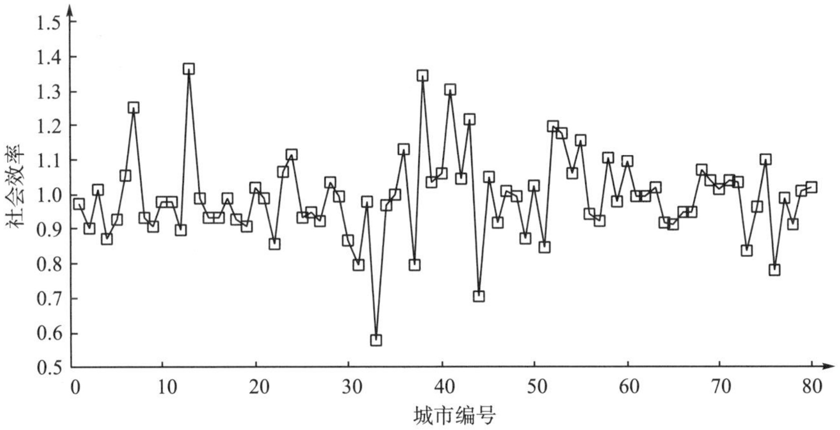

图 7-5　中部地区 2014 年城市社会效率散点图（城市编号对应城市见附表 3-2）

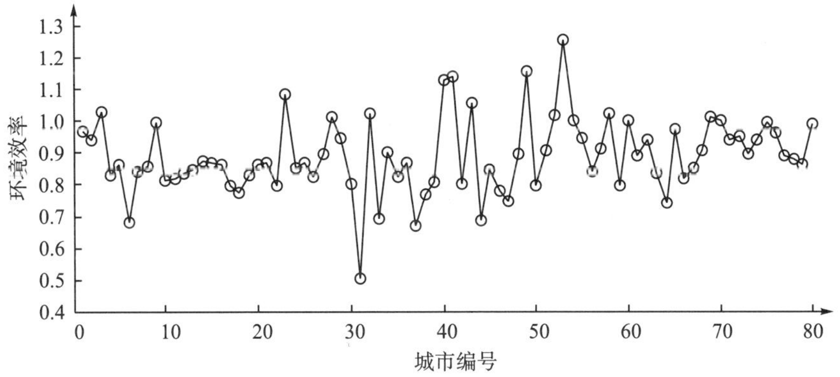

图 7-6　中部地区 2014 年城市环境效率散点图（城市编号对应城市见附表 3-2）

第三，西部地区为内蒙古自治区、新疆维吾尔自治区、宁夏回族自治区、陕西省、甘肃省、青海省、重庆市、四川省、西藏自治区、广西壮族自治区、贵州省、云南省，在本研究样本内合 79 个城市。从城市经济效率来看(图 7-7)，大于 0.8 的城市主要有攀枝花、西安、铜川、兰州、嘉峪关、包头、乌海 7 个城市，其余 72 个城市均小于 0.8，较大程度地偏离前沿面。

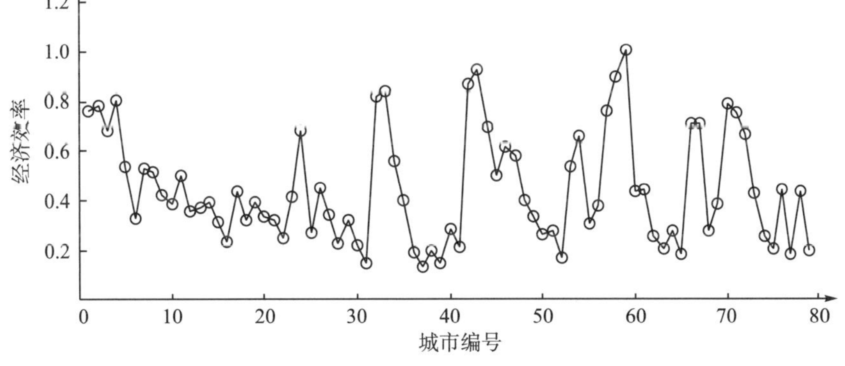

图 7-7　西部地区 2014 年城市经济效率散点图（城市编号对应城市见附表 3-3）

从城市社会效率来看(图 7-8)，大于 1 的城市主要有德阳、广元、遂宁、广安、达州、资阳、六盘水、昆明、丽江、普洱、铜川、宝鸡、咸阳、平凉、庆阳、石嘴山、固原、包头、乌海、赤峰、通辽、巴彦淖尔、乌兰察布、南宁、防城港、钦州、白色、河池、来宾、崇左等 30 个城市，其余 49 个城市不同程度的偏离了前沿面。

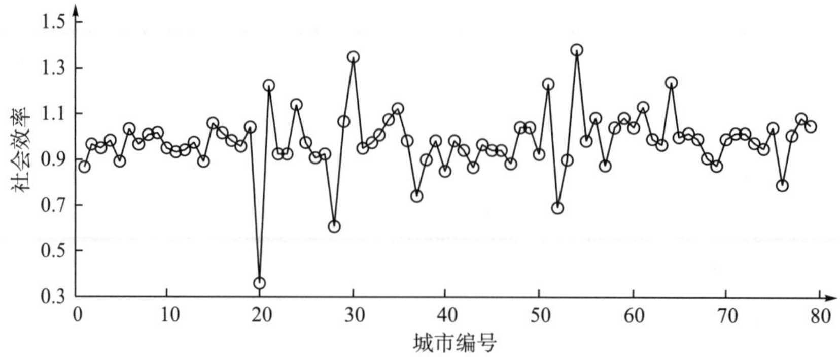

图 7-8 西部地区 2014 年城市社会效率散点图（城市编号对应城市见附表 3-3）

从西部地区的城市环境效率来看(图 7-9)，大于 1 的城市主要有达州、六盘水、安顺、西安、庆阳、包头、鄂尔多斯、白色和河池等 9 个城市，其余城市的环境效率均较大程度地偏离了前沿面。

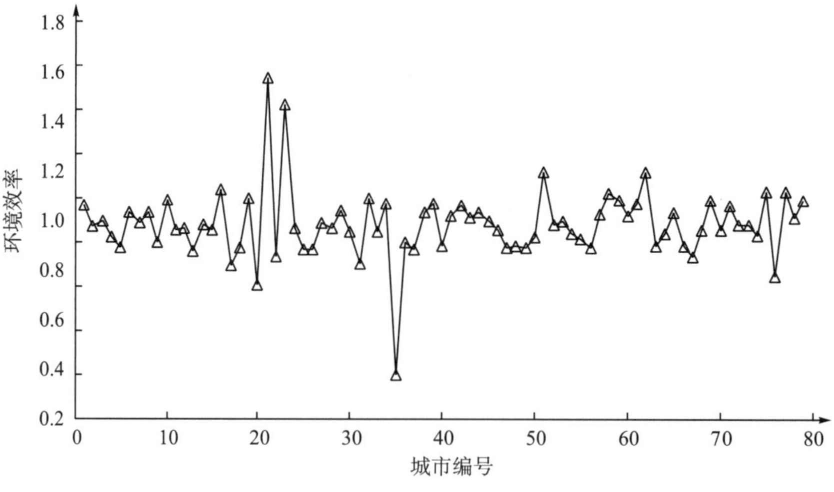

图 7-9 西部地区 2014 年城市环境效率散点图（城市编号对应城市见附表 3-3）

第四，东北地区为黑龙江省、吉林省、辽宁省，在本研究样本内合 35 个城市。从东北地区 2014 年的城市经济效率来看(图 7-10)，35 个城市均偏离了经济效率的前沿面，最高的城市为沈阳，仅为 0.8 左右。

从东北地区的社会效率来看(图 7-11)，大于 1 的城市主要有沈阳、大连、本溪、丹东、锦州、营口、辽阳、盘锦、朝阳、四平、辽源、通化、白山、哈尔滨、鸡西、双鸭山和牡丹江等 17 个城市，其余城市均不同程度地偏离了社会效率的前沿面。

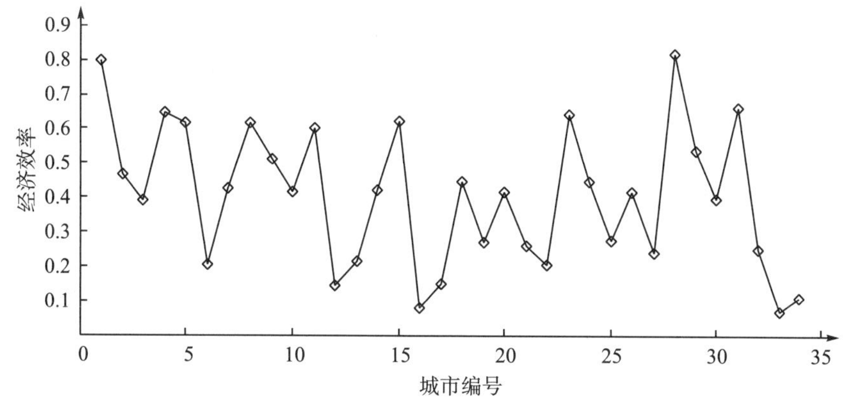

图 7-10　东北地区 2014 年城市经济效率散点图（城市编号对应城市见附表 3-4）

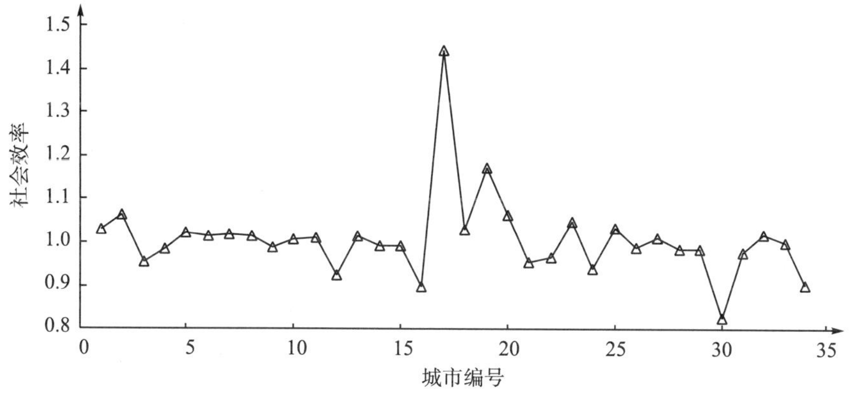

图 7-11　东北地区 2014 年城市社会效率散点图（城市编号对应城市见附表 3-4）

从东北地区的环境效率来看(图 7-12)，大于 1 的城市主要有盘锦、葫芦岛、长春、吉林、四平、通化、白山、松原、鹤岗和大庆等 10 个城市，其余城市均偏离了环境效率的前沿面。

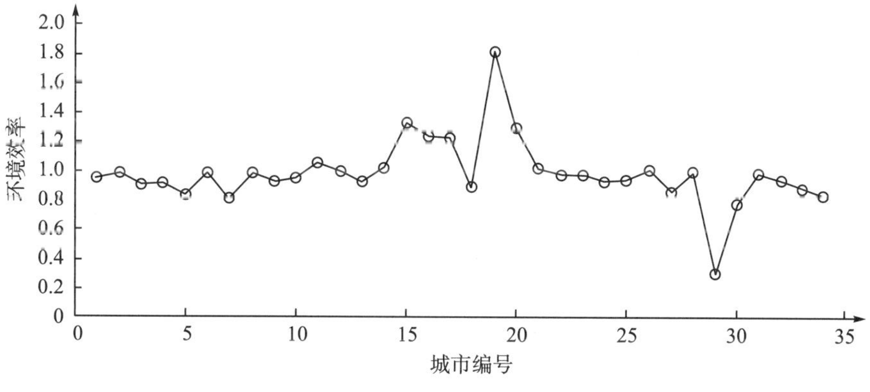

图 7-12　东北地区 2014 年城市环境效率散点图（城市编号对应城市见附表 3-4）

综合比较来看(表 7-3)，东部地区城市发展过程中的经济效率、社会效率和环境效率都处于前沿面的城市仅有天津、珠海和三亚，这表明东部地区仅有这 3 个城市实现了经济、社会和环境的相对协调发展，其他城市还有改善空间。中部地区城市发展中的经济效率全部偏离前沿面，相对而言，城市社会效率和环境效率较为均衡且接近前沿面的城市有阳泉、三门峡、驻马店、武汉、鄂州、长沙、湘潭、合肥、马鞍山、铜陵、宣城、南昌、景德镇、新余、上饶等 15 个城市。西部地区经济效率也全部偏离了前沿面，在社会效率和环境效率两个方面均处于前沿面的城市主要有德阳、广元、达州、资阳、六盘水、丽江、宝鸡、庆阳、包头、乌海、赤峰、通辽、鄂尔多斯、防城港、百色、河池等 16 个城市。东北地区的经济效率同样偏离了前沿面，在社会效率和环境效率两个方面均处于前沿面的城市主要有盘锦、四平、通化、白山 4 个城市。

表 7-3 “四大板块”效率处于前沿面的城市

地区	经济、社会和环境效率均处于前沿面	社会效率和环境效率均处于前沿面
东部地区	天津、珠海、三亚	—
中部地区		阳泉、三门峡、驻马店、武汉、鄂州、长沙、湘潭、合肥、马鞍山、铜陵、宣城、南昌、景德镇、新余、上饶
西部地区		德阳、广元、达州、资阳、六盘水、丽江、宝鸡、庆阳、包头、乌海、赤峰、通辽、鄂尔多斯、防城港、百色、河池
东北地区		盘锦、四平、通化、白山

注：DEA-Malmquist 指数法测算的城市效率是相对值，就城市经济效率而言，生产的前沿面均集中于东部地区，无法比较中西部和东北地区。所以对于中西部地区和东北地区则关注社会效率和环境效率，东部地区则关注经济效率、社会效率和环境效率。

7.2 城市规模变动与城市效率的关系

城市规模扩张或者收缩是要素集聚或分散的结果，在其他条件不变时，城市规模变动意味着城市生产系统中投入的要素也随之变动，那么这种要素投入的变动是否改善了城市经济效率、社会效率和环境效率了呢？

7.2.1 城市集聚效应的产生机制

外部性是指某种经济行为或个体行为会对周围或个体产生影响，空间集聚直接促成了这种外部性，外部性可正可负，而集聚效应与其息息相关。根据 Duranton 和 Puga (2004)的观点，集聚经济的产生有 6 个原因：①企业间的知识溢出；②劳动分工；③消费者多样性偏好和企业报酬递增；④人力资本的积累；⑤创新；⑥劳动力和企业的异质性。集聚不经济则产生于过分集聚带来的地租成本上升、环境污染和社会经济福利的下降。实际上城市经济集聚产生的原因可以从技术外部性和货币外部性两方面溯源，正是由于城市规模变动对两种外部性的影响，才会进而对城市效率产生影响。

第一，马歇尔外部性解释了城市产业集群(cluster)带来的收益产生的原因，即人力资本的积累和面对面交流的累积所引发的高度专业化的劳动力队伍的产生和新思想的发展、专业化的投入服务、现代化的基础设施(藤田昌久和雅克-弗朗斯瓦·蒂斯，2016)。Hoover(1936)将马歇尔外部性分为区域化经济外部性和城市化经济外部性，前者是指生产相似产品的相邻厂商所带来的收益，后者则是与某特定区域内主要生产活动的整体水平相关的收益。在一个城市中，究竟是区域化经济占主导，还是城市化经济占主导，引起了较大的争论。Jacobs(1969)认为，城市化经济是主导性的，而 Poter(1990)则认为占主导性的是区域化经济。尽管到目前为止还没有统一的定论，但是可以预见，哪种经济效应占主导与城市规模、产业的属性特征密切相关。

第二，马歇尔外部性是通过非市场作用产生的。在城市经济中，还存在一种基于市场作用而产生的货币外部性。由于价格不能完全反映个人决策的社会价值，当某些工人或者厂商决定迁移时，他们的行为很可能会影响到他们原籍和目的地的劳动力市场和产品市场。马歇尔外部性本质属于技术外部性，但在城市经济集聚体中，技术外部性和货币外部性是并存的，一般而言，技术外部性仅在完全竞争的条件下才能影响效率；而在不完全竞争市场中，货币外部性同样能影响效率。

第三，城市集聚能提高城市经济效率、社会效率和环境效率，也能降低这些效率。由于技术外部性和货币外部性的存在，城市集聚深化了城市专业化分工，促进了人员或企业之间的交流，降低了劳动力成本，增加了正外部性。此外，过度的集聚经济也可能带来一些负面效应，如由于过度竞争导致城市房地产价格、土地价格上升，劳动力生活成本和企业生产成本提高，导致劳动力或个人从集聚中获取的收益小于必须付出的成本，这时劳动力和企业倾向于扩散。无论是劳动力还是企业的单方面外迁，都很有可能引起连锁反应。当城市经济集聚的负外部性造成企业生产成本提高、利润下降而外迁时，城市中心的劳动力也很可能不愿承担过多的通勤成本而跟着选择外迁，当部分劳动力不能忍受集聚中心噪声污染、环境污染而选择外迁时，那么高收入的群体因为有更强的通勤成本支付能力，而外迁激励更大，最终在集聚中心留下低技能劳动者，进而引起产业外迁以接近高技能劳动力。

第四，尽管在中国有户籍制度的限制，但自改革开放以来，城市间的劳动力流动非常频繁，特别是经济较发达的东部地区，基本成了劳动力流入的首选之地。正如第二章机理分析所指出的，当前中国劳动力的定向流动导致中国城市规模发展空间失衡。例如东北地区的城市规模为什么倾向于收缩，很大程度上是由于东北技术型劳动力流失严重。当然，城市规模变动并不是仅由劳动力流动造成，还与土地制度激励下地方政府土地财政有关，也与城市自身的产业经济周期有关，城市规模变动是多种因素作用的结果。然而无论是由产业经济周期、土地扩张还是要素流动引起，城市规模变动一定是土地、劳动力和资本要素集聚或扩散过程的直观反映。

7.2.2　模型选择与变量说明

采用 DEA-Malmquist 法估计的城市效率，一方面，可以避免传统 DEA 法测算出的效率由于处于[0，1]，呈现出被切割或片段式的特点，而引起估计偏误；另一方面，

DEA-Malmquist 法测算出的城市效率表示全要素生产率，能够较为有效地度量城市在经济、社会和环境方面的产出效率。另外由于各个变量之间很可能存在城市内部事件维度上的自相关和不同事件截面之间的异方差问题，为了应对该问题，最终选择广义最小二乘法来构建城市规模变动对城市效率影响的空间计量模型。

第一，核心变量。因变量即为上文估计出的城市经济效率(Ecf)、社会效率(Scf)和环境效率(Enf)；自变量为 280 个城市市辖区的城市人口规模(Pop)、建成区占行政区面积的比(Lan)和城市规模变动指数(Ure)。同时，由于城市规模对经济社会的影响力很可能具有滞后性，考虑到前一期城市规模的影响，分别添加了城市规模的一阶滞后变量；再者，前文的分析已经表明市辖区人口规模和城市规模变动指数在空间上是自相关的，尽管城市建设用地面积在空间上不存在相关性，但模型中其他变量是存在空间相关性的。为此，构建了空间动态面板模型来估计城市规模变动对城市效率的影响。

第二，控制变量。城市效率除了受到城市规模的影响外，还受到其他因素的制约。这里主要考虑：人力资本(Ems)，人力资本的积累和城市空间内的溢出效应是城市经济增长的主要推动力量，人力资本的积累有利于知识传播，提升劳动力技术水平，用市辖区高等学校人数占市辖区人口的比重表示；城市资本存量(Cap)，用 7.1.2 节计算的城市资本存量来表示；产业结构特征(Ins)，用产业结构偏离度(IS)来表示，计算方法如式(7-1)所示，其中 l 为 i 次产业劳动力比重，c 为对应产业的产值比重；政府作用(Gov)，一般而言，市场化程度越高，政府作用越小，城市经济的要素配置越有效率，经济、社会和环境发展也可能更有效率，用地方政府的财政支出占 GDP 的比重来表示；经济开放度(Ope)，用 Fdi(外商投资额)占 GDP 的比重来表示；城市发展战略的稳定性(Uds)，由于官员晋升考核制度下，城市地方政府官员之间存在空间竞争，并有很强的激励扩张城市规模，官员的任期越长可能城市发展的战略越稳定，用城市市委书记的任期来表征城市发展战略的稳定性；宏观经济的稳定性(Gdp)，用全国 GDP 指数来表示，用以控制宏观经济形势的变动对城市效率的影响。考虑到城市规模变动的时间滞后性，在模型中加入了城市效率滞后一项的变量，以控制上期城市效率对本期的影响。

$$\mathrm{IS}=\sum_{i=1}^{3}\left|l-c\right| \tag{7-1}$$

第三，空间杜宾模型构建。基于以上分析，可以构建城市规模变动的影响因素的空间杜宾模型：

$$\mathrm{eff}_{it}=\rho\sum_{j=1}^{280}w_{ij}\mathrm{eff}_{jt}+\beta x_{it}+k\sum_{j=1}^{280}w_{ij}x_{jt}+\alpha+\mu_i+\lambda_t+\varepsilon_{it} \tag{7-2}$$

$$D=R\times\arccos\theta\left[\sin\varsigma_A\sin\varsigma_B+\cos\varsigma_A\cos\varsigma_B\cos\left(\tau_B-\tau_A\right)\right] \tag{7-3}$$

其中，w_{ij} 为空间权重矩阵 $\boldsymbol{W}$ 中的元素，用来反映城市规模的空间作用，当 $i\neq j$ 时，值为 $1/D^2$，当 $i=j$ 时，值为 0；eff_{it} 为因变量城市效率；x_{it} 为自变量；α为截距；u_i 和λ_t 分别表示空间固定效应和时间固定效应；ε_{it} 为误差项。由于地区间的相互作用可能随着地理距离的增加而衰减，为避免空间权重设定的主观性，选用相对外生的地理距离(D)的倒数的权重矩阵作为空间关系的表征。由于地球是曲的，如果直接用欧氏距离公式，容易导致误差，因此用地球大圆距离测度两个城市间的距离 D，其计算方法如式(7-3)所示。其中 R 为地球大圆半径，ζ和τ分别为城市市中心的经度和纬度。模型设定如式(7-2)。表 7-4 为城市效率的 Moran' s *I*。

表 7-4　城市经济、社会和环境效率 Moran' s *I*

参数	2005	2006	2007	2008	2009	2010	2011	2012	2013	2014
Ecf	0.239	0.203	0.214	0.218	0.265	0.111	0.109	0.102	0.261	0.419
Z 值	7.257	4.230	2.085	5.605	8.234	3.434	3.380	4.312	8.362	13.660
P 值	0.000	0.000	0.042	0.000	0.000	0.000	0.000	0.000	0.000	0.000
Scf	0.208	0.058	0.108	0.220	0.231	0.196	0.083	0.107	0.022	0.010
Z 值	6.321	1.926	5.404	7.782	7.033	5.930	2.880	2.120	3.600	4.000
P 值	0.000	0.027	0.000	0.000	0.000	0.000	0.002	0.012	0.000	0.000
Enf	0.208	0.158	0.118	0.220	0.234	0.196	0.083	0.107	0.202	0.110
Z 值	6.321	1.926	2.544	2.778	7.104	5.930	2.880	2.120	3.036	3.400
P 值	0.000	0.027	0.012	0.000	0.000	0.000	0.002	0.041	0.000	0.000

数据来源：根据前文计算的城市效率数据计算而得。

从表 7-4 可以看出，城市经济效率、社会效率和环境效率从 2005 年到 2014 年在空间上都存在正的相关性，主要表现为高效率和高效率城市、低效率和低效率城市的空间集聚。各变量的描述性统计结果见表 7-5。

表 7-5　各变量的描述性统计

变量	平均值	标准差	最小值	最大值
Ins	20.015	15.179	0.42	99.87
Ope	0.520	0.335	0.000	2.871
Cap	1750.814	3421.016	12.627	36043.100
Uds	2.156	1.600	1.000	10.000
Gov	0.119	0.091	0.009	1.242
Ems	0.044	0.040	0.000	0.246
Gdp	110.270	2.188	107.100	114.700
Pop	136.814	171.795	14.620	1943.900
Ure	0.308	0.141	0.039	0.986
Lan	119.117	211.731	8.000	3203.000
Ecf	1.123	0.988	0.120	17.194
Scf	0.987	0.235	0.107	7.241
Enf	1.073	1.645	0.024	57.260

数据来源：产业结构特征、经济开放度、城市人力资本等有关数据来自《中国城市统计年鉴》(2005～2015 年)，全国 GDP 指数来自《中国城市统计年鉴》(2015 年)，以 1978 年为基期；城市资本存量的计算方法是根据省级资本存量换算而来的，具体方法参见本书 7.1.2 节；城市政府市委书记的任期数据通过互联网收集，2005～2010 年主要参考了复旦大学经济系陈硕(2015)教授团队发布的《中华人民共和国地市级党委书记数据库(2000—2010)》。

7.2.3 总样本回归结果

表 7-6 中模型(1)～(4)为城市人口规模、土地规模和城市规模变动指数对城市经济效率的影响的空间计量回归结果。从核心变量 Pop、Lan、Ure 的回归符号来看，符号均是正的，且至少通过了 10%显著性检验，在城市固定效应、时间固定效应、双向固定效应和随机效应下符号方向具有一致性。这表明中国的城市规模变动对城市经济效率的影响为正，即城市规模越大，城市经济效率越高，城市规模越小，城市经济效率越小。从空间相关系数上看，不同显著性水平和不同效应模型下，符号也表现出一致性，验证了中国城市经济效率存在正的空间相关性。从其他控制变量的符号上看，市委书记任期越长，越能提高城市经济效率，这验证了前文关于市委书记任期越长，城市发展战略越稳定，经济效率越高的推论；产业结构特征和地方政府的作用在城市经济效率提高方面具有积极作用；从城市经济效率的滞后一期回归结果上看，城市固定效应模型下的结果均为正(空间随机效应模型不存在因变量滞后项)，城市规模对城市经济效率的影响具有正的滞后项，即前一期的城市规模很可能对后一期的城市效率产生显著的推动作用。

表 7-6 不同城市规模口径下城市规模对城市经济效率的影响估计结果

变量	模型(1)	模型(2)	模型(3)	模型(4)
Ecf_{-1}	0.123** (10.37)	0.011 (0.58)	0.112*** (6.25)	—
Ins	0.007** (2.13)	0.004*** (2.96)	0.006** (1.96)	0.004*** (3.66)
Ope	0.062 (0.86)	0.151*** (3.10)	0.088 (1.32)	0.118** (2.63)
Cap	−0.002 (−0.92)	5.39×10^{-6} (0.35)	−0.001 (−0.60)	7.79 (0.56)
Uds	0.043*** (3.73)	0.006** (2.08)	0.012* (1.99)	0.029*** (3.69)
Gov	4.903*** (8.86)	1.882*** (7.06)	4.444*** (8.05)	2.131*** (8.12)
Ems	0.331 (0.18)	0.753* (1.87)	1.440 (0.74)	0.875*** (2.33)
Gdp	−0.009 (−0.13)	—	—	0.012** (2.14)
Pop	**0.008*** (3.42)**	**0.002** (2.31)**	**0.009*** (3.11)**	**0.002*** (2.79)**
Lan	**0.039* (1.90)**	**0.001* (1.78)**	**0.005** (2.33)**	**0.008*** (2.93)**
Ure	**10.741*** (3.45)**	**4.289*** (2.77)**	**5.935** (2.03)**	**6.303*** (3.69)**
W·Ins	−0.011** (−1.92)	−0.005** (−2.05)	−0.012** (−2.28)	−0.004* (−1.94)
W·Ope	0.125 (0.56)	−0.032 (−0.30)	−0.084 (−0.38)	0.105 (1.05)

续表

变量	模型(1)	模型(2)	模型(3)	模型(4)
$W\cdot$Cap	−0.029 (−1.08)	−0.001 (−1.34)	3.22×10^{-6} (0.11)	−0.002** (−2.37)
$W\cdot$Gov	1.127* (1.76)	0.522* (1.69)	0.994 (1.53)	0.237 (0.73)
$W\cdot$Ems	8.699** (2.14)	0.375 (0.38)	4.796 (0.77)	0.346 (0.37)
ρ_1	**0.554***** **(11.74)**	**0.259***** **(4.29)**	**0.250***** **(4.01)**	**0.582***** **(13.12)**
ρ_2	**0.553***** **(11.85)**	**0.261***** **(4.37)**	**0.242***** **(3.78)**	**0.586***** **(13.36)**
ρ_3	**0.542***** **(11.42)**	**0.264***** **(4.38)**	**0.249***** **(4.01)**	**0.582***** **(13.18)**
组内标准差	0.657*** (5.38)	0.698*** (5.24)	0.602*** (5.08)	0.635*** (5.08)
效应	城市固定效应	时间固定效应	双向固定效应	随机效应

注：由于要计算不同口径下城市规模对经济效率的影响，同时又要考虑不同模型的稳健性，故本表将三种口径下的城市规模估计结果进行了整合，主要介绍城市人口规模对城市效率影响的回归结果。Ecf_{-1} 为因变量的滞后期。

表 7-7 模型(1)～(4)为城市人口规模、土地规模和城市规模变动指数对城市社会效率的影响的估计结果。从核心变量 Pop、Lan、Ure 的回归结果来看，无论在城市固定效应模型、时间固定效应模型、双向固定效应模型，还是随机效应模型下，至少在 10%的显著性水平下为正，这意味着城市规模越大、城市社会效率越高，这与城市经济效率与城市规模的关系非常相似。从其他控制变量上看，地方政府作用对城市社会效率的提高有正效应，但其余控制变量在四种模型的估计下，结果显著性不同，不稳健。从空间相关系数来看，在不同模型下，估计结果均至少在 5%的显著性水平下为正，验证了城市社会效率在空间上存在显著的正相关。

表 7-7　不同城市规模口径下城市规模对城市社会效率的影响估计结果

变量	模型(1)	模型(2)	模型(3)	模型(4)
Scf_{-1}	0.078*** (4.03)	0.051* (1.79)	0.072*** (3.64)	—
Ins	0.007 (0.12)	0.002 (0.09)	0.018 (0.28)	0.001 (0.07)
Ope	0.017 (0.81)	0.085 (0.57)	0.014 (0.65)	0.024* (1.70)
Cap	-3.55×10^{-6} (−0.71)	4.35×10^{-6}** (2.16)	4.56×10^{-6} (0.93)	5.89×10^{-6}*** (3.46)
Uds	0.004 (0.11)	0.019 (0.53)	0.012 (0.31)	0.012 (0.41)
Gov	0.039*** (3.65)	0.143*** (2.93)	0.021*** (4.34)	0.107** (2.36)
Ems	0.3775 (0.74)	0.161 (1.43)	0.565 (1.08)	0.157 (1.48)

续表

变量	模型(1)	模型(2)	模型(3)	模型(4)
Gdp	0.039 (0.95)	—	—	0.004 (1.55)
Pop	**0.004***** **(3.94)**	**0.004***** **(3.27)**	**0.001*** **(1.89)**	**0.009**** **(2.47)**
Lan	**0.005**** **(2.09)**	**0.005**** **(2.09)**	**0.006**** **(2.06)**	**0.002***** **(3.54)**
Ure	**0.193*** **(1.91)**	**0.046*** **(1.85)**	**0.234**** **(2.19)**	**0.048**** **(2.57)**
W·Ins	0.003* (1.81)	0.009 (1.23)	0.023 (1.61)	0.008 (1.34)
W·Ope	0.032 (0.37)	0.051 (1.2)	0.042 (0.45)	0.083** (2.44)
W·Cap	0.001 (1.62)	3.77×10^{-6} (1.09)	9.98×10^{-6} (1.11)	5.83×10^{-6}** (2.22)
W·Gov	0.019 (0.18)	0.084 (0.01)	0.073 (0.51)	0.002 (0.04)
W·Ems	2.129** (2.15)	0.034 (0.01)	2.239* (1.82)	0.210 (0.84)
ρ_1	**0.446***** **(2.87)**	**0.678**** **(2.58)**	**0.432***** **(3.85)**	**0.110**** **(2.49)**
ρ_2	**0.396***** **(2.81)**	**0.392**** **(2.81)**	**0.369**** **(2.75)**	**0.110**** **(2.45)**
ρ_3	**0.466**** **(2.58)**	**0.06888**** **(2.55)**	**0.428***** **(2.84)**	**0.108**** **(2.40)**
组内标准差	0.052*** (3.67)	0.061*** (3.58)	0.053*** (3.66)	0.054*** (3.52)
效应	城市固定效应	时间固定效应	双向固定效应	随机效应

表 7-8 模型(1)～(4)为人口规模、土地规模和城市规模变动指数对城市环境效率的影响估计结果。从核心变量 Pop、Lan、Ure 的回归结果上看，无论在城市固定效应模型、时间固定效应模型、双向固定效应模型，还是随机效应模型，均至少在 10%的显著性水平下为负，这表明随着城市规模的扩张，城市环境效率逐渐降低。从其他控制变量的估计结果上看，各变量对城市环境效率的影响在不同的模型下显著性不同，结果不一，并不稳健。从空间相关系数来看，在不同模型下，估计结果均至少在 10%的显著性水平下为正，验证了城市环境效率在空间上存在正相关性。

表 7-8 不同城市规模口径下城市规模对城市环境效率的影响估计结果

变量	模型(1)	模型(2)	模型(3)	模型(4)
Enf_{-1}	0.035*** (3.88)	0.083*** (13.56)	0.035*** (5.33)	—
Ins	0.001 (0.28)	−0.021 (−0.09)	0.011 (0.29)	0.008 (0.04)

续表

变量	模型(1)	模型(2)	模型(3)	模型(4)
Ope	−0.180 (−0.89)	−0.039 (−0.60)	−0.178 (−0.88)	0.053 (0.85)
Cap	0.003 (0.69)	0.001 (0.59)	−0.033 (−0.66)	-8.24×10^{-6} (−0.53)
Uds	0.049 (0.19)	−0.019 (−0.08)	−0.006 (−0.22)	0.013 (0.70)
Gov	−0.058 (−0.21)	−0.336 (−1.14)	−0.124 (−0.41)	−0.179 (−0.58)
Ems	−1.947 (−0.42)	0.616 (0.54)	−1.848 (−0.38)	0.747 (0.72)
Gdp	0.079*** (2.65)	—	—	0.067*** (3.08)
Pop	**−0.004**** **(−2.02)**	**−0.005***** **(−2.93)**	**−0.025**** **(−2.01)**	**−0.046**** **(−2.10)**
Lan	**−0.018**** **(−2.21)**	**−0.016**** **(−2.52)**	**−0.018**** **(−2.19)**	**−0.002*** **(−1.90)**
Ure	**−0.110**** **(−2.14)**	**−0.358*** **(−1.83)**	**−0.085***** **(−3.08)**	**0.379**** **(2.26)**
W·Ins	−0.004 (−0.59)	−0.002 (−0.38)	−0.004 (−0.58)	−0.005 (−0.13)
W·Ope	−0.152 (−0.45)	−0.234 (−1.06)	−0.145 (−0.43)	−0.276 (−1.38)
W·Cap	0.007 (1.18)	0.002 (0.97)	0.007 (1.54)	0.002 (1.34)
W·Gov	1.493** (1.08)	−0.271 (−0.16)	1.152 (1.28)	0.120 (0.21)
W·Ems	0.793 (0.18)	−1.856* (−1.68)	0.847 (0.13)	−1.379 (−1.46)
ρ_1	**0.115**** **(2.62)**	**0.192**** **(2.31)**	**0.213**** **(2.11)**	**0.101**** **(2.57)**
ρ_2	**0.172*** **(1.72)**	**0.202**** **(2.58)**	**0.233**** **(2.14))**	**0.127*** **(1.69)**
ρ_3	**0.156**** **(2.62)**	**0.021**** **(2.34)**	**0.028**** **(2.47)**	**0.131*** **(1.80)**
组内标准差	2.744** (2.18)	3.097** (2.17)	2.738** (2.18)	2.677** (2.06)
效应	城市固定效应	时间固定效应	双向固定效应	随机效应

7.2.4　不同规模的比较

根据《国务院关于调整城市规模划分标准的通知》的规定，将中国城市规模分为五类，分别是人口在 1000 万以上的超大城市、人口在 500 万～1000 万的特大城市、人口在 100 万～500 万的大城市、人口在 50 万～100 万的中等城市、人口在 50 万以下的小城市。

如表 7-9 所示，根据市辖区口径下城市常住人口统计数据，依次计算了 2014 年中国五类城市的数量，其中超大城市 3 个、特大城市 10 个、大城市 126 个、中等城市 98 个、小城市 43 个。五类城市的城市经济效率分别为 2.559、1.150、0.517、0.351、0.206，随着城市规模扩张，城市经济效率逐渐提高，城市规模和城市经济效率间呈现较为明显的正相关性，这与上文的面板回归分析结论是一致的。城市社会效率分别为 0.932、0.909、0.728、0.579、0.483，这表明随着城市规模的扩张，城市社会效率逐渐增大，城市规模和城市社会效率间呈现明显的正相关性，与上文的空间面板回归结论一致。城市环境效率分别为 0.763、0.824、0.882、0.903、0.929，显而易见城市规模与城市环境效率间存在负相关性，即城市规模越大，环境效率越低。之所以中国城市规模与城市经济效率、社会效率会存在明显的正相关关系，究其原因，可能与中国城市发展过程中的政府作用密不可分，魏后凯(2014a)曾指出中国城市规模持续扩张与地方政府对城市要素市场价格的干预有关。

表 7-9 2014 年中国不同规模城市城市效率分布

城市规模(万人)	数量	城市经济效率均值	城市社会效率均值	城市环境效率均值
>1000	3	2.559	0.932	0.763
500～1000	10	1.150	0.909	0.824
100～500	126	0.517	0.728	0.882
50～100	98	0.351	0.579	0.903
<50	43	0.206	0.483	0.929

注：根据《中国城市统计年鉴》(2015 年)中的市辖区常住人口数据计算得到每类城市的数量。

7.3 基于效率的最优城市规模

一般城市集聚经济理论分析表明，在城市规模扩张的前期阶段，城市规模与城市效率间呈正相关关系，而在城市规模扩张的后期阶段，城市规模与城市效率间呈负相关关系，即在城市规模扩张的中期，总有一个最优的城市规模使城市效率达到最大。本节基于前文的文献综述，对中国最优城市规模问题进行了讨论。

7.3.1 最优城市规模争论与本质

概括来说，当前国内外关于最优城市规模是否存在的问题主要有三种观点：存在论、不存在论和不可知论。

存在论认为最优城市规模存在且可以求出具体的规模大小，这种观点的来源可以追溯到柏拉图(Plato)认为理想的城市应该有 5040 个居民的设想①，根据本书第 1 章表 1-3 的总结可以看出，国外不同学者或者机构对最优城市规模的测算大小不一，主要源于对“最优”的理解差异。尽管如此，这些文献依然承认并在现实中实证了最优城市规模确

① 转引自[日]藤田昌久、[比]蒂斯.集聚经济学. 刘峰，等译. 第 1 版.成都：西南财经大学出版社，2004:15。

实存在且是具体的。国内很多学者持有类似观点，根据第一章表1-4 的总结可以看出，这些学者虽然测度方法不一，得出的最优城市规模也有差异，但这些研究确认了中国存在最优城市规模。

不存在论认为最优城市规模根本不存在。这种观点最早可追溯至 Higgins(1988)，他指出一直以来学术界对“最优城市规模”的讨论似乎可以得出一个结论：最优城市规模并不存在，特别是城市规模扩张中存在最优人口规模的问题也逐渐变得不如以前那么确定无疑。Evans(1972)也认为：“不存在某种确定的最优城市规模”。根据第 1 章表 1-4 的总结可以发现，国内不少学者也持有相同的观点，但有所不同的是，有的学者认为存在最优城市规模，但不存在单一的最优城市规模(刘永亮，2011；王俊和李佐军，2014；蔡之兵和张可云，2015a)。

不可知论认为最优城市规模虽然在理论上是存在的，但现实中是不可求得的。持有该观点的代表学者是 Henderson(1988)，他认为最优城市规模是不可求得的，而且城市规模与政策制定关系不大。主要理由是城市规模的主要影响因素是复杂多样的，由于时空差异，最优城市规模也会随时间和空间不断变化。Richardson(1972)更是认为就算从理论上分析，最优城市规模推导的依据也是不足的，正如张洋(2001)所指出的，人们对最优城市规模的种种追求，与不同时间下人类的愿望有关，是一个不断调整优化的过程，如果最优城市规模的某个确定值存在，那就意味着最优城市规模是静止不动的，这显然与事物是不断变化的这一客观事实不符。

关于对最优城市规模的分析，最经典的是以 Alonso(1964)为代表的一类文献，他们从城市系统运行的成本和收益角度界定了最优城市规模，并认为城市成本和收益的变化是城市规模的函数，当城市边际成本等于边际收益，或平均成本等于平均收益时，就达到了最优城市规模或均衡城市规模，该最优规模的点是唯一的；相比之下巴顿(1984)则从城市系统中个人层面的成本和收益来分析最优城市规模问题。边际收益曲线、平均成本曲线和边际成本曲线的交点即为最优城市规模的点，分别是最小合理城市规模、个人净收益最高的城市规模、总收益最高的城市规模和城市规模不经济的临界点，可见巴顿分析得出的最优城市规模并不是唯一的，而是有三个。基于国外经典文献的研究，国内学者也发展出了相应的模型，如丁健(2001)、韩士元(2004)所提出的模型，虽然模型内容有所变动，但基本假设和演绎思路基本与经典模型是一致的。

实际上成本收益模型的原假设为城市系统中的要素投入必须满足边际产出递减规律，即在城市技术条件一定的情况下，当保持其他要素投入不变，增加某一个要素的投入时，产出必定会相应地增加，但超过一定规模后，产出就下降，许多对于中国最优城市规模问题的讨论正好忽略了这一点。由于中国城市间的行政级别差异，以及在城市要素市场配置过程中浓厚的地方政府色彩，对水、电、气和交通等公共服务进行了不同程度的补贴，如对于北京城市规模问题，《京津冀协同发展纲要》明确指出：“北京行政条件优越，集聚了一批中央企业总部和知名院校、三甲医院等大量优质公共服务资源，通过财政补贴使电、气、交通等公共服务产品价格均低于周边地区。大量公共服务和资金、人才、技术等优质资源在京津集聚，对周边地区的‘虹吸效应’明显。”在中国诸多大城市的发展过程中，城市规模变动并不满足要素边际收益递减规律，因此脱离这个现实来讨论中国的最优城市规模问题是值得怀疑的。

7.3.2 基于效率的最优城市规模分析

以上分析表明，要存在最优城市规模就必须满足要素投入边际产出递减规律的假设。但一般经验分析使用的是现实数据，可以说现实中每一年的城市技术水平都在不断发生变化，很难对严格满足该假设的情景进行分析，故而一定程度上最优城市规模实际上只具有理论的静态分析意义。为了验证中国城市规模和城市效率之间的关系，本节直接对现实数据进行了分析。

从图 7-13 可以看出，中国城市市辖区人口规模和城市人均 GDP 间并不存在明显的倒“U”形关系，即不存在使城市人均 GDP 最高的最优城市规模；从图 7-13 的空间变动来看，随着城市人口规模扩张，城市人均 GDP 不断增加，且呈明显的正比例关系。基于最大的人均 GDP 的市辖区最优城市规模并不存在。同理本节用相似的办法考察了 2005 年城市规模变动指数、市辖区建设用地面积、市辖区建成区面积和城市人均 GDP 与上文测算的城市经济效率间的关系，发现均未呈现明显的倒“U”形关系，这意味着，基于最大值的人均 GDP，2005 年并不存在显著最优城市规模。从图 7-14 也可以看出，中国城市规模变动和城市职工工资之间不存在明显的倒“U”形关系，即不存在使城市工资最高的最优城市规模。从图 7-14 的空间变动来看，随着城市规模扩张，城市职工工资逐渐增加，二者呈明显的正比例关系。综上，可以认为 2005 年不存在统一的最优城市规模。

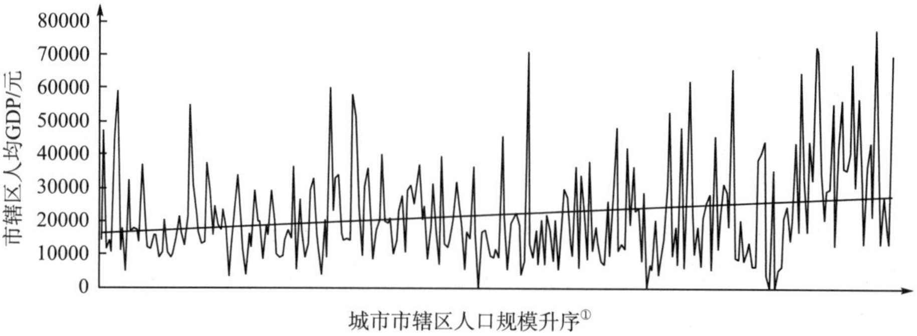

图 7-13 2005 年城市人均 GDP 与城市规模变动的关系

数据来源：《中国城市统计年鉴》(2006 年)。

① 图中横坐标是 280 个城市市辖区人口按升序排列。图 7-14～图 7-21 也如此。

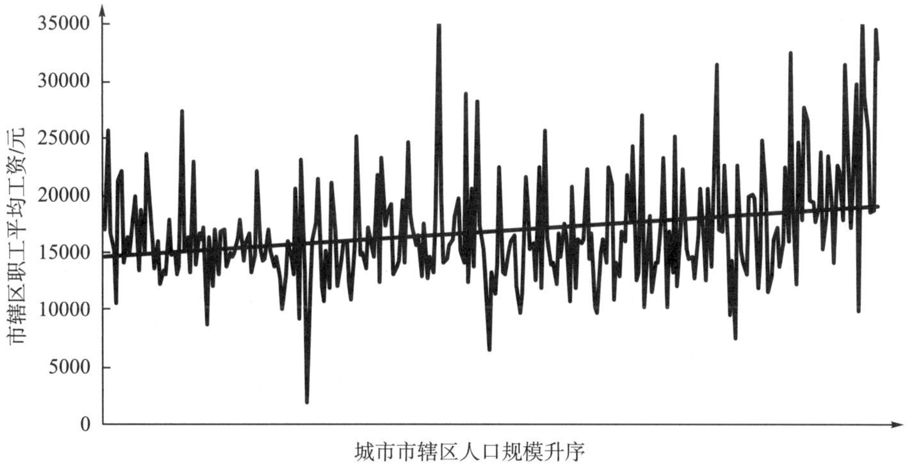

图 7-14　2005 年城市职工工资与城市规模变动的关系
数据来源：《中国城市统计年鉴》(2006 年)。

从图 7-15～图 7-18 可以看出，2010 年城市市辖区人均 GDP、市辖区职工平均工资和城市规模呈明显的正比例关系，即随着城市规模扩张，市辖区人均 GDP 和职工平均工资也随之增长；2014 年城市市辖区人均 GDP 与城市规模间虽然不存在正比例关系，倒“U”关系也不明显，但市辖区职工平均工资与城市规模间的正比例关系很明显，即随着城市规模的扩张，职工平均工资显著地增长。

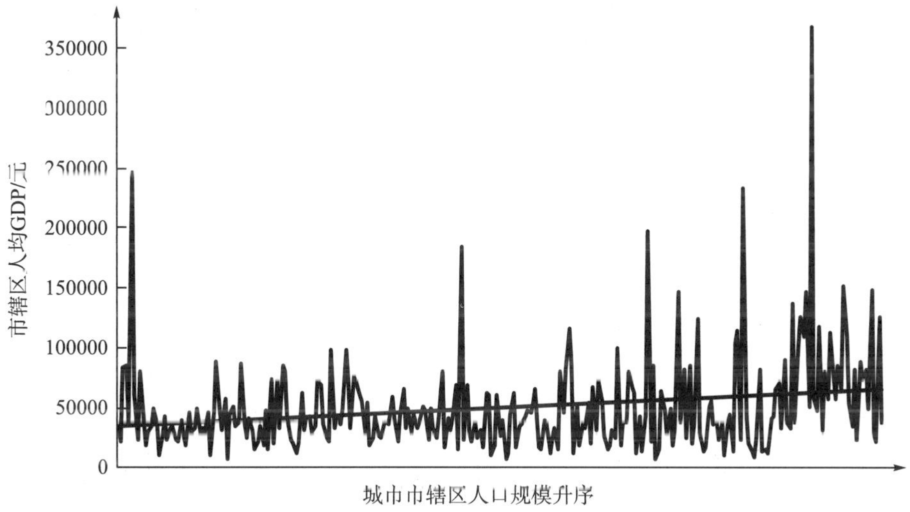

图 7-15　2010 年城市人均 GDP 与城市规模变动的关系
数据来源：《中国城市统计年鉴》(2011 年)。

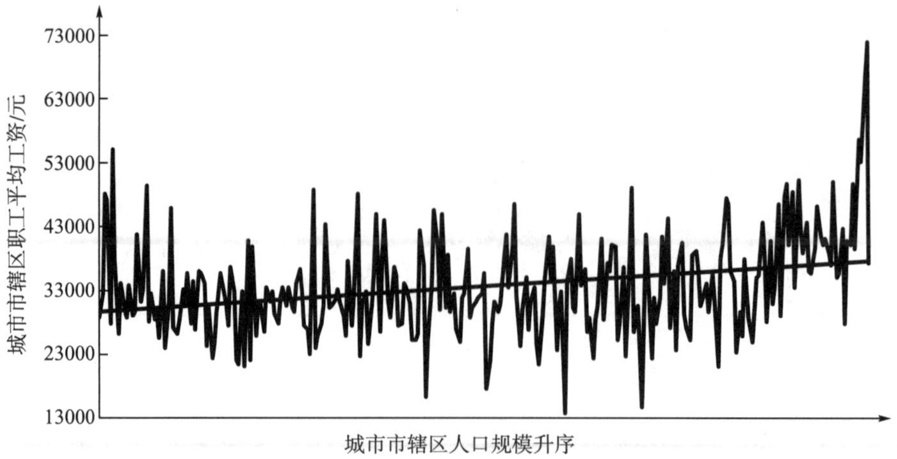

图 7-16　2010 年城市职工平均工资与城市规模变动的关系

数据来源：《中国城市统计年鉴》(2011 年)。

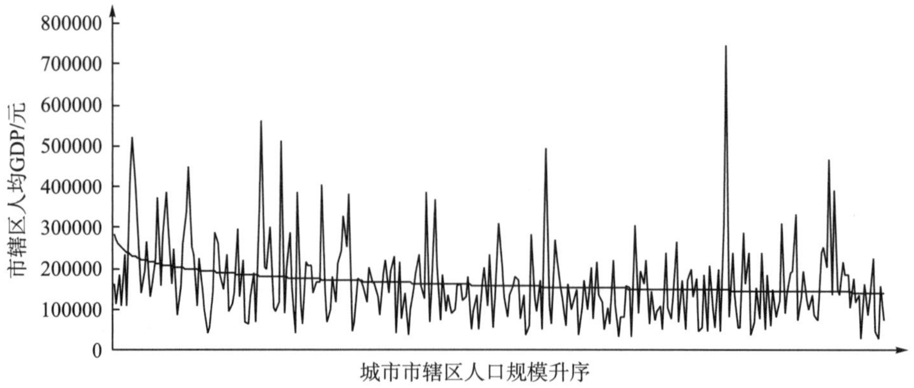

图 7-17　2014 年城市人均 GDP 与城市规模变动的关系

数据来源：《中国城市统计年鉴》(2015 年)。

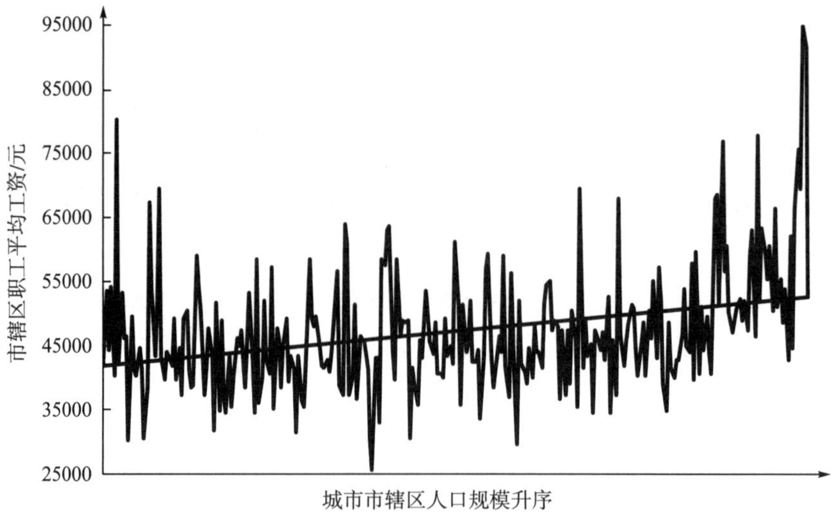

图 7-18　2014 年城市职工平均工资与城市规模变动的关系

数据来源：《中国城市统计年鉴》(2015 年)。

7.3.3　对最优城市规模的进一步分析

在城市系统中的技术条件不变且其他要素投入不变的情况下，如果只有城市规模变动，则必然存在最优城市规模，然而要用现实数据去验证最优城市规模的存在性是不可能的，所以本节尝试取消技术条件不变及其他要素投入不变的严格假定，实证检验在此情况下是否存在最优城市规模。以上经验数据分析表明，中国城市在各年份均不存在最大的人均 GDP 产出、最大市辖区职工平均工资的最优城市规模。以下内容将从回归的角度定量分析是否存在最优城市规模的问题。

图 7-19～图 7-21 为城市经济效率、社会效率、环境效率与城市规模变动的关系，初步可以看出，2014 年城市经济效率和城市规模间呈显著的正比例关系，即随着城市规

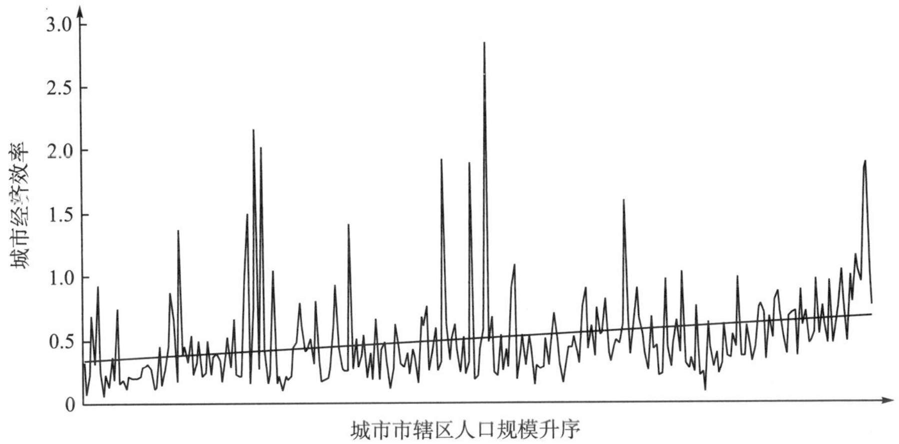

图 7-19　2014 年城市经济效率与城市规模变动的关系

数据来源：《中国城市统计年鉴》(2015 年)。

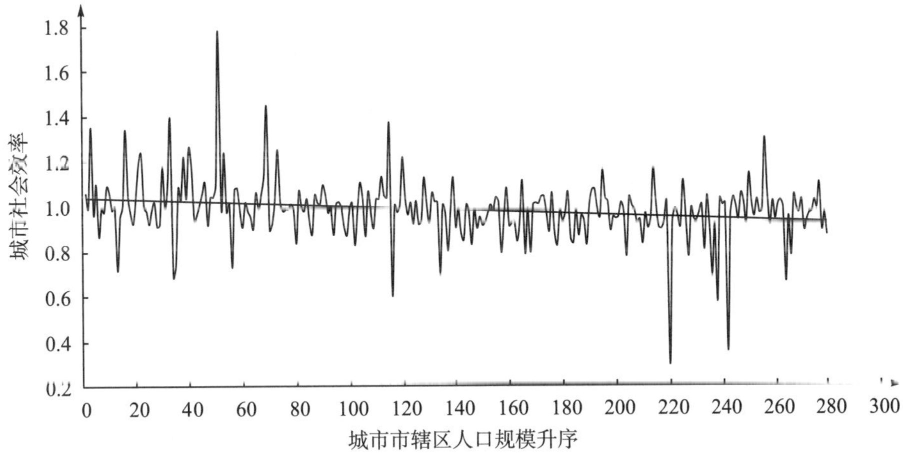

图 7-20　2014 年城市社会效率与城市规模变动的关系

数据来源：《中国城市统计年鉴》(2015 年)。

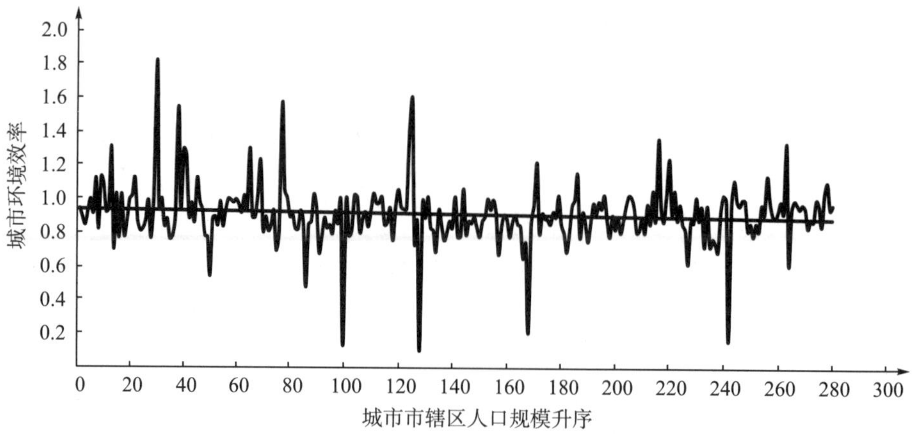

图 7-21 2014 年城市环境效率与城市规模变动的关系

数据来源：《中国城市统计年鉴》(2015 年)。

模扩张，城市市辖区的经济效率随之逐渐提高；城市社会效率和城市规模间呈显著的反比例关系，即随着城市规模扩张，城市市辖区的社会效率随之逐渐降低；城市环境效率与城市规模间呈显著反比例关系，即随着城市规模扩张，城市环境效率随之降低。这意味着，中国城市规模扩张的经济效率、社会效率和环境效应，只有经济效率是正的，而社会效率和环境效率为负，城市规模的扩张对城市环境和社会福利有负向作用。

Tobit 模型是为了解决因变量为部分连续和部分离散的问题而提出的。一般而言，如果因变量的取值范围在某个特定的区间内或者是连续的或者是截断的，那么自变量和因变量间的关系不能用最小二乘法进行估计，而只用采用极大似然估计法。如果存在能够使城市经济效率、社会效率、环境效率达到最大的最优城市规模，则在以城市规模为自变量，城市效率为因变量的回归模型中，自变量和因变量之间必然满足倒“U”形关系。为了检验这种关系，在回归过程中分别加入了城市规模的一次项、二次项和三次项，如果二次项显著为负，则表明存在最优城市规模。

通过 Tobit 回归结果可以发现(表 7-10)，在城市经济效率为因变量的回归里，人口规模、土地规模、规模变动指数的二次项系数显著为正，存在显著的“U”形关系，即存在使城市经济效率最低的城市人口规模、土地规模。在城市社会效率为因变量的回归结果里，人口规模、土地规模、规模变动指数的二次项系数均显著为正，“U”形关系成立，即存在使城市社会效率最低的最小城市规模。在城市环境效率为因变量的回归里，人口规模、土地规模和规模变动指数的二次项回归系数均不显著。综上，可以认为中国城市不存在使经济效率、社会效率最大的最优规模，二者间反而存在显著的“U”形关系，即在城市规模最小端和最大端，经济效率、社会效率偏高，但中等规模城市效率偏低。为什么小规模城市和大规模城市的经济效率、社会效率高，但中等规模城市却偏低呢？究其原因，与行政权力对城市要素分配市场的过度干预有关：城市规模越大，城市经济效率、社会效率越高，这背后的成本被转嫁给了大城市附近或者与大城市有诸多产业关联的中等规模城市身上，而小规模城市区位偏离大城市，城市内产业系统发育不成熟，与大城市关联最低，当大城市转嫁给中等规模城市的成本抵消掉中等规模城市相对于小规模城市的效率优势时，空间就会出现如此“U”形关系。

表 7-10　中国城市效率与城市规模的关系

因变量	解释变量	系数	Z 值	P 值
城市经济效率	人口规模一次项	0.009	2.09	0.037
	人口规模二次项	**2.21×10^{-6}**	**2.49**	**0.013**
	人口规模三次项	-1.03×10^{-9}	−2.48	0.013
	土地规模一次项	0.023	1.73	0.084
	土地规模二次项	**3.55×10^{-7}**	**1.84**	**0.066**
	土地规模三次项	1.20×10^{-10}	2.03	0.042
	规模变动指数一次项	3.478	5.57	0.000
	规模变动指数二次项	**7.770**	**5.40**	**0.000**
	规模变动指数三次项	−4.766	4.94	0.000
城市社会效率	人口规模一次项	−0.002	−2.96	0.003
	人口规模二次项	**4.15×10^{-7}**	**2.58**	**0.010**
	人口规模三次项	-1.79×10^{-9}	−2.37	0.018
	土地规模一次项	−0.018	−3.41	0.001
	土地规模二次项	**1.90×10^{-7}**	**2.49**	**0.013**
	土地规模三次项	-4.94×10^{-11}	−2.18	0.030
	规模变动指数一次项	−0.447	−1.68	0.094
	规模变动指数二次项	**1.156**	**1.88**	**0.060**
	规模变动指数三次项	−0.742	−1.80	0.072
城市环境效率	人口规模一次项	0.002	0.21	0.835
	人口规模二次项	**1.14×10^{-7}**	**0.44**	**0.658**
	人口规模三次项	-3.86×10^{-11}	−0.49	0.623
	土地规模一次项	−0.009	−1.11	0.266
	土地规模二次项	**1.15×10^{-7}**	**0.94**	**0.348**
	土地规模三次项	-2.66×10^{-11}	−0.73	0.463
	规模变动指数一次项	−0.462	−1.09	0.276
	规模变动指数二次项	**1.455**	**1.49**	**0.137**
	规模变动指数三次项	0.977	−1.49	0.136

7.4　本 章 小 结

本章首先建立了城市效率的测算模型，测算了中国 280 个城市的经济效率、社会效率和环境效率，然后对“四大板块”的城市效率差异进行了比较，接着分析城市规模变动与城市效率的关系，并对不同规模的城市进行了比较，最后则对基于效率的最优城市规模问题进行了讨论。

从“四大板块”的城市效率差异来看，东部地区城市发展过程中的经济效率、社会效率和环境效率都处于前沿面的城市仅有天津、珠海和三亚，这表明东部地区仅有这 3 个城市实现了经济、社会和环境的相对协调发展，其他城市还有改善空间。中部地区城市发展中的经济效率全部偏离前沿面，相对而言，城市社会效率和环境效率较为均衡且接近前沿面的城市有阳泉、三门峡、驻马店、武汉、鄂州、长沙、湘潭、合肥、马鞍山、铜陵、宣城、南昌、景德镇、新余、上饶等 15 个城市。西部地区经济效率也全部偏离了前沿面，在社会效率和环境效率两个方面均处于前沿面的城市主要有德阳、广元、达州、资阳、六盘水、丽江、宝鸡、庆阳、包头、乌海、赤峰、通辽、鄂尔多斯、防城港、百色、河池等 16 个城市。东北地区的经济效率同样偏离了前沿面，在社会效率和环境效率两个方面均处于前沿面的城市主要有盘锦、四平、通化、白山 4 个城市。

中国的城市规模变动对城市经济效率的影响为正，即城市规模越大，城市经济效率越高，城市规模越小，城市经济效率越低。从不同城市规模比较来看，随着城市规模扩张，城市社会效率、经济效率逐渐提高，但城市环境效率逐渐降低。对于中国城市效率的分析不能单纯地采用与西方有关的经济学规律，如要素边际报酬递减规律，因为该规律是在严格的技术条件一定，且城市间生产函数没有本质区别的条件下导出的。中国城市发展的现实是政府和市场、竞争和垄断、国企和私企、官员晋升等各种因素夹杂在一起的，城市经济发展原因极为复杂。基于中国的现实数据分析验证了中国不存在最优效率下的城市规模，即城市规模与城市效率之间的倒“U”形关系是不存在的，二者间反而存在显著的“U”形关系，即在城市规模最小端和最大端，经济效率、社会效率偏高，但中等规模城市的效率偏低。

第8章　结论与展望

随着中国城市化进程的不断推进，城市经济转型过程中出现了各种各样的发展问题，其中城市规模变动是最为典型的现象，这引起了许多区域经济学家和宏观经济学家的重视。城市化和粗放型增长是当前中国城市发展面临的主要背景，空间有较为充裕的要素流动，而城市集约发展具有明显的滞后性，导致在一些区域出现了城市规模过度扩张的局面。为什么城市规模变动会出现这样的现象？本书针对该问题进行了系统的分析。从国内已有的研究来看，主要以城市人口或城市土地单方面来度量城市规模，这或多或少地忽视了城市规模变动本身的一些空间特性；而当前研究主要集中于城市土地扩张、城市人口扩张、城市蔓延等问题，还缺乏对城市规模变动理论的系统研究；此外，当前文献对城市规模空间竞争动因和来源的研究是不足的，在研究城市规模的影响因素时，明显忽视了对城市规模空间相关性的讨论。为此，本书对以上问题进行了尝试性回答，并努力完善当前研究所具有的不足之处。在本章，首先梳理了前文各章开展研究后得出的主要结论，并进一步引申，讨论其政策启示，最后指出本研究的主要缺点及未来改进的方向。

8.1　主要结论

中国城市规模变动与城市经济、社会、行政、官员、城市外部空间以及城市内部空间的属性有关。城市经济、社会属性是决定城市要素集散能力的重要市场力量，城市行政属性和官员属性是决定城市要素集散能力的重要政府力量，城市外部和内部空间属性是决定本地城市与其他城市联系紧密程度和自身发展潜力的主要力量。在这三种力量的共同作用下，城市规模变动尤为复杂。本书从当前中国城市规模变动的现状出发，从这三种力量的影响机制着手，分别分析了三种力量对城市规模变动的影响，并对其进行计量检验，最后分析了城市规模与城市效率之间的关系。主体由五部分组成：第一部分为第2章，系统分析了城市规模变动的机理；第二部分为第3章和第4章，研究了城市规模变动现状和空间特征，同时讨论了城市规模变动指数构建原理及其有效性；第三部分为第5章，研究了影响城市规模变动的非空间因素；第四部分为第6章，研究了影响城市规模的空间因素；第五部分为第7章，研究了城市规模变动与城市效率的关系。主要得到以下结论。

第一，城市规模变动是政府、市场和空间共同作用的结果。研究表明，经济利益是人口空间流动的根本动机，流动人口具有城市偏好；地方政府存在城市发展偏向，并具有很强的土地扩张激励，发展功利化是地方政府的普遍特征。故而，由于财政分权、城市土地和官员晋升等制度的存在，地方政府经济发展获得了政治和经济双重激励，这种激励作用因为各城市间经济、社会、行政、官员和空间属性差异而强弱不同，导致城市规模变动具有空间差异性。城市经济社会属性决定了其对要素的集聚规模，地方政府经济发展的功利行为是城市土地规模扩张的直接诱因。

同时研究还发现，区域尺度的空间关系，如沿海和非沿海城市间的关系、省会和地方城市间的关系、城市内部的空间关系会对城市规模变动产生显著影响。而在城市尺度的空间关系里，城市规模变动是空间竞争的，其有两个来源：一方面，由于官员晋升体制，在垂直方向上存在城市规模变动空间共同反应特征；另一方面，由于地方政府行为的空间溢出效应，在水平方向上，存在城市规模变动空间策略互动性。其中前者在空间上并不存在直接的互动性，仅是官员为晋升而造成的地方政府间城市发展政策相仿。后者则在空间上有很强的传导特性，其传导过程可分为间接和直接两种方式，直接传导表现为地方政府行为间的直接互动，间接传导则是由要素的城市选择和城市自身区位变化引起的。

第二，从中国城市规模发展战略演变历程看，可分为 1956～1977 年、1978～2000 年、2001～2010 年和 2011 年至今四个阶段。第一阶段采取的战略核心是“严格控制大城市规模，搞小城市的方针”，这主要基于当时主要领导人对国际政治形势的判断后得出的“备战、备荒”战略。第二阶段核心战略是“控制大城市规模，合理发展中等城市，积极发展小城市”，但随着在 20 世纪 80 年代中后期关于限制人口流动的一系列制度逐渐放开，流动人口规模空间增加，城市规模迅速扩张。实际上，此时中央政府的城市规模限制战略形同虚设。第三阶段的战略核心是“大中小城市和小城镇协调发展，但控制大城市规模的政策并没有完全改变”。第四阶段的战略核心是“严格控制特大城市人口规模”，但与以往不同，2014 年 7 月，国务院出台《关于进一步推进户籍制度改革的意见》，这意味着中国城市规模控制政策正式告别“战略”时代，城市扩张问题终于引起了中央政府的高度关注，但这远远不够。就当前中国多数城市粗放的经济发展方式来看，由于地方政府土地财政行为和晋升考核机制，中等规模城市过度扩张是必然趋势，但很显然中央政府并未真正注意城市扩张问题。城市规模控制政策也仅限于某些特大城市，而对普通城市规模发展政策的配套实施还任重而道远。

第三，从中国城市规模变动现状看，直辖市、副省级城市和省会城市在土地规模变动、人口规模变动方面存在着较大差异。从城市土地规模变动幅度来看，直辖市<副省级城市<省会城市；从城市人口规模的变动幅度来看，省会城市>直辖市>副省级城市。从“四大板块”普通地级城市的规模变动差异来看，在土地规模变动方面，相对于 2004 年，2014 年东部地区城市普通地级城市扩张速度最快，西部地区次之，中部地区较快，东北地区最慢，呈现东北地区多数城市微扩张和收缩并存、东部地区多数城市大幅扩张、西部地区多数城市中等扩张以及中部地区多数城市小幅扩张的局面。在人口规模变动方面，相对于 2004 年，2014 年大多数地级城市的市辖区人口都呈正增长，且表现出东高西低、中部适中、东北地区最慢的态势。从城市人口和土地规模变动的关系来看，在直辖市、副省级城市、普通省会城市三个行政级别城市中，土地规模变动大于人口规模变动幅度的蔓延型城市占绝大多数。2004 年以来，“四大板块”的建成区面积扩张远快于市辖区人口扩张，城市蔓延是其主要特征。另外，城市市辖区人口收缩的现象在中西部地区已出现，东北地区总体上城市均呈慢速扩张和弱收缩并存的格局，尤其是存在相邻城市规模均收缩的现象。

第四，城市人口规模分布在空间上存在显著的空间正相关性，特别是在三大城市群中存在城市人口规模高度集聚特征，新构建的城市规模变动指数在研究城市规模变动时，是有效且合理的。而与此相反，城市建成区面积在空间上却无明显的空间相关性，城市建成区面积在空间上总体呈现随机分布状。由美国国家海洋与大气管理局发布的全球夜间卫星灯光数据，由于其特有的城市人口总量和土地面积、经济密度的三重属性特征，为本书构建综合的城市规模变动指数提供了可能。结合国内外相关的研究，本书构建的城市规模变动指数能将城市人口总量、土地面积因素进行综合，能在一定程度上纠正由于人口或土地总量衡量法引起的度量偏差；城市规模变动指数度量的城市规模在空间上也存在显著集聚特征。通过计量分析发现，城市规模变动指数与城市人口和土地规模变动间均存在明显的正相关关系，该结论通过了考虑城市地形起伏程度的稳健性检验。这表明，综合的城市规模变动指数是合理且有效的，在研究城市规模变动时，可以用其作为城市规模变动的衡量指标。

第五，影响城市规模变动的行为驱动因素，在不同规模的城市间存在差异性。长期来看，区域发展战略会对城市规模变动产生显著的影响，但这种影响在户籍、住房、土地等制度改革变动的冲击下，效果较为微弱。影响城市规模变动的另一个重要因素是地方政府行为，在锦标赛式的官员晋升体制里，地方政府的相对政绩格外重要。地方官员都将自己努力发展经济、扩张城市规模行为的“空间溢出”当作对自己不利的事情，城市间携手渡过难关的激励很小。因此，一旦某个区域的城市发展遭受外生性冲击，在空间上很容易形成相邻的多个城市同时局部收缩或扩张的局面。由于城市的经济地理特征、企业经济和人力资本溢出特征、政策互动性会产生空间联系，因此其对城市规模的变动也能产生影响。经济地理属性、企业经济和人力资本溢出特征共同决定了城市对要素吸引的比较优势，政策互动性决定了城市对要素的竞争能力。此外城市规模可能存在由于企业上下游和人力资本流动而产生联系的现象，这种联系对城市规模空间变动和城市规模体系演化也有较大影响。

为得到稳健的结果，本书对不同口径下城市规模进行的回归结果进行了比较。分析表明，财政压力、工业企业个数能显著地使城市规模体系向更集中的方向发展。这意味着在城市规模体系演化进程中，城市政府的财政收支和工业企业集聚是最重要的影响因素，地方政府财政压力越大、工业企业个数越多，城市规模体系演化更趋于集中。中国城市规模变动与房地产投资、基础设施投资、第三产业发展、城市间交通改善和官员任期呈正相关。从不同规模的城市变动的影响因素比较来看，外商投资额仅对市辖区人口为中等规模的城市有显著促进作用。市辖区人口规模增长依赖于城市职工平均工资的提高，工资也是劳动力集聚的主要动力，特别是对于中小城市更是如此。房地产投资对不同规模的城市均有显著正影响，且随着城市规模的扩大，弹性系数随之提高。

第六，城市规模空间竞争的本质是地方政府竞争，当前城市规模竞争的基本形态是，当竞争对手城市实行扩张性的城市政策时，本城市也会采取相应的对策，以展开对空间要素、产业的竞争；而当竞争城市的规模扩张放缓时，本城市也会采取相应的政策，因为地方政府一旦面临负的无可避免的外部性冲击(比如东北地区的整体性发展衰退)，为了获得相对好的政绩，地方政府会采取“只要你不比我好”的“逐底竞争”行为，因此相互间合作的激励很弱，这很容易引起更大范围的城市萧条。

中国城市规模空间竞争的空间来源主要为水平方向的地方政府间策略互动和垂直方向的由于晋升体制产生的共同反应。计量分析表明，在官员晋升的主要年份(决定地方官员升迁与否)，城市规模空间竞争的主要来源为垂直方向的共同反应，而在非官员晋升年份，城市规模空间竞争的主要来源为水平方向的策略互动。在城市规模空间竞争中，小规模城市向空间释放的竞争信号会更强烈，城市群内的城市规模竞争不如城市群外的城市间竞争那么激烈，高低行政等级间的城市规模竞争差异性不显著。2004 年到 2013 年间，城市规模竞争更多表现为“中小城市收缩速度加快，大城市城市扩张速度更快”的两极化模式。在未来中国城市规模变动演化进程中，城市收缩和城市扩张共存，极可能成为常态，并不断使越来越多的城市卷入其中。

第七，从“四大板块”的城市效率差异来看，东部地区城市经济效率、社会效率和环境效率均处于前沿面的城市仅有天津、珠海和三亚，中、西部和东北地区城市经济效率均偏离前沿面。其中中部地区，城市社会效率和环境效率较为均衡且接近前沿面的城市有阳泉、三门峡、驻马店、武汉、鄂州、长沙、湘潭、合肥、马鞍山、铜陵、宣城、南昌、景德镇、新余、上饶等；西部地区在社会效率和环境效率两个方面均处于前沿面的城市主要有德阳、广元、达州、资阳、六盘水、丽江、宝鸡、庆阳、包头、乌海、赤峰、通辽、鄂尔多斯、防城港、百色、河池等；东北地区在社会效率和环境效率两个方面均处于前沿面的城市主要有盘锦、四平、通化、白山等。

进一步分析表明，城市规模越大，城市经济效率越高，城市规模越小，城市经济效率越低。从不同城市规模比较来看，随着城市规模扩张，城市社会效率、经济效率逐渐提高，但城市环境效率逐渐降低。对于中国城市效率的分析不能单纯地采用与西方有关的经济学规律，如要素边际报酬递减规律，因为该规律是在严格的技术条件一定，且城市间生产函数没有本质区别的条件下导出的。中国城市发展的现实是政府和市场、竞争和垄断、国企和私企、官员晋升等各种因素夹杂在一起的，城市规模变动极为复杂。计量分析表明，城市规模与城市效率之间的倒“U”形关系是不存在的。

城市作为一种特殊的空间组织，其发展路径有独特的规律，城市发展战略首先应该尊重这种规律，如适当的规模带来效率是城市经济发展的铁律，这一点必须得到保障。因此从这个角度分析，当前鼓励建设成千上万的中小城市和小城镇的发展战略可能是不合适的。本书的研究证明，中国城市体系发展呈现截然不同的两种类型：城市扩张和城市收缩。城市的无序扩张会导致城市病等问题，而城市的严重收缩则会带来更为严重的经济萧条问题，当前我国东北地区城市遇到的发展困境，实际上就是城市收缩的问题。这两种问题的特征、成因以及解决思路是完全不同的，因此在制定城市发展战略时应该统筹考虑城市经济发展的整体目标，并根据处于不同发展阶段的城市进行针对性的发展布局。

在区域发展中，城市收缩所代表的萧条病是比城市扩张代表的膨胀病更为严重的区域发展问题。国外经验表明，陷入收缩阶段的城市具有很强的路径惯性，很容易由城市收缩陷入严重的萧条病中，与此同时治理萧条这种区域病是极为困难的，不仅需要中央政府投入大量的人力、物力，同时见效极慢，国内外存在大量的陷入萧条病后而长期无法实现复苏的城市。因此，一定要高度重视城市收缩现象，应该基于包括人口、资金、企业、产业流失、经济增速下滑、财政收入下滑、基础设施老化、产业结构单一等多种城市收缩的典型特征来构建可量化的城市收缩预警机制，由专门的政府组织定期发布城市收缩风险指数，争取在收缩现象萌芽期就采取针对性的措施予以解决。

本书研究证明，外部引力和内部推力、主要核心城市的虹吸效应，是导致城市收缩的两大原因。市场经济条件下，自由迁移的劳动力会“用脚投票”，城市是否具有吸引力将直接反映在它对各种要素的吸入量上，城市吸引力越大，流入的要素就越多，城市收缩的风险就越小。因此，一方面城市发展应该重视自身发展能力的提升，既提高政府服务意识和办事能力，同时也必须提高如城市的生活环境、基础设施、公共产品质量等硬件环境，以提高城市吸引力，促进要素流入；另一方面中小城市应该重视经济发展，采取健康的、创新的发展方式努力缩小与发达城市的各种差距，积极参与中心城市的产业分工，城市收缩现象才可能得到遏制。

空间扩张而人口减少式的城市在中国整个城市体系中占据一定比例，究其原因：一是地方政府与中央政府在财权事权上的严重失衡，地方政府为了获得可支配的财政收入，只能选择通过推动空间扩张来获得土地财政；二是地方官员的晋升与其辖区内的经济发展指标密不可分，而以基建投资为主的空间扩张无疑是刺激经济发展见效最快的手段，在这种情况下，地方政府自然而然会忽视能够留住人的其他社会公共产品支出，最终导致城市收缩现象出现。因此，想要改变空间扩张而人口减少的城市收缩现象，必须改变当前的财政收入分配比例和地方官员政绩考核制度，建立起以人为核心、地方和中央财权事权匹配的城市发展机制。

8.2　未来展望

本书关于城市规模变动的机理、变动现状、测度方法、空间特征、影响因素以及城市规模变动与城市效率关系的研究结论，为制定相应政策提供了必不可少的依据。本节将基于以上主要研究结论，探讨一些控制城市规模、实现区域协调发展的政策思路，提出一些被政府和学界忽视的城市规模变动问题。

第一，城市规模空间竞争背后是一系列制度的激励，所以治理城市规模问题，应从相关制度改革着手。财政、官员晋升和土地等相关制度是影响城市规模变动的主要因素。在治理城市规模问题时，必要先打破原有的制度设计对城市规模变动的激励作用，从而釜底抽薪。财政制度对城市规模的影响体现在两个方面，一是财政分权导致的地方政府财权和事权不协调，打破了原有财政支出和收入的平衡，财权被中央上收，事权下放，无钱难办事，加大了地方政府的财政压力；二是房地产有关的税收并未纳入地方政府预算体系中，这成为地方政府缓解财政压力、加速房地产投资开发的主要动力。地方政府是城市发展用地的实际垄断者，财政上卖地生财形成的土地依赖，是推动城市规模变动的主要驱动力。官员晋升体制下，上级对下级的经济增长考核决定了地方政府必然遵循为增长而竞争的经济增长策略，且更倾向于采取周期短、见效快的粗放型增长模式。要治理城市规模变动产生的种种问题，就必须从财政体制上改革，以匡正地方政府由于财政压力而卖地生财的行为；必须从官员晋升体制上改革，改变官员功利化的发展思维；必须从房地产制度上改革，将其纳入地方财政预算体制；必须从土地制度上进行改革，探索建立弱化地方政府土地垄断权利的体制机制。从根本上消除引起城市规模变动问题的制度，逐步建立促进城市集约式发展、城市经济可持续发展和城市规模协调的体制机制。

第二，中央政府在抑制“城市扩张”的同时，需要对看似小范围，但彼此间依赖性较强的“城市人口收缩”问题引起重视，以免积重难返。2004～2013 年，城市规模竞争更多以“低密度人口区扩张比高密度人口区更快”的双扩张模式。低密度区面积扩张更快，这也意味着中国的城市发展对土地的开发是掠夺式的，至少在产业和人口匹配层面是远远滞后的，而且这已经成为多数城市实现经济增长的主要方式。这很可能在空间上出现连片式的人口低密度区蔓延，而对人口高密度区的要素挤占过多，引起经济社会问题。人口高密度区扩张幅度慢于低密度区扩张幅度的双扩张格局，极可能成为常态，并不断使越来越多的城市卷入其中。这是制定城市协调发展战略必须考虑的问题。具体而言：①中央政府应积极抑制城市扩张，同时加快推进城市发展转型，降低城市发展的要素依赖；②积极寻求解决之法，并探索建立城市间的合作机制；③通过改革使政绩考核方式和官员晋升方式多元化，建立法律化的制度，激励地方政府积极参与地域分工，是可行之法。

第三，城市扩张治理应从各城市间的竞争关系着手，积极推进城市群培育战略，促进长江中游、成渝等新兴城市群形成利益共同体，培育更高级的“软实力”城市竞争。城市规模空间变动既有差异性又有相似性，治理时应从城市间关系着手，采取适当的区域政策，不但要针对普遍性问题，更要关注其特殊性问题。中国城市扩张总体上存在“竞相向上”现象。相对于大规模城市，规模小的城市对空间扩张的冲击更大，扩张是城市应对空间竞争的“占优策略”；中国的城市扩张可能已陷入“较小规模城市快速扩张、较大规模城市持续扩张”的“竞相向上”的自我强化中。城市群对城市扩张的空间竞争有一定的抑制作用，但城市扩张空间竞争对行政等级并不敏感。三大城市群内的城市间出现扩张的恶性竞争可能性较小；无论是省会及其以上城市间，还是普通城市间，空间竞争强度均无显著差异。具体而言：①城市扩张治理应从梳理各城市间的竞争关系着手，逐步通过改革，如完善财政制度、GDP 考核制度和官员晋升制度来缓和城市间的竞争关系；②积极推进城市群培育战略，促进长江中游、成渝等新兴城市群形成利益共同体，避免城市空间无序扩张；③地方政府在城市扩张决策时，应结合所在主体功能区的发展目标，积极参与分工，培育新的“软实力”空间竞争模式，控制城市规模。

第四，中央政府“做对了(城市规模)激励”，但“做对协调”却显不足，未来应加强“做对协调”，实现二者统一。十年来，中央政府对地方政府在城市规模扩张方面的激励过大，而协调性不足，形成了以长三角、珠三角、京津冀三大区域的城市扩张与东北、中西部部分区域的城市收缩并存的格局，未来应积极引导过度集聚的要素向城市规模收缩的地区流动，协调城市规模发展。由于中国当前的地方政府竞争还不够规范与成熟，中央政府制度激励和各种经济资源的跨区域流动性和逐利性，对城市空间协调发展形成了负面效应。中央政府应该打破地方政府的既得利益，矫正地方政府行为，“做对协调”，扭转城市规模空间失衡的格局，实现“做对激励”与“做对协调”相统一。最后，如何通过制度设计使地方政府的城市规模发展从竞争走向竞合，是未来匡正地方政府行为的重点。当前城市规模盲目扩张导致的产业结构雷同、基础设施重复建设已经不是某地的问题，而是区域问题，甚至是全国性问题，如何改变这种低层次的“硬件”竞争，建立高层次的“软件”竞争是当前城市发展面临的难点。

第五，加大对地方政府一系列违规行为的行政查处力度，是当前治理城市规模问题最为迫切的对策。地方政府在经济和政治的双重激励下，必定会冒进地利用中央政府的税收政策空隙和土地政策进行大规模的招商引资，从而导致劳动力和资本要素过于集中于某些城市，造成严重的城市规模发展空间失衡问题。中央政府作为地方经济发展调控的主体，睁只眼闭只眼，督查不力更是对地方政府行为的另一个激励。因而，中央政府可以通过加大对地方政府行为的督查力度来抑制城市规模过度扩张。对此中央政府其实也是面临两难困境的，如果中央政府督查不力，投资过热，城市过度扩张问题得不到治理，反之如果中央政府督查过于严格，中国经济很可能“硬着陆”引起系统风险。为了更有效地从根本上治理城市规模问题，需要建立更科学的督查机制和行政管理体制，创新地方政府官员行为的激励机制，弱化干部任用的经济增长政绩考核，促进干部任用考核多元化发展。2016 年中共中央办公厅印发《关于在北京市、山西省、浙江省开展国家监察体制改革试点方案》，中央政府关于地方政府监察体制改革已经迈出了重要一步，建立科学有效的国家监察体制指日可待。

第六，行政等级是影响城市规模变动的主要因素，为构建协调的城市规模体系，应通过城市行政体制改革，破除当前行政化的资源分配体制，构建相对公平的城市发展竞争环境。由于行政等级高的城市集中了大量优质的医疗、教育、人力资源，因此更能吸引劳动力、资本要素集聚，城市规模更倾向于扩张，而其他行政等级较低的城市则意味着散失了诸多配置要素的权利，区域城市行政等级的不对称，必然带来城市规模变动的空间失衡。因为严格来说，中国目前的特大城市北上广深的规模之所以持续扩张，很难认为是市场规律作用的结果，而是发展初期政府的政策庇护，后期发展中的高行政等级带来了更大的资源调配权利。这就引发了一些区域问题，如某些特大城市对周边城市的要素虹吸效应特别明显，具体例子有：北京及其周边城市、广州和深圳及其周边城市、上海及其周边城市。未来城市规模空间变动很可能会出现城市扩张和收缩并存的格局，为治理城市规模问题带来新的挑战，那么重点就回到了如何有效控制大城市规模、发展中小城市规模问题上。当前许多城市制定了严格限制人口流入或者企图将劳动力分为三六九等进行疏解的方案。实际上城市规模变动的根本问题并不在于人口，疏解城市功能也并非简单地限制人口流入，而应该是保持人口自由流动的前提下，通过就业疏散人口。城市经济发展粗放，是城市规模空间竞争存在的基本基础，而经济和政治激励是城市规模空间竞争的基本动力。为此，城市规模变动问题的治理，如果不从城市经济发展方式转型，官员晋升体制、财政制度、行政管理体系改革等方面寻找突破口，是很难从根本上杜绝城市规模空间竞争的，优化城市规模体系，协调区域经济发展，促进城市经济可持续发展的目标就可能渐行将远。

第七，治理大城市扩张，同时也要治理中小城市收缩，“两手抓，两手都要硬”，既要控制大城市过快扩张，也要控制中小城市过快收缩。当前部分城市扩张问题已经到了非控制不可的地步，且政府已经采取了措施。但对于城市收缩问题，虽然在 2019 年 4 月出台了相关政策，但还需进一步深化，做到精准识别、精准治理。2004～2013 年，中国的城市发展对土地的开发是掠夺式的，至少在产业和人口匹配层面是远远滞后的。如何在治理城市扩张问题的同时，积极稳妥推进城市收缩的治理战略，是摆在时代面前的一个难题。本书认为积极推进并深化城市群发展战略，持续发挥城市群协调城市发展的功能，可能是实现二者同步治理的重要路径。

第八，城市发展战略既要顶层设计，也要具有针对性。城市作为一种特殊的空间组织，其发展路径有独特的规律，城市发展战略首先应该尊重这种规律，如适当的规模带来效率是城市经济发展的铁律，这一点必须得到保障。因此从这个角度分析，当前鼓励建设成千上万的中小城市和小城镇的发展战略可能是不合适的。本书的研究证明，中国城市体系发展呈现截然不同的两种类型：城市扩张和城市收缩。这两种问题的特征、成因以及解决思路是完全不同的，因此在制定城市发展战略时应该统筹考虑城市经济发展的整体目标，并根据该目标对处于不同发展阶段的城市进行针对性的发展布局。

第九，要构建城市收缩预警机制和防范措施。在区域发展中，城市收缩所代表的萧条病是比城市扩张代表的膨胀病更为严重的区域发展问题。国外经验表明，陷入收缩阶段的城市具有很强的路径惯性，很容易由城市收缩陷入严重的萧条病中，与此同时治理萧条这种区域病是极为困难的，不仅需要中央政府投入大量的人力、物力，同时见效极慢，国内外存在大量的陷入萧条病后而长期无法实现复苏的城市。因此，一定要高度重视城市收缩现象，应该基于包括人口、资金、企业、产业流失、经济增速下滑、财政收入下滑、基础设施老化、产业结构单一等多种城市收缩的典型特征来构建可量化的城市收缩预警机制，由专门的政府组织定期发布城市收缩风险指数，争取在收缩现象萌芽期就采取针对性的措施予以解决。

第十，内外结合，提高城市发展吸引要素的能力。本书研究证明外部引力和内部推力、主要核心城市的虹吸效应，是导致城市收缩的两大原因。市场经济条件下，自由迁移的劳动力会“用脚投票”，城市是否具有吸引力将直接反映在它对各种要素的吸入量上，城市吸引力越大，流入的要素就越多，城市收缩的风险就越小。因此，一方面城市发展应该重视自身发展能力的提升，既提高政府服务意识和办事能力，同时也必须提高如城市的生活环境、基础设施、公共产品质量等硬件环境，以提高城市吸引力，促进要素流入；另一方面中小城市应该重视经济发展，采取健康的、创新的发展方式，努力缩小与发达城市的各种差距，积极参与中心城市的产业分工，城市收缩现象才可能得到遏制。

第十一，加快政治体制改革，转变城市发展机制。空间扩张而人口减少式的城市在中国整个城市体系中占据一定比例，究其原因：一是地方政府与中央政府在财权事权上的严重失衡，地方政府为了获得可支配的财政收入，只能选择通过推动空间扩张来获得土地财政；二是地方官员的晋升与其辖区内的经济发展指标密不可分，而以基建投资为主的空间扩张无疑是刺激经济发展见效最快的手段，在这种情况下，地方政府自然而然会忽略能够留住人的其他社会公共产品支出，最终导致城市收缩现象出现。因此，想要改变空间扩张而人口减少的城市收缩现象，必须改变当前的财政收入分配比例和地方官员政绩考核制度，建立起以人为核心、地方和中央财权事权匹配的城市发展机制。

最后，当前文献对城市规模变动问题的研究，仅停留在人口总量或者土地总面积层面，用简单的数量加总的变化来衡量本属于“空间形态”变化的城市规模变动，这是当前城市规模变动研究方面存在的最大问题。本书虽然基于全球夜间灯光数据，给出了一种将人口和土地进行综合的衡量方法，但可能并不是最理想的思路。原因在于新构建的城市规模变动指数，未能如人口和土地总量变化那样直观地表示城市规模变动，且在复杂的夜间灯光数据处理过程中，免不了出现这样或那样的误差。本书以 2004 年所有城市灯光亮度的平均值为基准来进行高密度区和低密度区的划分，可能存在一定问题。因为这样的划分方法下衡量出来的只是相对城市规模变动，而不是绝对城市规模变动。一个理想的办法是使用全球人口密度图来取而代之。由于精力所限，本书并未开展这样的尝试。故而构建更完善的城市规模变动指数是未来研究的重点。此外，本书对于城市规模竞争两个来源的理论分析，还有待进一步改进。正如文中所指出的，能观测到的城市规模空间竞争是二者叠加后的效应。文中在分析城市规模空间竞争的来源时并没有采用一般均衡分析方法，将二者纳入统一的分析框架中，这在一定程度上降低了空间竞争产生机理的说服力。这也是未来亟须改进的一点。此外，在城市规模空间竞争识别的计量模型里，由于没找到水平方向和垂直方向竞争的具体代理变量，文中并未采用加入相应的变量进行直接识别的方法，而是根据二者的叠加效应变化趋势及其水平方向和垂直方向竞争的特征进行推理分析的，这并不是最理想的识别方法，未来需要进一步研究。最后，本书认为城市群发展战略的深化和推进，是治理城市扩张和收缩的重要路径，未来必须积极推进 19 个城市群的建设和发展，并且制定针对不同发展阶段城市群的深化措施和推进政策，加强城市群间的空间协同，发挥城市群中心城市的空间溢出效应，发挥城市群的增长极效应，以遏制城市收缩和扩张的两极化。

参 考 文 献

安虎森,邹璇. 2008. 最优城市规模选择与农产品贸易成本[J]. 财经研究, (7):74-86, 97.

巴顿.1984. 城市经济学[M]. 顾耕,译. 北京: 商务印书馆.

蔡之兵,张可云. 2015a. 中国城市规模体系与城市发展战略[J]. 经济理论与经济管理, 35(8):104-112.

蔡之兵,张可云. 2015b. 中国区域发展战略的60年历程回顾(1953—2013)[J]. 甘肃社会科学,(2):153-157.

曹跃群,刘培森.2011.中国城市规模分布及影响因素实证研究[J]. 西北人口, 32(4):47-52.

常青,何欢乐,季宏伟. 2010. 基于DPSIR模型的市域土地空间配置优化——以天津市为例[J].中国土地科学, 24(6):32-39.

陈刚强,李郇,许学强. 2008. 中国城市人口的空间集聚特征与规律分析[J]. 地理学报, (10):1045-1054.

陈雯. 2008. 空间均衡的经济学分析[M]. 北京:商务印书馆.

陈彦光. 2008. 分形城市系统[M]. 北京：科学出版社.

程开明,庄燕杰. 2012. 城市体系位序-规模特征的空间计量分析——以中部地区地级以上城市为例[J]. 地理科学, 32(8):905-912.

程钰,任建兰,徐成龙. 2015. 生态文明视角下山东省人地关系演变趋势及其影响因素[J]. 中国人口·资源与环境, 25(11):121-127.

戴中亮. 2010. 城市化与失地农民[J]. 城市问题, (1):96-101.

单豪杰. 2008. 中国资本存量K的再估算:1952～2006年[J]. 数量经济技术经济研究, (10):17-31.

丁健. 2001. 现代城市经济[M]. 1版.上海:同济大学出版社.

丁守海. 2008. 论中国特色的城市化模式[J]. 政治经济学评论, (2):126-145.

董再平. 2008. 地方政府“土地财政”的现状、成因和治理[J]. 理论导刊, (12):13-15.

杜能. 1986. 孤立国同农业和国民经济的关系[M]. 北京:商务印书馆.

段成荣,杨舸,张斐,等. 2008. 改革开放以来我国流动人口变动的九大趋势[J]. 人口研究, 32(6):30-43.

段瑞君. 2013. 中国城市规模及其影响因素研究——来自284个地级及以上城市的经验证据[J]. 财经研究, (9):82-94.

范辉,刘卫东,吴泽斌,等. 2014. 浙江省人口城市化与土地城市化的耦合协调关系评价[J]. 经济地理, (12):21-28.

范进,赵定涛. 2012. 土地城镇化与人口城镇化协调性测定及其影响因素[J]. 经济学家, (5):61-67.

范子英. 2015. 土地财政的根源:财政压力还是投资冲动[J]. 中国工业经济,(6):18-31.

方创琳. 2002. 区域发展战略论[M]. 北京:科学出版社.

方先知.2004. 土地利用效率测度的指标体系与方法研究[J].系统工程, (12):22-26.

冯科. 2010. 城市用地蔓延的定量表达、机理分析及其调控策略研究[D].杭州:浙江大学.

符淼. 2009. 地理距离和技术外溢效应——对技术和经济集聚现象的空间计量学解释[J]. 经济学, (4):1549-1566.

傅建春,李钢,赵华,等. 2015. 中国城市人口与建成区土地面积异速生长关系分析——基于652个设市城市的实证研究[J]. 中国土地科学, (2):46-53.

干春晖,邹俊,王健. 2015. 地方官员任期、企业资源获取与产能过剩[J]. 中国工业经济, (3):44-56.

高洪. 2003. 当代中国人口流动问题[D]. 上海:复旦大学。

高鸿鹰,武康平. 2007. 我国城市规模分布Pareto指数测算及影响因素分析[J]. 数量经济技术经济研究, (4):43-52.

郭峰,胡军. 2014. 官员任期、政绩压力和城市房价——基于中国35个大中城市的经验研究[J]. 经济管理,(4):9-18.

郭剑雄,李志俊. 2009. 劳动力选择性转移条件下的农业发展机制[J]. 经济研究, (5):31-41,65.

郭施宏,王富喜,高明. 2014. 山东半岛人口城市化与土地城市化时空耦合协调关系研究[J]. 经济地理, 34(3):72-78.

郭志勇,顾乃华. 2013. 制度变迁、土地财政与外延式城市扩张——一个解释我国城市化和产业结构虚高现象的新视角[J]. 社会科学研究, (1):8-14.

韩本毅. 2010. 影响城市人口规模的机制及实证[J].当代经济科学, (2):83-89,127.

韩士元. 2004. 城市经济发展专论[M]. 1 版. 天津:天津社会科学出版社.

何盛明. 财经大辞典(上卷). 1990. 北京: 中国财政经济出版社.

黄大全,金浩然,赵星烁. 2014. 四类城市建设用地扩张影响因素研究——以北京市昌平区为例[J]. 资源科学, 36(3):454-462.

蒋德权,姜国华,陈冬华. 2015. 地方官员晋升与经济效率:基于政绩考核观和官员异质性视角的实证考察[J]. 中国工业经济, (10):21-36.

蒋震. 2014. 工业化水平、地方政府努力与土地财政:对中国土地财政的一个分析视角[J]. 中国工业经济,(10):33-45.

柯善咨,向娟. 2012. 1996—2009 年中国城市固定资本存量估算[J]. 统计研究, (7):19-24.

柯善咨,赵曜. 2014. 产业结构、城市规模与中国城市生产率[J]. 经济研究, (4):76-88, 115.

李光勤. 2014. 土地城镇化与人口城镇化协调性及影响因素研究——基于省级面板数据的分析[J]. 地方财政研究, (6):39-44.

李后建,张宗益. 2014. 地方官员任期、腐败与企业研发投入[J]. 科学研究, (5):744-757.

李明月,胡竹枝. 2012. 广东省人口城市化与土地城市化速率比对[J]. 城市问题, (4):33-36.

李强. 2003. 影响中国城乡流动人口的推力与拉力因素分析[J],中国社会科学, (1):125-136, 207.

李青,李剑阁,蒋省三,等. 2006. 中国土地政策改革:一个整体性行动框架[J]. 中国发展观察, (5):4-9.

李郇,洪国志,黄亮雄. 2013. 中国土地财政增长之谜——分税制改革、土地财政增长的策略性[J]. 经济学,12(5004):1141-1160.

李永乐,舒帮荣,吴群. 2014. 中国城市土地利用效率:时空特征、地区差距与影响因素[J]. 经济地理, (1):133-139.

李永乐,吴群. 2013. 中国式分权与城市扩张:基于公地悲剧的解释[J]. 南京农业大学学报(社会科学版), (1):73-79.

李永友,沈坤荣. 2008. 辖区间竞争、策略性财政政策与 FDI 增长绩效的区域特征[J]. 经济研究, (5):58-69.

李子联. 2013. 人口城镇化滞后于土地城镇化之谜——来自中国省际面板数据的解释[J]. 中国人口.资源与环境, (11):94-101.

梁婧,张庆华,龚六堂. 2015. 城市规模与劳动生产率:中国城市规模是否过小?——基于中国城市数据的研究[J]. 经济学, (3):1053-1072.

梁流涛,赵庆良,陈聪. 2013. 中国城市土地利用效率空间分异特征及优化路径分析——基于 287 个地级以上城市的实证研究[J]. 中国土地科学, (7):48-54.

林坚,马珣. 2014. 中国城市群土地利用效率测度[J]. 城市问题, (5):9-14, 60.

刘爱梅. 2011. 我国城市规模两极分化的现状与原因[J]. 城市问题, (4):2-7.

刘冰. 2007. 中国城市最优规模的实证研究[D]. 长春:东北师范大学.

刘秉镰,杨晨. 2016. 基础设施影响城市规模分布的作用机理及实证研究[J]. 经济与管理研究, (3):20-28.

刘超芹. 2013. 城市化进程中省际流动人口特征分析[D].成都:西南财经大学.

刘传明,李红,贺巧宁. 2011. 湖南省土地利用效率空间差异及优化对策[J]. 经济地理, (11):1890-1896.

刘继生,陈彦光. 2005. 山东省城市人口-城区面积的异速生长特征探讨[J]. 地理科学, (2):135-141.

刘妙龙,陈雨,陈鹏,等. 2008. 基于等级钟理论的中国城市规模等级体系演化特征[J]. 地理学报, 63(12):1235-1245.

刘琼,欧名豪,盛业旭,等. 2014. 不同类型土地财政收入与城市扩张关系分析——基于省际面板数据的协整分析[J]. 中国人口资源与环境, (12):32-37.

刘胜,顾乃华. 2015. 官员任期、交流与服务业发展:自 1994～2012 年数据观察[J]. 改革, (1):66-77.

刘修岩,李松林,秦蒙. 2016. 开发时滞、市场不确定性与城市蔓延[J]. 经济研究, (8):159-171, 186.

刘彦随. 1999. 区域土地利用优化配置[M].北京:北京学苑出版社.

刘易斯. 1989. 二元经济论[M]. 北京:北京经济学院出版社.

刘永亮. 2011. 置疑中国最优城市规模[J]. 城市规划, (5):76-81, 96.

刘雨平. 2013. 地方政府行为驱动下的城市空间演化及其效应研究[D].南京:南京大学.

龙小宁,朱艳丽,蔡伟贤,等. 2014. 基于空间计量模型的中国县级政府间税收竞争的实证分析[J]. 经济研究, (8):41-53.

陆大道. 2001. 论区域的最佳结构与最佳发展——提出“点-轴系统”和“T”型结构以来的回顾与再分析[J].地理学报, (2):127-135.

陆大道. 2003. 中国区域发展的理论与实践[M]. 北京:科学出版社.

陆铭,向宽虎,陈钊. 2011. 中国的城市化和城市体系调整:基于文献的评论[J]. 世界经济, (6):3-25.

陆铭. 2011. 建设用地使用权跨区域再配置:中国经济增长的新动力[J]. 世界经济, (1):107-125.

罗党论,佘国满,邓可斌. 2015. 地方官员任期与民生投入[J]. 中山大学学报(社会科学版), (5):185-194.

马树才,宋丽敏. 2003. 我国城市规模发展水平分析与比较研究[J]. 统计研究, (7):30-34.

聂华林,李泉,杨建国.2006. 发展区域经济学通论[M]. 北京:中国社会科学出版社.

牛文元. 2012. 中国新型城市化报告[M]. 北京:科学出版社.

皮亚彬,薄文广,何力武. 2014. 城市区位、城市规模与中国城市化路径[J]. 经济与管理研究, (3):59-65.

钱先航. 2012. 官员任期、政治关联与城市商业银行的贷款投放[J]. 经济科学, 34(2):89-101.

邱德荣,陈建军. 2016. 城市内部因素对中国城市人口规模扩张的影响[J]. 重庆大学学报(社会科学版), (1):40-49.

邵挺,崔凡,范英,等. 2011. 土地利用效率、省际差异与异地占补平衡[J]. 经济学, (3):1087-1104.

盛业旭,刘琼,欧名豪,等. 2014. 城市土地扩张与经济发展的 Kuznets 曲线效应分析——以江苏省 13 个地级市为例[J]. 资源科学, (2):296-302.

孙铁山,李国平,卢明华. 2009. 京津冀都市圈人口集聚与扩散及其影响因素——基于区域密度函数的实证研究[J]. 地理学报, 64(8):956-966.

孙在宏,袁源,王亚华,等. 2011. 基于分形理论的江苏省城市规模分布与异速生长特征[J]. 地理研究, (12):2163-2172.

谈明洪,李秀彬,吕昌河. 2003. 我国城市用地扩张的驱动力分析[J]. 经济地理, (5):635-639.

覃一冬. 2012. 我国城市人口规模分布演化影响因素研究[J].人口与经济, (4):21-26.

谭崇台. 1989. 发展经济学[M]. 上海:上海人民出版社.

陶良虎. 2009. 中国区域经济[M]. 北京:研究出版社.

陶然,陆曦,苏福兵,等. 2009. 地区竞争格局演变下的中国转轨:财政激励和发展模式反思[J]. 经济研究, 44(7):21-33.

藤田昌久,雅克-弗朗斯瓦·蒂斯. 2016. 集聚经济学：城市、产业区位与全球化. 石敏俊，等译. 上海：格致出版社，上海三联书店，上海人民出版社。

同钰莹. 2000. 试论制度因素对人地关系的影响[J]. 西北人口, (4):5-8.

王健,汪应宏,陈晨,等. 2015. 地方政府竞争对城市用地扩张的传导机制研究——以广东省为例[J]. 资源科学, (2):237-246.

王俊,李佐军. 2014. 拥挤效应、经济增长与最优城市规模[J]. 中国人口.资源与环境, (7):45-51.

王良健,李辉,石川. 2015. 中国城市土地利用效率及其溢出效应与影响因素[J]. 地理学报, (11):1788-1799.

王美今,林建浩,余壮雄. 2010. 中国地方政府财政竞争行为特性识别: “兄弟竞争”与“父子争议”是否并存？[J]. 管理世界, (3):22-31, 187-188.

王世磊,张军. 2008. 中国地方官员为什么要改善基础设施？—— 一个关于官员激励机制的模型[J]. 经济学, (2):383-398.

王守坤,任保平. 2008. 中国省级政府间财政竞争效应的识别与解析:1978～2006 年[J]. 管理世界, (11):32-43, 187.

王守坤. 2010. 中国式分权、政府竞争与经济绩效[D]. 西安:西北大学.

王嗣均. 1994. 城市效率差异对我国未来城镇化的影响[J]. 经济地理, (1):46-52.

王贤彬,徐现祥. 2008. 地方官员来源、去向、任期与经济增长——来自中国省长省委书记的证据[J]. 管理世界, (3):16-26.

王小鲁,夏小林. 1999. 优化城市规模,推动经济增长[J]. 经济研究, (9):22-29.

王小鲁. 2010. 中国城市化路径与城市规模的经济学分析[J]. 经济研究, (10):20-32.

王雨晴,宋戈. 2006. 城市土地利用综合效益评价与案例研究[J]. 地理科学, (6):743-748.

王长征,刘毅. 2003. 沿海地区人地关系演化及优化分析[J]. 中国人口资源与环境, (6):94-99.

魏后凯. 2014a. 中国城市行政等级与规模增长[J]. 城市与环境研究, (1):4-17.

魏后凯. 2014b. 中国城镇化进程中两极化倾向与规模格局重构[J].中国工业经济, (3):18-30.

吴得文,毛汉英,张小雷,等. 2011. 中国城市土地利用效率评价[J].地理学报, (8):1111-1121.

武彦民,杨峥. 2012. 土地财政与最优城市规模[J]. 经济与管理研究,(3):29-38.

肖春梅,孙久文,叶振宇. 2010. 中国区域经济发展战略的演变[J]. 学习与实践, (7):5-13.

邢海虹,刘科伟. 2007. 基于分形理论对陕西城市体系等级规模分布的研究[J].人文地理, (4): 15, 38-40.

熊柴,高宏. 2012. 人口城镇化与空间城镇化的不协调问题——基于财政分权的视角[J]. 财经科学, (11):102-108.

徐康宁,陈丰龙,刘修岩. 2015. 中国经济增长的真实性:基于全球夜间灯光数据的检验[J].经济研究, (9):17-29, 57.

徐清 2015 贸易潜力、工资扭曲与城市人口规模[J].华中科技大学学报(社会科学版), (4):72-85.

徐现祥,王贤彬. 2010a. 晋升激励与经济增长:来自中国省级官员的证据[J].世界经济,(2):15-36.

徐现祥,王贤彬. 2010b. 任命制下的官员经济增长行为[J]. 经济学, (4):1447-1466.

许政,陈钊,陆铭. 2010. 中国城市体系的“中心-外围模式”[J]. 世界经济, (7):144-160.

杨本建,毛艳华. 2014. 产业转移政策与企业迁移行为——基于广东产业转移的调查数据[J].南方经济, (3):1-20.

杨眉,王世新,周艺,等. 2011. 基于 DMSP/OLS 影像的城市化水平遥感估算方法[J].遥感信息, (4):100-106.

杨孟禹,蔡之兵,张可云. 2017 中国城市规模的度量及其空间竞争的来源——基于全球夜间灯光数据的研究[J].财贸经济, 38(3):38-51.

杨孟禹,杨刚,张引. 2013. 重庆市县域城乡统筹进程空间差异实证研究[J]. 重庆与世界(学术版), (1):9-15.

杨孟禹,张可云. 2016. 中国城市扩张的空间竞争实证分析[J]. 经济理论与经济管理, (9):100-112.

杨清可,段学军,叶磊,等. 2014. 基于 SBM-Undesirable 模型的城市土地利用效率评价 以长三角地区 16 城市为例[J].资源科学, (4):712-721.

杨艳昭,封志明,赵延德,等. 2013. 中国城市土地扩张与人口增长协调性研究[J]. 地理研究, (9):1668-1678.

叶克林. 1986. 论以小城镇为主体的中国城市化模式[J]. 管理世界, (5):31-43.

尹宏玲,徐腾. 2013. 我国城市人口城镇化与土地城镇化失调特征及差异研究[J]. 城市规划学刊, (2):10-15.

于涛方. 2012. 中国城市人口流动增长的空间类型及影响因素[J]. 中国人口科学, (4):47-58, 111-112.

袁凯华,徐小钦. 2014. 户籍约束下城市规模与经济增长的非线性研究[J]. 广东财经大学学报, (6):32-42.

张敦富,叶裕民,刘治彦. 2005. 城市经济学原理[M]. 北京:中国轻工业出版社.

张军,高远. 2007. 官员任期、异地交流与经济增长——来自省级经验的证据[J]. 经济研究, (11):91-103.

张可云,杨孟禹. 2015. 城市空间错配问题研究进展[J]. 经济学动态, (12):99-110.

张可云. 2005. 区域经济政策[M]. 北京:商务印书馆.

张可云. 2012. 生态文明的区域经济协调发展战略:背景、内涵与政策走向[C]// 全国区域经济学学科建设年会暨生态文明与区域经济发展学术研讨会.

张可云. 2014. 生态文明的区域经济协调发展战略[M]. 北京:北京大学出版社.

张利,雷军,李雪梅,等. 2011. 1997—2007 年中国城市用地扩张特征及其影响因素分析[J]. 地理科学进展, (5):607-614.

张良悦,师博,刘东. 2008. 城市化进程中农地非农化的政府驱动——基于中国地级以上城市面板数据的分析[J]. 当代经济科学, 30(3):33-41, 125.

张良悦,师博,刘东. 2009. 中国城市土地利用效率的区域差异——对地级以上城市的 DEA 分析[J]. 经济评论, (4):18-26.

张庭伟. 1999. 控制城市用地蔓延:一个全球的问题[J].城市规划, (8):43-47, 62.

张文彬,张理芃,张可云. 2010. 中国环境规制强度省际竞争形态及其演变——基于两区制空间 Durbin 固定效应模型的分析[J]. 管理世界, (12):34-44.

张先锋,李莹,卢丹. 2015. 官员任期稳定性、产业结构适宜性与区域经济发展[J]. 经济评论, (1):118-128.

张学良,刘玉博,吕存超. 2016. 中国城市收缩的背景、识别与特征分析[J]. 东南大学学报(哲学社会科学版), (4):132-139, 148.

张晏,夏纪军,张文瑾. 2010. 自上而下的标尺竞争与中国省级政府公共支出溢出效应差异[J]. 浙江社会科学,(12):20-26, 74, 125.

张洋. 2001. 对城市规模的再认识—兼论西部地区的城市化道路[J].软科学, (3):71-74.

张应武. 2009. 基于经济增长视角的中国最优城市规模实证研究[J]. 上海经济研究, (5):31-38.

张勇,汪应宏. 2015. 城镇土地扩张与人口增长协调性分析——以安徽省为例[J]. 城市问题, (2):15-20.

张月蓉. 1984. 发展农业的一个重要战略问题——论把土地放到与人口同等重要位置[J]. 农业技术经济, (2):6-11.

张志辉. 2014. 中国城市土地利用效率研究[J]. 数量经济技术经济研究, (7):134-149.

张自然,张平,刘霞辉. 2014. 中国城市化模式、演进机制和可持续发展研究[J].经济学动态, (2):58-73.

赵岑,冯长春. 2010. 我国城市化进程中城市人口与城市用地相互关系研究[J]. 城市发展研究,17(10): 113-118.

赵可,徐唐奇,李平,等. 2015. 不同经济发展阶段下城市用地扩张与土地财政收入关系研究——基于 264 个城市的实证[J]. 华中农业大学学报(社会科学版), (4):95-100.

钟水映. 2000. 人口流动与社会经济发展[M]. 武汉:武汉大学出版社.

周国富,黄敏毓. 2007. 关于我国城镇最佳规模的实证检验[J]. 城市问题, (6):6-10, 14.

周黎安. 2004. 晋升博弈中政府官员的激励与合作——兼论我国地方保护主义和重复建设问题长期存在的原因[J]. 经济研究, (6):33-40.

周黎安. 2007. 中国地方官员的晋升锦标赛模式研究[J]. 经济研究, (7):36-50.

周天勇. 2001. 托达罗模型的缺陷及其相反的政策含义——中国剩余劳动力转移和就业容量扩张的思路[J]. 经济研究, (3):75-82.

周亚虹,宗庆庆,陈曦明. 2013. 财政分权体制下地市级政府教育支出的标尺竞争[J]. 经济研究, (11):127-139, 160.

周艳,黄贤金,徐国良,等. 2016. 长三角城市土地扩张与人口增长耦合态势及其驱动机制[J]. 地理研究, (2):313-324.

周一星, 孟延春. 1998. 中国大城市的郊区化趋势[J]. 城市规划学刊, (3):22-27.

周一星, 于海波. 2004. 中国城市人口规模结构的重构[J]. 城市规划, 28(6): 49-55.

周一星. 1990. 中国城市发展方针的反思[J]. 城镇经济研究, (1):1-16.

朱凤凯,张凤荣,李灿,等. 2014. 1993-2008 年中国土地与人口城市化协调度及区域差异[J]. 地理科学进展, (5):647-656.

朱恒鹏. 2004. 地区间竞争、财政自给率和公有制企业民营化[J].经济研究, (10):24-34.

朱天明,杨桂山,万荣荣. 2009. 城市土地集约利用国内外研究进展[J]. 经济地理, 29(6):977-983.

踪家峰,杨琦. 2012. 中国城市扩张的财政激励——基于 1998～2009 年我国省级面板数据的实证分析[J]. 城市发展研究, (8):89-94.

Alonso W. 1964. Location and Land Use[M]. Cambridge, MA: Harvard University Press.

Alonso W. 1971. The economics of urban size[J]. Papers in Regional Science, 26(1): 66-83.

Anselin L. 1988. Lagrange multiplier test diagnostics for spatial dependence and spatial heterogeneity[J]. Geographical Analysis, 20(1): 1-17.

Anselin L. 1995. Local indicators of spatial association —LISA[J]. Geographical Analysis, 27(2): 93-115.

Anselin L. 2013. Spatial Econometrics: Methods and Models[M]. Berlin: Springer Science & Business Media.

Anthony M J, Robert S G.1978. An indirect test of efficient city sizes[J]. Journal of Urban Economics, 5(1):46-65.

Auerbach F. 1913. Das Gesetz der Bevölkerungskonzentration[J]. Petermanns Geographische Mitteilungen, 59: 74-76.

Baldwin R E, Martin P, Ottaviano G I P. 2001. Global income divergence, trade, and industrialization: the geography of growth take-offs[J]. Journal of Economic Growth, 6(1): 5-37.

Baldwin R, Forslid R, Martin P, et al. 2011. Economic Geography and Public Policy[M]. Princeton: Princeton University Press.

Batty M. 2006. Rank clocks[J]. Nature, 444(7119): 592.

Baum-Snow N, Brandt L, Henderson J V, et al. 2017. Roads, railroads, and decentralization of Chinese cities[J]. Review of Economics and Statistics, 99(3): 435-448.

Besley T, Case A. 1995. Incumbent behavior: vote seeking, tax setting and yardstick competition[R]. National bureau of economic research,85(1):25-45.

Black D, Henderson V. 1999. A theory of urban growth[J]. Journal of Political Economy, 107(2): 252-284.

Black D, Henderson V. 2003. Urban evolution in the USA[J]. Journal of Economic Geography, 3(4): 343-372.

Bleakley H, Lin J. 2012. Portage and path dependence[J]. The Quarterly Journal of Economics, 127(2): 587-644.

Bosker M, Brakman S, Garretsen H, et al. 2012. Relaxing Hukou: increased labor mobility and China' s economic geography[J]. Journal of Urban Economics, 72(2-3): 252-266.

Breton A. 1998. Competitive Governments: An Economic Theory of Politics and Public Finance[M]. Cambridge: Cambridge University Press.

Brueckner J K. 1980. A vintage model of urban growth[J]. Journal of Urban Economics, 8(3): 389-402.

Brueckner J K. 1986. A modern analysis of the effects of site value taxation[J]. National Tax Journal , 21:49-58.

Brueckner J K. 2000. Urban sprawl: diagnosis and remedies[J]. International regional science review, 23 (2): 160-171.

Burchell R W, Mukherji S. 2003. Conventional development versus managed growth: the costs of sprawl[J]. American Journal of Public Health, 93(9): 1534-1540.

Button K J. 1976.Urban Economics: Theory and Policy [M] .London: The MacMillan Press Ltd .

Capello R, Camagni R. 2000. Beyond optimal city size: an evaluation of alternative urban growth patterns[J]. Urban Studies, 37(9): 1479-1496.

Chen X, Nordhaus W D. 2011. Using luminosity data as a proxy for economic statistics[J]. Proceedings of the National Academy of Sciences, 108(21): 8589-8594.

Croft T A. 1973. Burning waste gas in oil fields[J]. Nature, 245(5425): 375.

Dixit A. 1973. The optimum factory town[J]. Bell Journal of Economics, 4(2): 637-654.

Doll C N H, Muller J P, Morley J G. 2006. Mapping regional economic activity from night-time light satellite imagery[J]. Ecological Economics, 57(1): 75-92.

Donaldson D, Storeygard A. 2016. The view from above: applications of satellite data in economics[J]. Journal of Economic Perspectives, 30(4): 171-98.

Downs A. 2001. What does smart growth really mean[J]. Planning, 67 (4) : 20-25.

Downs A. 1994. New visions for metropolitan America[J]. Land Economics,72 (1) :22-38.

Duranton G, Puga D. 2004. Micro-Foundations of Urban Agglomeration Economies[M]//Henderson J V, Thisse J F. Handbook of Regional and Urban Economics. Elsevier, 4: 2063-2117.

Duranton G, Puga D. 2005. From sectoral to functional urban specialisation[J]. Journal of urban Economics, 57 (2) : 343-370.

Duranton G. 2007. Urban evolutions: the fast, the slow, and the still[J]. American Economic Review, 97 (1) : 197-221.

Edmark K, Ågren H. 2008. Identifying strategic interactions in Swedish local income tax policies[J]. Journal of Urban Economics, 63 (3) : 849-857.

Elhorst J P, Sandy F. 2009. Evidence of political yardstick competition in france using a two - regime spatial durbin model with fixed effects[J]. Journal of Regional Science, 49 (5) : 931-951.

Elvidge C D, Cinzano P, Pettit D R, et al. 2007. The Nightsat mission concept[J]. International Journal of Remote Sensing, 28 (12) : 2645-2670.

Esteller-Moré A, Solé-Ollé A. 2001. Vertical income tax externalities and fiscal interdependence: evidence from the US[J]. Regional Science and Urban Economics, 31 (2-3) : 247-272.

Evans A W. 1972. The pure theory of city size in an industrial economy[J]. Urban Studies, 9 (1) : 49-77.

Fallah B N, Partridge M D, Olfert M R. 2011. Urban sprawl and productivity: evidence from US metropolitan areas: urban sprawl and productivity[J]. Papers in Regional Science, 90(3):451-472.

Fujita M, Krugman P, Mori T. 1999. On the evolution of hierarchical urban systems[J]. European Economic Review, 43 (2) : 209-251.

Fujita M, Krugman P. 2004. The new economic geography: past, present and the future[J].Regional Science,83:139-164

Fujita M. 1989. Urban Economic Theory: Land Use and City Size[M]. Cambridge : Cambridge University Press.

Gabaix X. 1999. Zipf's law for cities: an explanation[J]. The Quarterly Journal of Economics, 114 (3) : 739-767.

Gehl J. 1987. Life Between Buildings: Using Public Space[M]. Washington: Island Press.

Gillham O. 2002. The Limitless City: A Primer on the Urban Sprawl Debate[M]. Washington: Island Press.

Gottmann J. 1961. Megalopolis: the Urbanized Northeastern Seaboard of the United States[M]. Cambridge: MIT Press.

Gould S J. 1966. Allometry and size in ontogeny and phylogeny[J]. Biological Reviews, 41 (4) : 587-638.

Hall R E, Jones C I. 1999. Why do some countries produce so much more output per worker than others? [J]. The Quarterly Journal of Economics, 114 (1) : 83-116.

Harari M. 2016. Cities in bad shape: urban geometry in India[D]. Pennsylvania: University of Pennsylvania.

Harvey J. 1981. The Economics of Real Property[M]. London: Macmillan.

Henderson C. 2006. Are Chinese cities too small?[J]. Review of Economic Studies, 73(3):549-576.

Henderson J V, Squires T, Storeygard A, et al. 2017. The global distribution of economic activity: nature, history, and the role of trade[J]. The Quarterly Journal of Economics, 133 (1) : 357-406.

Henderson J V, Storeygard A, Weil D N. 2012. Measuring economic growth from outer space[J]. American Economic Review, 102 (2) : 994-1028.

Henderson J V. 1974. The sizes and types of cities[J]. The American Economic Review, 64 (4) : 640-656.

Henderson J V. 1988. Urban Development: Theory, Fact and Illusion[M]. Oxford: Oxford University Press.

Henderson J. V. 1977. Economic Theory and the Cities[M]. Pennsylvania: Academic Press.

Hodler R, Raschky P A. 2014. Regional favoritism[J]. The Quarterly Journal of Economics, 129 (2) : 995-1033.

Hoover E M. 1936. The measurement of industrial localization[J]. The Review of Economic Statistics, 5: 162-171.

Hoover E M. 1937. Location theory and the shoe and leather industries[M]. Cambridge: Harvard University Press.

Ioannides Y M, Overman H G, Rossi-Hansberg E, et al. 2008. The effect of information and communication technologies on urban structure[J]. Economic Policy, 23(54): 202-242.

Jacobs J.1969.The Economy of Cities[M]. New York: Random House.

Julie L G, Chasco C. 2008. Spatial analysis of urban growth in Spain, 1900–2001[J]. Empirical Economics, 34(1): 59-80.

Krugman P, Venables A J. 1995. Globalization and the inequality of nations[J]. The quarterly journal of economics, 110(4): 857-880.

Krugman P. 1991. Increasing returns and economic geography[J]. Journal of political economy, 99(3): 483-499.

Krugman P. 1993. On the number and location of cities[J]. European economic review, 37(2-3): 293-298.

Lazear E P, Rosen S. 1981. Rank-order tournaments as optimum labor contracts[J]. Journal of political Economy, 89(5): 841-864.

LeSage J P, Pace R K. 2014. The biggest myth in spatial econometrics[J]. Econometrics, 2(4):217-249.

Liu Z, He C, Zhang Q, et al. 2012. Extracting the dynamics of urban expansion in China using DMSP-OLS nighttime light data from 1992 to 2008[J]. Landscape and Urban Planning, 106(1): 62-72.

Mandelbrot B B. 1983. The Fractal Geometry of Nature[M]. New York: WH freeman.

Manual V. 1974. Methods for Projections of Urban and Rural Populations[M]. New York: United Nations.

Marshall A. 2007. Principles of Economies[M].London:MaeMillan.

Martellozzo F, Clarke K C. 2011. Measuring urban sprawl, coalescence, and dispersal: a case study of Pordenone, Italy[J]. Environment and Planning B: Planning and Design, 38(6): 1085-1104.

Martin P, Ottaviano G I P. 1999. Growing locations: industry location in a model of endogenous growth[J]. European Economic Review, 43(2): 281-302.

Michalopoulos S, Papaioannou E. 2013. Pre-colonial ethnic institutions and contemporary African development[J]. Econometrica, 81(1): 113-152.

Mills E S, Ferranti D M. 1971. Market choices and optimum city size[J]. The American Economic Review, 61(2): 340-345.

Mills E S. 1967. An aggregative model of resource allocation in a metropolitan area[J]. The American Economic Review, 57(2): 197-210.

Mirrlees J A. 1972. The optimum town[J]. The Swedish Journal of Economics, 5:114-135.

Miyao T. 1978. A note on land use in a square city[J]. Regional Science and Urban Economics, 8(4). 371-379.

Montgomery J P, Runyon D L, Fuller J A. 1988. Large multibeam lens antennas for EHF SATCOM[C]//MILCOM 88, 21st Century Military Communications-What' s Possible?'. Conference record. Military Communications Conference. IEEE, 369-373.

Moomaw R L, Ali M S. 1996. Urbanization and economic development: a bias toward large cities? [J]. Journal of Urban Economics, 40(1): 13-37.

Moran P A P. 1948. The interpretation of statistical maps[J]. Journal of the Royal Statistical Society. Series B (Methodological), 10(2): 243-251.

Nolè G, Murgante B, Calamita G, et al. 2015. Evaluation of Urban Sprawl from space using open source technologies[J]. Ecological Informatics, 26: 151-161.

Nordbeck S. 1971. Urban allometric growth[J]. Geografiska Annaler: Series B, Human Geography, 53(1): 54-67.

Northam R M. 1979. Urban Geography[M]. New York: John Wiley & Sons.

Pace R K, LeSage J P. 2009. Introduction to Spatial Econometrics[M]. Boca Raton: Chapman &Hall.

Partridge M D, Rickman D S, Ali K, et al. 2009. Do new economic geography agglomeration shadows underlie current population dynamics across the urban hierarchy? [J]. Papers in Regional Science, 88(2): 445-466.

Porter M E. 1990. The competitive advantage of notions[J]. Harvard business review, 68 (2): 73-93.

Ranis G, Fei J C H. 1961. A theory of economic development[J]. The American economic review, 8:533-565.

Razin E, Rosentraub M. 2000. Are fragmentation and sprawl interlinked? North American evidence[J]. Urban Affairs Review, 35(6): 821-836.

Rees W E. 1992. Ecological footprints and appropriated carrying capacity: what urban economics leaves out[J]. Environment and Urbanization, 4 (2): 121-130.

Revelli F. 2005. On spatial public finance empirics[J]. International Tax and Public Finance, 12 (4): 475-492.

Richardson H. 1972. Optimality in city size, systems of cities and urban policy: a sceptic's view[J]. Urban Studies, 9(1):29-48.

Salmon P. 1987. Decentralisation as an incentive scheme[J]. Oxford review of Economic Policy, 3 (2): 24-43.

Singer H W. 1936. The "courbe des populations" A parallel to Pareto' s Law[J]. The Economic Journal, 46 (182): 254-263.

Soo K T. 2005. Zipf' s Law for cities: a cross-country investigation[J]. Regional Science and Urban Economics, 35 (3): 239-263.

Soule D C. 2006. Defining and Managing Sprawl[M]. Westport : Greenwood Press.

Squires G D. 2002. Urban sprawl: Causes, Consequences, and Policy Responses[M]. Amsterdam: Elsevier.

Storeygard A. 2016. Farther on down the road: transport costs, trade and urban growth in sub-Saharan Africa[J]. The Review of economic studies, 83(3): 1263-1295.

Tiebout C M. 1956. A pure theory of local expenditures[J]. Journal of Political Economy, 64(5): 416-424.

Todaro M P. 1969. A model of labor migration and urban unemployment in less developed countries[J]. The American Economic Review, 59 (1): 138-148.

Tone K. 2001. A slacks-based measure of efficiency in data envelopment analysis[J]. European Journal of Operational Research, 30(3): 498-509.

Uhel R. 2006. Urban sprawl in Europe: the ignored challenge[J]. EAA Report, 10(2): 56.

Wackernagel M, Monfreda C, Schulz N B, et al. 2004. Calculating national and global ecological footprint time series: resolving conceptual challenges[J]. Land Use Policy, 21(3): 271-278.

Watts D J, Strogatz S H. 1998. Collective dynamics of 'small-world' networks[J]. Nature, 393(6684): 440.

Wheaton W C. 1982. Urban spatial development with durable but replaceable capital[J]. Journal of Urban Economics, 12 (1): 53-67.

Wilson J D. 1986. A theory of interregional tax competition[J]. Journal of urban Economics, 19 (3): 296-315.

Wilson J D. 1999. Theories of tax competition[J]. National Tax Journal, 21:269-304.

Yang X K, Rice R. 1994. An equilibrium model endogenizing the emergence of a dual structure between the urban and rural sectors[J]. Journal of Urban Economics, 35 (3): 346-368.

Yang X K. 1998. Development, structural changes and urbanization[J]. Journal of Development Economics, 34 (1991): 199-222.

Yang X, Hogbin G. 1990. The optimum hierarchy[J]. China Economic Review, 1(2): 125-140.

Yezer A M J, Goldfarb R S. 1978. An indirect test of efficient city sizes[J]. Journal of Urban Economics, 5(1): 46-65.

Zheng X P. 1998. Measuring optimal population distribution by agglomeration economies and diseconomies: a case study of Tokyo[J]. Urban Studies, 35 (1): 95-112.

Zipf G K. 1949. Human Behavior and the Principle of Least Effort[M]. Ed: Addison-Weslay, Reading, MA.

附录一　中国与主要国家城市化率比较（1960～2014年）

中国与主要国家城市化率比较（1960～1988年）（%）

年份	美国	日本	韩国	德国	英国	中国	印度
1960	69.996	50.879	27.710	71.384	78.444	16.203	17.924
1961	70.377	52.412	28.531	71.697	78.374	16.708	18.032
1962	70.757	53.215	29.461	71.762	78.237	17.226	18.218
1963	71.134	53.565	30.407	71.826	78.099	17.757	18.405
1964	71.508	53.914	31.372	71.891	77.960	18.299	18.595
1965	71.879	54.262	32.351	71.955	77.821	18.086	18.785
1966	72.247	54.610	33.347	72.019	77.682	17.915	18.977
1967	72.612	54.957	34.971	72.083	77.541	17.785	19.171
1968	72.974	55.296	36.846	72.147	77.400	17.656	19.366
1969	73.333	55.633	38.756	72.211	77.259	17.528	19.562
1970	73.602	55.971	40.704	72.274	77.117	17.400	19.760
1971	73.613	56.308	42.261	72.332	77.030	17.292	19.991
1972	73.623	56.645	43.692	72.389	77.195	17.184	20.321
1973	73.633	56.980	45.131	72.446	77.358	17.184	20.653
1974	73.643	57.315	46.579	72.503	77.521	17.292	20.991
1975	73.653	57.650	48.033	72.560	77.683	17.400	21.332
1976	73.663	57.984	49.719	72.617	77.844	17.460	21.677
1977	73.673	58.316	51.476	72.674	78.005	17.520	22.026
1978	73.682	58.649	53.233	72.730	78.164	17.900	22.379
1979	73.692	58.98	54.981	72.787	78.323	18.617	22.736
1980	73.738	60.029	56.720	72.844	78.481	19.358	23.098
1981	73.89	61.464	58.407	72.989	78.588	20.118	23.417
1982	74.042	62.882	60.061	73.107	78.539	20.902	23.647
1983	74.194	64.278	61.693	73.103	78.489	21.545	23.879
1984	74.344	65.652	63.301	72.943	78.440	22.203	24.113
1985	74.494	66.996	64.876	72.711	78.390	22.874	24.348
1986	74.644	68.315	66.679	72.617	78.340	23.559	24.585
1987	74.793	69.606	68.563	72.205	78.290	24.259	24.823
1988	74.942	70.868	70.389	72.999	78.240	24.974	25.063

数据来源：World Development Indicators，Last Updated Date：2015/7/28.

中国与主要国家城市化率比较（1989～2014 年）（%）

年份	美国	日本	韩国	德国	英国	中国	印度
1989	75.089	72.095	72.148	72.976	78.190	25.701	25.305
1990	75.300	73.291	73.844	73.118	78.140	26.442	25.547
1991	75.701	74.455	74.972	73.269	78.112	27.312	25.778
1992	76.097	75.586	75.820	73.360	78.172	28.200	25.984
1993	76.488	76.68	76.645	73.381	78.232	29.103	26.191
1994	76.875	77.740	77.452	73.343	78.293	30.024	26.399
1995	77.257	78.365	78.239	73.286	78.353	30.961	26.607
1996	77.636	78.660	78.662	73.232	78.413	31.916	26.817
1997	78.008	78.951	78.905	73.170	78.472	32.883	27.028
1998	78.377	79.239	79.145	73.104	78.532	33.867	27.240
1999	78.742	79.525	79.384	73.064	78.591	34.865	27.453
2000	79.057	79.808	79.621	73.067	78.651	35.877	27.667
2001	79.234	80.087	79.940	73.113	78.751	37.093	27.918
2002	79.409	80.364	80.299	73.174	79.047	38.425	28.244
2003	79.583	80.638	80.652	73.233	79.339	39.776	28.572
2004	79.757	80.909	81.002	73.289	79.629	41.144	28.903
2005	79.928	81.177	81.345	73.355	79.915	42.522	29.235
2006	80.099	81.442	81.528	73.494	80.199	43.868	29.569
2007	80.269	81.704	81.631	73.695	80.479	45.199	29.906
2008	80.438	81.964	81.733	73.895	80.757	46.539	30.246
2009	80.606	82.220	81.835	74.093	81.031	47.880	30.587
2010	80.772	82.473	81.936	74.291	81.302	49.226	30.930
2011	80.940	82.724	82.037	74.488	81.570	50.573	31.276
2012	81.108	82.970	82.141	74.688	81.834	51.889	31.631
2013	81.277	83.211	82.249	74.890	82.092	53.168	31.994
2014	81.447	83.447	82.360	75.094	82.345	54.410	32.366

数据来源：World Development Indicators，Last Updated Date：2015/7/28.

附录二　基于夜间灯光的城市规模变动指数（2013 年）

基于夜间卫星灯光数据的城市规模变动指数（1）

城市	指数	城市	指数	城市	指数	城市	指数
北京	0.693	通辽	0.277	齐齐哈尔	0.168	嘉兴	0.849
天津	0.557	鄂尔多斯	0.313	鸡西	0.222	湖州	0.401
石家庄	0.282	呼伦贝尔	0.307	鹤岗	0.296	绍兴	0.465
唐山	0.342	巴彦淖尔	0.277	双鸭山	0.224	金华	0.441
秦皇岛	0.285	乌兰察布	0.302	大庆	0.276	衢州	0.268
邯郸	0.283	沈阳	0.378	伊春	0.338	舟山	0.648
邢台	0.199	大连	0.358	佳木斯	0.207	台州	0.514
保定	0.219	鞍山	0.356	七台河	0.284	丽水	0.351
张家口	0.248	抚顺	0.304	牡丹江	0.277	合肥	0.369
承德	0.180	本溪	0.333	黑河	0.234	芜湖	0.500
沧州	0.177	丹东	0.285	绥化	0.120	蚌埠	0.301
廊坊	0.434	锦州	0.241	上海	0.844	淮南	0.446
衡水	0.172	阿拉善	0.281	南京	0.585	马鞍山	0.468
太原	0.423	阜新	0.173	无锡	0.809	淮北	0.248
大同	0.298	辽阳	0.301	徐州	0.262	铜陵	0.398
阳泉	0.274	盘锦	0.396	常州	0.587	安庆	0.236
长治	0.351	铁岭	0.254	苏州	0.906	黄山	0.405
晋城	0.288	朝阳	0.169	南通	0.481	滁州	0.222
朔州	0.257	葫芦岛	0.234	连云港	0.251	阜阳	0.176
晋中	0.262	长春	0.256	淮安	0.239	宿州	0.197
运城	0.202	吉林	0.229	盐城	0.265	六安	0.237
忻州	0.180	四平	0.142	扬州	0.443	亳州	0.160
临汾	0.232	辽源	0.206	镇江	0.616	池州	0.265
吕梁	0.301	通化	0.228	泰州	0.457	宣城	0.258
呼和浩特	0.272	白山	0.301	宿迁	0.211	福州	0.451
包头	0.452	松原	0.137	杭州	0.562	厦门	0.740
乌海	0.491	白城	0.213	宁波	0.605	莆田	0.491
赤峰	0.221	哈尔滨	0.192	温州	0.497	三明	0.265

注：根据作者构建的新城市规模综合度量法计算得出，本表为 2013 年城市规模变动指数。

基于夜间卫星灯光数据的城市规模变动指数(2)

城市	指数	城市	指数	城市	指数	城市	指数
泉州	0.535	临沂	0.238	荆门	0.220	肇庆	0.362
漳州	0.348	德州	0.168	孝感	0.217	惠州	0.491
南平	0.258	聊城	0.161	荆州	0.218	梅州	0.171
龙岩	0.223	滨州	0.254	黄冈	0.200	汕尾	0.216
宁德	0.245	菏泽	0.163	咸宁	0.242	河源	0.222
南昌	0.378	郑州	0.493	随州市	0.169	阳江	0.321
景德镇	0.361	开封	0.184	长沙	0.356	清远	0.312
萍乡	0.257	洛阳	0.301	郴州	0.196	东莞	0.982
九江	0.326	平顶山	0.189	湘潭	0.296	中山	0.971
新余	0.333	安阳	0.220	衡阳	0.279	潮州	0.468
鹰潭	0.367	鹤壁	0.247	邵阳	0.231	揭阳	0.379
赣州	0.306	新乡	0.260	岳阳	0.259	云浮	0.243
吉安	0.384	焦作	0.318	常德	0.300	南宁	0.282
宜春	0.269	濮阳	0.199	张家界	0.350	柳州	0.275
抚州	0.331	许昌	0.235	益阳	0.206	桂林	0.315
上饶	0.250	漯河	0.217	株洲	0.310	梧州	0.291
济南	0.342	三门峡	0.219	永州	0.238	北海	0.240
青岛	0.341	南阳	0.162	怀化	0.272	防城港	0.262
淄博	0.541	商丘	0.151	娄底	0.165	钦州	0.196
枣庄	0.292	信阳	0.235	广州	0.742	贵港	0.192
东营	0.380	周口	0.127	韶关	0.244	玉林	0.204
烟台	0.348	驻马店	0.146	深圳	0.932	百色	0.255
潍坊	0.308	武汉	0.489	珠海	0.823	贺州	0.245
济宁	0.260	黄石	0.237	汕头	0.748	河池	0.241
泰安	0.201	十堰	0.327	佛山	0.850	来宾	0.128
威海	0.371	宜昌	0.295	江门	0.444	崇左	0.131
日照	0.301	襄樊	0.289	湛江	0.227	海口	0.405
莱芜	0.358	鄂州	0.370	茂名	0.248	三亚	0.558

注：根据作者构建的新城市规模综合度量法计算得出，本表为2013年城市规模变动指数。

基于夜间卫星灯光数据的城市规模变动指数(3)

城市	指数	城市	指数
重庆	0.342	丽江	0.216
成都	0.530	普洱	0.287
自贡	0.272	临沧	0.199
攀枝花	0.300	西安	0.523
泸州	0.277	铜川	0.152
德阳	0.346	宝鸡	0.283
绵阳	0.302	咸阳	0.283
广元	0.272	渭南	0.184
遂宁	0.275	延安	0.268
内江	0.284	汉中	0.280
乐山	0.283	榆林	0.220
南充	0.304	安康	0.308
眉山	0.213	商洛	0.254
宜宾	0.240	兰州	0.339
广安	0.259	嘉峪关	0.460
达州	0.262	金昌	0.399
雅安	0.180	白银	0.226
巴中	0.266	天水	0.218
资阳	0.197	武威	0.213
贵阳	0.405	张掖	0.225
六盘水	0.186	平凉	0.233
遵义	0.251	酒泉	0.311
安顺	0.195	庆阳	0.194
昆明	0.405	定西	0.184
曲靖	0.218	银川	0.354
玉溪	0.304	石嘴山	0.399
宝山	0.196	吴中	0.274
昭通	0.253	固原	0.262

注：根据作者构建的新城市规模综合度量法计算得出，本表为 2013 年城市规模变动指数。

附录三　城市编号与城市名称对应关系表

附表 3-1　东部地区城市编号

城市编号	城市名称	城市编号	城市名称
1	北京	45	南平市
2	天津	46	龙岩市
3	石家庄市	47	宁德市
4	唐山市	48	济南市
5	秦皇岛市	49	青岛市
6	邯郸市	50	淄博市
7	邢台市	51	枣庄市
8	保定市	52	东营市
9	张家口市	53	烟台市
10	承德市	54	潍坊市
11	沧州市	55	济宁市
12	廊坊市	56	泰安市
13	衡水市	57	威海市
14	上海	58	日照市
15	南京市	59	莱芜市
16	无锡市	60	临沂市
17	徐州市	61	德州市
18	常州市	62	聊城市
19	苏州市	63	滨州市
20	南通市	64	菏泽市
21	连云港市	65	广州市
22	淮安市	66	韶关市
23	盐城市	67	深圳市
24	扬州市	68	珠海市
25	镇江市	69	汕头市
26	泰州市	70	佛山市
27	宿迁市	71	江门市
28	杭州市	72	湛江市
29	宁波市	73	茂名市
30	温州市	74	肇庆市
31	嘉兴市	75	惠州市

续表

城市编号	城市名称	城市编号	城市名称
32	湖州市	76	梅州市
33	绍兴市	77	汕尾市
34	金华市	78	河源市
35	衢州市	79	阳江市
36	舟山市	80	清远市
37	台州市	81	东莞市
38	丽水市	82	中山市
39	福州市	83	潮州市
40	厦门市	84	揭阳市
41	莆田市	85	云浮市
42	三明市	86	海口市
43	泉州市	87	三亚市
44	漳州市		

附表 3-2　中部地区城市编号

城市编号	城市名称	城市编号	城市名称
1	太原市	41	长沙市
2	大同市	42	株洲市
3	阳泉市	43	湘潭市
4	长治市	44	衡阳市
5	晋城市	45	邵阳市
6	朔州市	46	岳阳市
7	晋中市	47	常德市
8	运城市	48	张家界市
9	忻州市	49	益阳市
10	临汾市	50	郴州市
11	吕梁市	51	永州市
12	郑州市	52	怀化市
13	开封市	53	娄底市
14	洛阳市	54	合肥市
15	平顶山市	55	芜湖市
16	安阳市	56	蚌埠市
17	鹤壁市	57	淮南市
18	新乡市	58	马鞍山市
19	焦作市	59	淮北市
20	濮阳市	60	铜陵市
21	许昌市	61	安庆市

续表

城市编号	城市名称	城市编号	城市名称
22	漯河市	62	黄山市
23	三门峡市	63	滁州市
24	南阳市	64	阜阳市
25	商丘市	65	宿州市
26	信阳市	66	六安市
27	周口市	67	亳州市
28	驻马店市	68	池州市
29	武汉市	69	宣城市
30	黄石市	70	南昌市
31	十堰市	71	景德镇市
32	宜昌市	72	萍乡市
33	襄阳市	73	九江市
34	鄂州市	74	新余市
35	荆州市	75	鹰潭市
36	荆门市	76	赣州市
37	孝感市	77	吉安市
38	黄冈市	78	宜春市
39	咸宁市	79	抚州市
40	随州市	80	上饶市

附表 3-3　西部地区城市编号

城市编号	城市名称	城市编号	城市名称
1	重庆市	41	商洛市
2	成都市	42	兰州市
3	自贡市	43	嘉峪关市
4	攀枝花市	44	金昌市
5	泸州市	45	白银市
6	德阳市	46	天水市
7	绵阳市	47	武威市
8	广元市	48	张掖市
9	遂宁市	49	平凉市
10	内江市	50	酒泉市
11	乐山市	51	庆阳市
12	南充市	52	定西市
13	眉山市	53	银川市
14	宜宾市	54	石嘴山市
15	广安市	55	吴忠市

续表

城市编号	城市名称	城市编号	城市名称
16	达州市	56	固原市
17	雅安市	57	呼和浩特市
18	巴中市	58	包头市
19	资阳市	59	乌海市
20	贵阳市	60	赤峰市
21	六盘水市	61	通辽市
22	遵义市	62	鄂尔多斯市
23	安顺市	63	呼伦贝尔市
24	昆明市	64	巴彦淖尔市
25	曲靖市	65	乌兰察布市（2003 年前为乌兰察布盟）
26	玉溪市	66	南宁市
27	保山市	67	柳州市
28	昭通市	68	桂林市
29	丽江市	69	梧州市
30	普洱市（2007 年前为思茅市、思茅地区）	70	北海市
31	临沧市（2003 年前为临沧地区）	71	防城港市
32	西安市	72	钦州市
33	铜川市	73	贵港市
34	宝鸡市	74	玉林市
35	咸阳市	75	百色市
36	渭南市	76	贺州市
37	延安市	77	河池市
38	汉中市	78	来宾市
39	榆林市	79	崇左市
40	安康市	80	

附表 3-4　东北地区城市编号

城市编号	城市名称	城市编号	城市名称
1	沈阳市	18	辽源市
2	大连市	19	通化市
3	鞍山市	20	白山市
4	抚顺市	21	松原市
5	本溪市	22	白城市
6	丹东市	23	哈尔滨市
7	锦州市	24	齐齐哈尔市

续表

城市编号	城市名称	城市编号	城市名称
8	营口市	25	鸡西市
9	阜新市	26	鹤岗市
10	辽阳市	27	双鸭山市
11	盘锦市	28	大庆市
12	铁岭市	29	伊春市
13	朝阳市	30	佳木斯市
14	葫芦岛市	31	七台河市
15	长春市	32	牡丹江市
16	吉林市	33	黑河市
17	四平市	34	绥化市

附录四　两区制的空间杜宾模型 MATLAB 计算代码

根据格罗宁根大学(University of Groningen)经济学院(Department of Economic)教授 J.Paul Elhorst 于 2007 年 2 月写的相关代码改编。

主调用程序

```
A=xlsread('C:\Users\ThinkPad\Desktop\sptial\elhorst_model\Data3.xls');
W=xlsread('C:\Users\ThinkPad\Desktop\sptial\elhorst_model\w1.xlsx');
W=normw(W);
N=280;
T=10;
nobs=N*T;
K=14;
y=A(:,1);
dum=A(:,13);
xh=A(:,[2,3,4,5,6,7,8,9]);
 for t=1:T
   t1=1+(t-1)*N;t2=t*N;
   wx(t1:t2,:)= W*xh(t1:t2,:);
end
x=[dum xh wx];
info.model=3;
results = sarregime_panel(y,x,dum,W,T,info);
vnames=strvcat('ure','dum','rap','ire','fip','map','pgdp','urr','foi','bap','W*rap','W*irc','W*fip','W*map','W*pgdp','W*urr','W*foi','W*bap');
prt_spreg(results,vnames,1);
```

功能函数算法 1

```
function llike = f2_sar2_panel(parm,index,y,y1,y2,x,W,N,T)
k = length(parm);
b = parm(1:k-3,1);
rho1 = parm(k-2,1);
rho2 = parm(k-1,1);
sige = parm(k,1);
detm=zeros(T,1);
for t=1:T
    W1=W;
    W2=W;
    for i=1:N
        if (index((t-1)*N+i,1)==0) W2(i,1:N)=zeros(1,N);
        else W1(i,1:N)=zeros(1,N);
        end
    end
    IW=eye(N)-rho1*W1-rho2*W2;
    lambda=eig(IW);
    detm(t)=sum(log(lambda));
end
e = y-x*b-rho1*y1-rho2*y2;
epe = e'*e;
tmp2 = 1/(2*sige);
llike = -(N*T/2)*log(2*pi) - (N*T/2)*log(sige) + sum(detm) -
tmp2*epe;
```

功能函数算法 2

```
function llike = f_sar2_panel(rhos,index,W,e0,ed1,ed2,N,T)
rho1=rhos(1);
rho2=rhos(2);
detm=zeros(T,1);
for t=1:T
    W1=W;
    W2=W;
```

```
    for i=1:N
        if (index((t-1)*N+i,1)==0) W2(i,1:N)=zeros(1,N);
        else W1(i,1:N)=zeros(1,N);
        end
    end
    IW=eye(N)-rho1*W1-rho2*W2;
    lambda=eig(IW);
    detm(t)=sum(log(lambda));
end
z = (e0-rho1*ed1-rho2*ed2)'*(e0-rho1*ed1-rho2*ed2);
llike = (N*T/2)*log(z) - sum(detm);
```

功能函数算法 3

```
function prt_spreg(results,vnames,fid)
if ~isstruct(results)
 error('prt_sp requires structure argument');
elseif nargin == 1
 nflag = 0; fid = 1;
elseif nargin == 2
 fid = 1; nflag = 1;
elseif nargin == 3
 nflag = 0;
 [vsize junk] = size(vnames);
   if vsize > 0
   nflag = 1;
   end;
else
 error('Wrong # of arguments to prt_sp');
end;
nvar = results.nvar;
nobs = results.nobs;
Vname = 'Variable';
 for i=1:nvar
    tmp = ['variable ',num2str(i)];
    Vname = strvcat(Vname,tmp);
 end;
```

```
    if (nflag == 1)
    [tst_n nsize] = size(vnames);
     if tst_n ~= nvar+1
     fprintf(fid,'Wrong # of variable names in prt_sp -- check vnames argument \n');
     fprintf(fid,'will use generic variable names \n');
     nflag = 0;
     else,
    Vname = 'Variable';
     for i=1:nvar
        Vname = strvcat(Vname,vnames(i+1,:));
     end;
     end;
    end;
    fprintf(fid,'\n');
    switch results.meth
    case {'semreg'}
    fprintf(fid,'Pooled model with spatial error autocorrelation and two regimes, no fixed effects \n');
    case {'semregsfe'}
    fprintf(fid,'Pooled model with spatial error autocorrelation, spatial fixed effects and two regimes\n');
    case {'semregtfe'}
    fprintf(fid,'Pooled model with spatial error autocorrelation, time period fixed effects and two regimes \n');
    case {'semregstfe'}
    fprintf(fid,'Pooled model with spatial error autocorrelation, spatial and time period fixed effects, and two regimes \n');
    case {'sarreg'}
    fprintf(fid,'Pooled model with spatially lagged dependent variable and two regimes, no fixed effects \n');
    case {'sarregsfe'}
    fprintf(fid,'Pooled model with spatially lagged dependent variable, spatial fixed effects and two regimes\n');
    case {'sarregtfe'}
    fprintf(fid,'Pooled model with spatially lagged dependent variable, time period fixed effects and two regimes\n');
    case {'sarregstfe'}
```

```
   fprintf(fid,'Pooled model with spatially lagged dependent variable, spatial and time period fixed effects, and two regimes \n');
   otherwise
   error('results structure not known by prt_sp function');
   end
   switch results.meth
   case {'semreg','semregsfe','semregtfe','semregstfe'}
   spatial panel error models
      Vname = strvcat(Vname,'regime 1','regime 2');
   if (nflag == 1)
   fprintf(fid,'Dependent Variable = %16s \n',vnames(1,:));
   end;
   fprintf(fid,'R-squared      = %9.4f   \n',results.rsqr);
   fprintf(fid,'Rbar-squared    = %9.4f   \n',results.rbar);
   fprintf(fid,'sigma^2        = %9.4f   \n',results.sige);
   fprintf(fid,'log-likelihood  = %16.8g  \n',results.lik);
   fprintf(fid,'Nobs,Nvar,TNvar = %6d,%6d,%6d  \n',results.nobs, results.nvar,results.tnvar);
   fprintf(fid,'# iterations    = %6d     \n',results.iter);
   fprintf(fid,'min and max rho = %9.4f,%9.4f \n',results.rmin, results.rmax);
   % print timing information
   fprintf(fid,'total time in secs = %9.4f \n',results.time);
   fprintf(fid,'*****************************************************************\n');
   bout = [results.beta
         results.rho];
   case {'sarreg','sarregsfe','sarregtfe','sarregstfe'}
      Vname = strvcat(Vname,'regime 1','regime 2');
   if (nflag == 1)
   fprintf(fid,'Dependent Variable = %16s \n',vnames(1,:));
   end;
   fprintf(fid,'R-squared         = %9.4f   \n',results.rsqr);
   fprintf(fid,'Rbar-squared       = %9.4f   \n',results.rbar);
   fprintf(fid,'sigma^2           = %9.4f \n',results.sige);
   fprintf(fid,'Nobs,Nvar,TNvar=%6d,%6d,%6d
\n',results.nobs,results.nvar,results.tnvar);
```

```
    fprintf(fid,'log-likelihood     = %16.8g \n',results.lik);
    fprintf(fid,'# of iterations    = %6d   \n',results.iter);
    fprintf(fid,'min and max rho      = %9.4f,%9.4f \n',results.
rmin,results.rmax);
    % print timing information
    fprintf(fid,'total time in secs = %9.4f \n',results.time);
    fprintf(fid,'***********************************************
***************\n');

    bout = [results.beta
           results.rho];
    otherwise
    error('results structure not known by prt_sp function');
    end;
    tout = norm_prb(results.tstat);
    tmp = [bout results.tstat tout];
    bstring = 'Coefficient'; tstring = 'Asymptot t-stat'; pstring
= 'z-probability';
    cnames = strvcat(bstring,tstring,pstring);
    in.cnames = cnames;
    in.rnames = Vname;
    in.fmt = '%16.6f';
    in.fid = fid;
    mprint(tmp,in);
    fprintf(fid,'Difference rho1-rho2 and T-value = %9.4f,%9.4f
\n',results.dif,results.tdif);
```

功能函数算法 4

```
    function results = sarregime_panel(y,x,d,W,T,info)
    timet = clock;
    if nargin == 5
       info.model=0;
       fprintf(1,'default: pooled model without fixed effects
\n');
    end;
    fields = fieldnames(info);
```

```
nf = length(fields);
if nf > 0
    for i=1:nf
        if strcmp(fields{i},'model') model = info.model;
        elseif strcmp(fields{i},'fe') fe = info.fe;
        end
    end
end
if model==0
    results.meth='sarreg';
elseif model==1
    results.meth='sarregsfe';
elseif model==2
    results.meth='sarregtfe';
elseif model==3
    results.meth='sarregstfe';
else
    error('sar_panel: wrong input number of info.model');
end
 [nobs nvar] = size(x);
[N Ncol] = size(W);
if N ~= Ncol
error('sar: wrong size weight matrix W');
elseif N ~= nobs/T
error('sar: wrong size weight matrix W or matrix x');
end;
[nchk junk] = size(y);
if nchk ~= nobs
error('sar: wrong size vector y or matrix x');
end;
lambda=eig(W); %eigenvalues
rmin=min(lambda);
rmax=max(lambda);
if (model==1 | model==3);
meanny=zeros(N,1);
meannx=zeros(N,nvar);
for i=1:N
    ym=zeros(T,1);
```

```
        xm=zeros(T,nvar);
        for t=1:T
            ym(t)=y(i+(t-1)*N,1);
            xm(t,:)=x(i+(t-1)*N,:);
        end
        meanny(i)=mean(ym);
        meannx(i,:)=mean(xm);
    end
    clear ym xm;
    end;
    if ( model==2 | model==3)
    meanty=zeros(T,1);
    meantx=zeros(T,nvar);
    for i=1:T
        t1=1+(i-1)*N;t2=i*N;
        ym=y([t1:t2],1);
        xm=x([t1:t2],:);
        meanty(i)=mean(ym);
        meantx(i,:)=mean(xm);
    end
    clear ym xm;
    end ;
    en=ones(T,1);
    et=ones(N,1);
    ent=ones(nobs,1);
    if model==1
        ywith=y-kron(en,meanny);
        xwith=x-kron(en,meannx);
    elseif model==2
        ywith=y-kron(meanty,et);
        xwith=x-kron(meantx,et);
    elseif model==3
        ywith=y-kron(en,meanny)-
kron(meanty,et)+kron(ent,mean(y));
        xwith=x-kron(en,meannx)-
kron(meantx,et)+kron(ent,mean(x));
    else
        ywith=y;
```

```
        xwith=x;
    end;
    index=d;
    Wy1=zeros(nobs,1);
    Wy2=zeros(nobs,1);
    wywith1=zeros(nobs,1);
    wywith2=zeros(nobs,1);
    for t=1:T
        t1=1+(t-1)*N;t2=t*N;
        W1=W;
        W2=W;
        for i=1:N
            if (index((t-1)*N+i,1)==0) W2(i,1:N)=zeros(1,N);
            else W1(i,1:N)=zeros(1,N);
            end
        end
        Wy1(t1:t2,1) = W1*y(t1:t2,1);
        Wy2(t1:t2,1) = W2*y(t1:t2,1);
        wywith1(t1:t2,1) = W1*ywith(t1:t2,1);
        wywith2(t1:t2,1) = W2*ywith(t1:t2,1);
    end
    AI = xwith'*xwith;
    b0 = AI\(xwith'*ywith);
    bd1 = AI\(xwith'*wywith1);
    bd2 = AI\(xwith'*wywith2);
    e0 = ywith - xwith*b0;
    ed1 = wywith1 - xwith*bd1;
    ed2 = wywith2 - xwith*bd2;
    options = optimset('fminbnd');
    rhos=[0.1;0.1];
    [rhos,liktmp,exitflag,output]=
fminsearch('f_sar2_panel',rhos,options,index,W,e0,ed1,ed2,N,T);
    if exitflag == 0
    fprintf(1,'sar: convergence not obtained in %4d iterations
\n',output.iterations);
    end;
    results.iter = output.iterations;
    rho1=rhos(1);
```

```
rho2=rhos(2);
beta = b0 - rho1*bd1- rho2*bd2;
sige = (1/nobs)*(e0-rho1*ed1-rho2*ed2)'*(e0-rho1*ed1-rho2*ed2);
results.rho = rhos;
results.beta = beta;
results.sige=sige;
if model==1
    resh=y-rho1*Wy1-rho2*Wy2-x*beta;
    results.con=mean(resh);
    meanresn=zeros(N,1);
    for i=1:N
        rest=zeros(T,1);
        for t=1:T
            rest(t)=resh(i+(t-1)*N,1);
        end
        meanresn(i)=mean(rest);
    end
    clear rest;
    results.sfe=meanresn-kron(et,results.con);
    xhat=x*beta+kron(en,results.sfe)+kron(ent,results.con);
    tnvar=nvar+2+N;
elseif model==2
    resh=y-rho1*Wy1-rho2*Wy2-x*beta;
    results.con=mean(resh);
    meanrest=zeros(T,1);
    for t=1:T
        t1=1+(t-1)*N;t2=t*N;
        resn=resh(t1:t2,1);
        meanrest(t)=mean(resn);
    end
    clear resn;
    results.tfe=meanrest-kron(en,results.con);
    xhat=x*beta+kron(results.tfe,et)+kron(ent,results.con);
    tnvar=nvar+2+T;
elseif model==3
    resh=y-rho1*Wy1-rho2*Wy2-x*beta;
    results.con=mean(resh);
    meanresn=zeros(N,1);
```

```
        for i=1:N
            rest=zeros(T,1);
            for t=1:T
                rest(t)=resh(i+(t-1)*N,1);
            end
            meanresn(i)=mean(rest);
        end
        clear rest;
        meanrest=zeros(T,1);
        for t=1:T
            t1=1+(t-1)*N;t2=t*N;
            resn=resh(t1:t2,1);
            meanrest(t)=mean(resn);
        end
        clear resn;
        results.sfe=meanresn-kron(et,results.con);
        results.tfe=meanrest-kron(en,results.con);

xhat=x*beta+kron(en,results.sfe)+kron(results.tfe,et)+kron(ent,r
esults.con);
        tnvar=nvar+1+N+T;
    else
        xhat=x*results.beta;
        tnvar=nvar+2; % +2 due to two spatially lagged dependent
variables
    end
    yhat=zeros(nobs,1);
    for t=1:T
        t1=1+(t-1)*N;t2=t*N;
        W1=W;
        W2=W;
        for i=1:N
            if (index((t-1)*N+i,1)==0) W2(i,1:N)=zeros(1,N);
            else W1(i,1:N)=zeros(1,N);
            end
        end
        yhat(t1:t2,1)=(eye(N) - rho1*W1-rho2*W2)\xhat(t1:t2,1);
    end
```

```
    results.yhat = yhat;
    resid=ywith-wywith1*rho1-wywith2*rho2-xwith*beta;
    results.resid = resid;
    yme=y-mean(y);
    rsqr2=yme'*yme;
    rsqr1 = resid'*resid;
    results.rsqr=1.0-rsqr1/rsqr2; %rsquared
    rsqr3 = rsqr1/(nobs-tnvar);
    rsqr2 = rsqr2/(nobs-1.0);
    results.rbar = 1 - (rsqr3/rsqr2); % rbar-squared
    results.tnvar=tnvar;
    parm = [beta;rhos;sige];
    bout= [beta;rhos];
    results.lik
=f2_sar2_panel(parm,index,ywith,wywith1,wywith2,xwith,W,N,T);
    xpx = zeros(nvar+3,nvar+3);
    ysum1=zeros(nvar,1);
    ysum2=zeros(nvar,1);
    ysom1=0;
    ysom2=0;
    ysom12=0;
    ytr1=0;
    ytr2=0;
    for t=1:T
        t1=1+(t-1)*N;t2=t*N;
        W1=W;
        W2=W;
        for i=1:N
            if (index((t-1)*N+i,1)==0) W2(i,1:N)=zeros(1,N);
            else W1(i,1:N)=zeros(1,N);
            end
        end
        B = eye(N) - rho1*W1-rho2*W2;
        BI = inv(B); WB1 = W1*BI; WB2 = W2*BI;

ysum1=ysum1+(1/sige)*xwith([t1:t2],:)'*WB1*xwith([t1:t2],:)*beta;

ysum2=ysum2+(1/sige)*xwith([t1:t2],:)'*WB2*xwith([t1:t2],:)*beta;
```

```
ysom1=ysom1+(1/sige)*beta'*xwith([t1:t2],:)'*WB1'*WB1*xwith([t1:
t2],:)*beta +trace(WB1*WB1 + WB1'*WB1);

ysom2=ysom2+(1/sige)*beta'*xwith([t1:t2],:)'*WB2'*WB2*xwith([t1:
t2],:)*beta +trace(WB2*WB2 + WB2'*WB2);

ysom12=ysom12+(1/sige)*beta'*xwith([t1:t2],:)'*WB1'*WB2*xwith([t
1:t2],:)*beta +trace(WB1*WB2 + WB1'*WB2);
      ytr1=ytr1+(1/sige)*trace(WB1);
      ytr2=ytr2+(1/sige)*trace(WB2);
   end
   xpx(1:nvar,1:nvar) = (1/sige)*(xwith'*xwith);
   xpx(1:nvar,nvar+1) = ysum1;
   xpx(nvar+1,1:nvar) = xpx(1:nvar,nvar+1)';
   xpx(1:nvar,nvar+2) = ysum2;
   xpx(nvar+2,1:nvar) = xpx(1:nvar,nvar+2)';
   xpx(nvar+1,nvar+1) = ysom1;
   xpx(nvar+2,nvar+2) = ysom2;
   xpx(nvar+1,nvar+2) = ysom12;
   xpx(nvar+2,nvar+1) = ysom12;
   xpx(nvar+3,nvar+3) = nobs/(2*sige*sige);
   xpx(nvar+1,nvar+3) = ytr1;
   xpx(nvar+3,nvar+1) = ytr1;
   xpx(nvar+2,nvar+3) = ytr2;
   xpx(nvar+3,nvar+2) = ytr2;
   xpxi = xpx\eye(size(xpx));
   tmp = diag(xpxi(1:nvar+2,1:nvar+2));
   tmp = bout./(sqrt(tmp));
   results.tstat = tmp;
   results.dif-rho1-rho2;
   covar=xpxi(nvar+1,nvar+1)+xpxi(nvar+2,nvar+2)
 xpxi(nvar+1,nvar+2)-xpxi(nvar+2,nvar+1);
   results.tdif=results.dif/sqrt(covar);
   results.y = y;
   results.nobs = nobs;
   results.nvar = nvar;
   results.rmax = rmax;
```

```
   results.rmin = rmin;
results.time = etime(clock,timet);
```